現代
マーケティング論

―モノもコトも一緒に考える―

石川 和男 著

同文舘出版

はしがき

　マーケティング関連の授業（講義）を担当するようになって，四半世紀になった。デビューは，大学院生時代に相模女子大学で担当した「マーケティング論」であった。翌年，同大学の専任教員となり，その後，21世紀になった2001年に現在の勤務校である専修大学に移った。専修大学では商学総論（商学基礎）を担当していたが（現在も），4年前からマーケティングも担当するようになった。この間，非常勤講師の声をかけてもらった複数の大学では，マーケティング，マーケティング論，マーケティング史など，マーケティング関連科目を担当させてもらった。

　マーケティング関連科目を担当する中で，いわゆるマーケティングの教科書（テキスト）も使用してきたが，ここ数年は教科書は使用せず，毎年更新した講義ノートを使ってきた。学生からは教科書指定の要望があったが，いくつか参考になる本を紹介するのみで，そのままになっていた。

　2020年，本来であれば東京オリンピックが開催される年であったが，新型コロナウイルスのため，対面授業ができなくなり，リモート授業に向けた教材を作成しなければならなくなった。これまで使ってきたパワーポイントのスライドを手直しすれば対応できると高をくくっていたが，対面では伝えられてもリモート授業では伝えられないことが多くあること，またリモート授業は多くの壁があった。

　そこで，できる限り多くの情報を伝えなければと思い，これまでの講義資料を文字にし始めた。これまで講義してきたことであるため，枚数だけは増えていった。文字にしながら気がついたが，勘違いや理解不足も少なからず発見した。そのためにお付き合いのある先生からいただいた本や，買ったまま目を通さずに書棚に並べられていた本を手に取ることになった。そうすると，新しい学びが多くあった。

　他方で，これまで学生から質問を受けた際，よく事例を挙げて納得？してもらっていたことを反省するようになった。「たとえば…」とよく自分でも言っていることにも気づいた。授業評価アンケートを実施した際，「事例

を挙げてもらってわかりやすい」「例えがあってわかった」と毎年記入されている。ただ振り返ると学生からの根本的な「なぜ」には答えられていない。事例で誤魔化してきたわけではないが，事例で質問を済ませていた。さらに授業中も事例を挙げて，理解してもらった気になっていた。

そして，身の周りにある（専門書や研究書ではなく）マーケティングの教科書に目を通すと，「そういえばこの商品，一昔前に流行ったな」とか「もう誰も持っていないな」と思う商品（いわゆるサービスも含めて）の事例で溢れていた。そのため，今の学生に話してもどのような位置づけなのか，理解はしてもらえないだろうと思う事例も多くあった。そこでできるだけ事例を扱わない，事例に逃げない教科書を書かなければという思いと出版して何年経っても十分に使えるものでなければならないという思いを強くした。少なくとも「10年の時間経過には耐えられる本」という目標である。そのため，「たとえば」「事例として」という表現は避けた。

またもう1つの思いは，10年近く前，サービス・ドミナント・ロジック（SDL）の研究会に誘ってもらったときのことである。文部科学省科学研究費のメンバーにも加えていただき，研究させてもらった。その中で，SDLを通して観察すると，それ以前からぼんやりとは考えていたが，これまでなかなか説明ができなかったことが説明ができるようになった。

最近，「モノ・マーケティング」と「コト・マーケティング」という言葉をしばしば聞くようになったが，20世紀は前者の時代であった。それが21世紀になると急に後者の時代になったのではなく，顧客が消費・使用しているものはすべて「コト」ということで理解をするようになった。そのため本書では，「モノ」も「コト」も一緒に考えている。半世紀以上前にレビット（Levitt, T.）がいった「消費者が買っているのは1/4インチの穴」であることに行き着く。したがって，「サービス・マーケティング」というモノとコトをわざわざ区別する章は設けていない。商品だけでなく，製品という言葉の中にも有形財と無形財，つまり「モノ」も「コト」も両方含めている。

マーケティング研究の世界では，「マーケティングが専門」といってもマーケティング全般を専門としているような研究者には出会ったことがない。多くは消費者行動が専門であったり，チャネルやブランドが専門であっ

たりする。したがって，筆者の能力不足からうまく伝えることができない分野もある。それは今後の課題である。本書は専門書ではなく，教科書に位置づけられるが，多くのマーケティングの授業担当者が行っている授業の中身を網羅しているわけではない。また専門的に使われる用語も十分ではない。それは今後，更新していければと考えている。

筆者がマーケティング学徒となって30年が経過した。とくに学部のゼミ生として受け入れて下さった中央大学三浦俊彦教授，同大学院博士前期課程の指導教授であった林田博光名誉教授，後期課程の指導教授であった故及川良治名誉教授，そしてあらためて博士課程の大学院生として受け入れて下さった大滝精一東北大学名誉教授にはさまざまなご指導をいただいた。またすべて挙げることはできないが，多くの所属学会や研究会では，さまざまな刺激を日々受けていることに感謝申し上げたい。

また筆者のこれまでの拙い授業にもかかわらず，さまざまな疑問やアイデアをぶつけてくれた多くの受講生やゼミナールの学生には，その日々の会話の中から本書ができあがったことに感謝したい。

本書の出版に際し，これまで気長に待って下さった同文舘出版株式会社専門書編集部青柳裕之氏，レイアウトを始め，読者が読みやすいものへといろいろと工夫をしていただいた大関温子氏に心より感謝したい。

最後にリモート授業をする筆者，リモート授業を受ける（娘・息子）部屋が3つ並び，非常に騒がしい状況となった2020年春。これまで静かだった日常が騒がしくなったにもかかわらず，環境を整えてくれた妻に感謝したい。

2020 年 7 月
日常のありがたさを改めて感じる鎌倉山の自宅にて
石川和男

現代マーケティング論 ◆ 目次

第1章 マーケティング概念

第2章 マーケティングの歴史

第 **4** 章　マーケティング戦略

第 **5** 章　消費者行動

第 6 章　製品政策

第9章　マーケティング・コミュニケーション政策

第 11 章　グローバル・マーケティング

第 12 章　ソーシャル・マーケティング

第13章　ビジネス・マーケティング

第**1**章

マーケティング概念

本章のポイント

　日常生活において，「マーケティング」という言葉にふれる機会は多い。そのため，われわれはマーケティングに対する印象や解釈を多様に持っている。多くは，マーケティング＝販売や広告宣伝，調査などを思い浮かべるのではないだろうか。この理解も決して間違いではない。ただそれは，マーケティング活動のほんの一部である。言い換えれば，売り手が買い手に対し，商品（モノやコト）の訴求点を強調し，あるいは買い手が何を欲しているかを調査することは，マーケティング活動の一部に過ぎない。

　それでは，マーケティングの本質は何であろうか。本章は，マーケティングとは何かという本質にふれる。その上でマーケティングを学ぶ意義，学ぶことで何が変化するかを意識する。マーケティングは，少し前まで経営学部や商学部でも中心科目ではなかった。現在では，マーケティングは学部低年次で学ぶ中心的科目となり，先の学部以外でも開講されている。そこでマーケティングを学ぶ意義を多方面から考える。

1. 生産者としてのヒトと消費者としてのヒト

(1) 生産と消費・使用の狭間で考えること

　「生産」の対義語は「消費」である。経済活動は，「生産－流通－消費」で構成される。こうした活動は，自然に起こるのではなく，このシステム（サイクル）の中で誰かが全体を調整したり，ある部分を管理したりしなければならない。モノの生産量＝消費量であれば，おそらく社会全体としてモノは無駄なく循環するだろう。しかし，時代の流れにおいて，生産量＜消費量，あるいは生産量＞消費量となることが常態化している。そのため，われわれはモノの生産量と消費量が一致しない現実を直視しなければならない。その場合，視点によって現実を直視した際の解釈が異なる。それは生産者である場合，また反対に消費者である場合に特徴的である。

　われわれは誰もが消費者である。一方でモノやコト（両方合わせて商品と呼ぶ）の生産者の場合もある。つまり，われわれはある面では生産者，ある面では消費者である場合が多い。それはある一時期や長期間にわたる場合もある。ヒトは生まれてからひとり立ちできるまでの期間が最も長い生き物である。そのヒトがそれまでと同様，消費活動をしながらさまざまな生産活動に携わり，やがてその活動から離れ，再び単なる消費者へと戻っていく。ヒトがこうしたライフサイクルを送ることは一般的である。この間，ヒトはずっと消費者ではあるが，ある特定の商品の生産者である場合もある。

　商品の生産者としてのヒトを考えるとき，どのような経緯でその商品の生産活動に携わるかは千差万別である。自らの興味や趣味がその生産活動と一致している場合，消費活動を行うための糧を得るため自らの意思ではなく，仕方なくその生産活動に携わらなければならない場合など幅がある。またヒトの一生の中において，同一の商品の生産に携わる場合，全くジャンルの異なるさまざまな商品の生産に携わる場合もある。そして，同一商品の生産に携わることがそのヒトの幸福であるのか，さまざまな商品生産に携わるのが幸福であるかは，もちろんヒトによって異なる。

(2) 生産者の変容

こうした中で，生産者としてのヒトと消費者としてのヒトについて考える必要がある。商品生産者としてのヒトは，生産したいあるいは生産可能な商品を日々生産している。ここではその活動に従事しているヒトの多少を問わず，ヒトの集合を組織とし，生産組織（製造企業，メーカー）に置き換えることもできる。

ヒトは，時代や社会状況で異なっていたが，さまざまな商品を消費社会に送り出してきた。それらの商品は，一般的にその時代やある場所においておそらく必要な商品として，消費・使用される。現在，小売店舗に並べられ，提供される商品，インターネット上で販売されている商品は，おそらくその消費者・使用者の存在を想定した上で，生産活動が行われた結果として生産された商品であろう。

ただ商品によっては，いつの間にか必要とされない，消費・使用されなくなるものもある。なぜ消費・使用されなくなるのであろうか。通常は，ヒトや社会がその必要性を感じなくなるからであろう。その必要性を感じなくなるということにもさまざまな意味がある。代表的なのは，その商品よりもよい商品が現れ，提供（販売）されるようになる場合である。そもそもヒトの生活が変化し，その中で必要がなくなったものもあろう。こうした変化は，短期間で起きる場合もあるし，長い時間の中でゆっくりと起きる場合もある。

生産者は，こうしたヒトや社会の変化にも対応し，生産活動を継続していかなければならない。反面，新しい社会を創造する商品も考案しなければならない。かつての社会は，必要なモノが明確であった。言い換えると「ニーズは顕在化」していた。ヒトの生活に必要なもの（不足しているモノ）は明確であり，それらは具体的なモノであった。そこで生産者は，そのニーズに対応し，競合関係にある生産者よりも多くのニーズに対応できれば，その生産規模や企業規模を大きくし，活動範囲も拡大させることができた。根本は同じではあるが，このような状況は国や地域によって時間差がある。

(3) 消費者の変容

　消費者としてのヒトについても考える必要がある。商品を消費・使用する
ヒトは，自らの生命や肉体維持，さらには自らの生活改善のために日々商品
を消費・使用している。消費・使用という活動は，ヒトだけではなく，企業
でも行われている。ただその企業活動も究極的にはヒトの生活がその土台に
ある。

　生産量＜消費量の時代には，ヒトは消費できる商品を入手したいという願
望があった。かつてのわが国でも，第二次世界大戦での敗戦後はそのような
状況だったのは映像でも残り，語り継がれてきた。しかし，次第に生産量＜
消費量の差が縮小し，それが逆転し，生産量＞消費量の時代になり，さらに
その差が以前とは一変し，拡大すると，ヒトには第二次世界大戦の敗戦直後
の願望とは全く異なる願望が生まれてきた。この時期を通して生きた同じヒ
トには，その差の大きさに驚くばかりであろう。

　現在のわが国は，経済的な負担（支出）さえ厭わなければ，ありとあらゆ
る商品が入手可能な社会となった。このような社会になると，消費者は自ら
の生活において必要な商品で，市場に出ていない商品がないと思うだろう。
ほとんどの商品は生産者により生産され，市場で流通しているためである。
もはやすべての「ニーズは商品化」され，消費者自身も自らの「潜在的な
ニーズ」に気にも止めなくなった，生産者はある側面では自らが消費者の側
面があることを認識できなくなっている。

　今日，先進国と呼ばれる国や地域では，生産者による技術革新が日々行わ
れ，大量生産され，低価格化した商品が市場で流通する「大衆消費社会」と
なり，かなりの時間が経った。そのような社会では，消費者は商品としての
モノやサービスとしてのコトを消費しているのではないといわれる。フラン
スの哲学者・思想家ボードリヤール（Baudrillard, J.）の指摘に象徴されるよ
うに，物質的に豊かになった社会では，ヒトは商品それ自体ではなく，記号
（意味）を消費する。それはわれわれの生活を見回してもすぐに理解ができ
るだろう。単に寒さから身を守るための衣類であれば，現在のわが国では
1,000円もあれば十分に購入できる。しかし，われわれはそのような衣類は

ほとんど購入せず，デザインやブランドを重視する（気にする）。そして，そのことに対し1,000円以上の支出も厭わない。場合によっては，その何倍，何十倍もの支出をすることさえある。こうした行動は，商品の意味を消費していることに他ならない。これは消費者の消費対象が大きく変化したことを示している。

2. 顧客満足と消費の本質

（1）喜んでもらえる状況づくり

　「売り手－買い手」という関係において，売り手の意思と買い手の意思は正反対である。それは，売り手は1円でも利得が得られるように販売することを志向し，買い手は1円でも安く入手できることを志向する。これは現在でも大きく変わらない。売り手には，生産者や流通業者の場合もある。また買い手には最終消費者や産業用使用者など企業で使用・消費する場合もある。それぞれがどのように呼称されても，「売り手－買い手」という関係では，各々の意思は正反対となる。ただこうした関係性を見出すことができるのは，「流通」という現象を観察した場合においてである。流通とは，生産と消費の間にあるさまざまな懸隔（所有権，時間・場所，情報など）を社会的に架橋することである。この関係の中では，売り手－買い手の意思は相反したままである。

　しばしば売り手は，「お客様に喜んでもらいたい」という言葉を口にする。それはかつての生産量＜消費量の時代において，買い手が商品を入手することができれば喜ぶというものではない。それでは，売り手－買い手の各々の意思が相反しても，売り手が買い手に喜んでもらいたいということが意味するところは何であろうか。

　ここで売り手を生産者，買い手を消費者という言葉に置き換えてみたい。生産者が消費者に喜んでもらえる状況を想像すると，アパレルの生産者（アパレル・メーカー）が生産した衣料品を消費者が購入し，その衣料品を身に

纏ったところ，友人から「きれい」「素敵」といわれる。買い手である消費者が，その言葉に対して喜ぶことにより，おそらく生産者としては「お客様」に喜んでもらえたことになる。また食品メーカーが生産した食品について，消費者が口にしたところ「おいしい」「うまい」といってもらえる。まさに消費者のこの言葉が意味するところは喜びであり，食品メーカーは消費者に喜んでもらえたことになろう。

　このように考えると，「売り手－買い手」の立場において，お互いが相反する意思を持った上での取引であれば，売り手は買い手に喜んでもらえることは少ないかもしれない。そこで買い手に喜んでもらえるには，売り手という立場を昇華（大きく変化）させる必要がある。それではどのような立場に昇華させればよいだろうか。その立場の代表者がマーケター（marketer）である。マーケターは，通常，マーケティング活動に従事する者を指すが，その活動は多様である。その活動は，消費者（顧客）の関心や社会状況を把握するために情報収集・分析をしたり，商品に意味づけをしたり，広告や販売促進である。こうした活動を実践することにより，顧客に喜んでもらえる状況が形成されるようになる。

(2) 顧客満足の実践

　先にマーケターによって顧客に喜んでもらえる状況づくりを取り上げた。それでは，顧客に喜んでもらえる状況とは，どのような状況であろうか。それは顧客が単に思っていたよりも低価格で入手できた状況だけを指すのだろうか。もちろん，顧客が想定していたよりも低価格で入手できることは喜びではある。しかし，顧客の喜びはそれ以外にもたくさんあるだろう。それは商品の入手前，入手時，入手後，さらには廃棄するときも含まれる。各段階において，顧客の喜びの種類は同様のものではなく，異なったものである。ただ種類の異なる喜びでも，その喜びが積み重なることにより，喜びは大きなものとなる。

　こうした喜びは「満足」という言葉でも表現することもできるだろう。したがって，マーケターがさまざまな活動を遂行することにより，顧客に提供

しようとするものは「顧客満足（CS：customer satisfaction）」である。これは単にマーケティング活動を専門の職（仕事）とする者以外でも，生産者（製造業者，メーカー），流通業者（卸売企業や小売企業）などでも同様である。マーケティングの世界では，「顧客満足」が取り上げられてかなりの時間が経過した。しかし，長期間にわたって顧客満足を得られ続けている企業はごくわずかである。

　本章は，主に消費者を中心に考えてきた側面があるが，消費者だけを顧客対象とするのではなく，企業が顧客の場合も同様である。そこでは「企業満足」といわれることはないが，企業が消費・使用者の場合ももちろん「顧客満足」であり，基本的部分は変わらない。

　2章では，マーケティングの概史を取り上げるが，マーケティング活動が次第に明確になり始めた頃，消費者に提供（消費）する商品である消費財が中心に取り上げられてきた。そのため，消費財のマーケティングが前提とされてきた面があった。しかも消費財は，物理的なかたちのある製品（product）であり，かたちのないいわゆる「サービス（service）」は消費者を対象としたものでも，その対象として考えられることはほとんどなかった。しかし，商品には製品だけでなく，サービスも含まれる。したがって，マーケティング活動による提供物は，モノとコトの両方を包含した商品である。そして，その受け手は消費者だけではなく，原材料を購入する生産者，製品を購入し，再販売する流通業者，さらには産業用使用者も含まれる。そのため，これら購入する立場はすべて顧客である。

(3) 消費の本質

　現在の消費者は，モノを消費・使用しているのではなく，意味を消費していることにふれた。そこで，普段は意識しないわれわれの日々の生活にも考えをめぐらせる必要がある。「生産－流通－消費」という循環の中では，何が移転しているのであろうか。すぐに認識できるのは，モノそれ自体の移転についてである。そのため，われわれは流通といえば，モノの移転（移動）を意味すると考えがちである。それも1つの側面を表していることに間違い

はない。そのため流通＝物流（物的流通）のイメージが強い。流通において重要なのは，「所有権」の移転（商流：商的流通）である。所有権の移転により，情報やモノ，さらには貨幣の流れが次々と起きる。したがって，われわれが流通現象を考える際には，所有権の移転を中心に考えると流通の理解がしやすくなる。

　他方，企業も含めて消費者は何を購入しているのだろうか。コンビニエンスストア（CVS）において，炭酸飲料水を手に持ちレジカウンターに進んだ消費者について考えてみたい。第三者がこの様子を目視できる場面では，この消費者は現金を支払いあるいは電子マネーで決済を終えようとしている。そこで第三者に「あの消費者は何を購入したと思いますか」と質問すれば，おそらく「炭酸飲料水を購入した」と答えるであろう。当の消費者に同様の質問をし，何を購入したかを尋ねても「炭酸飲料水を購入した」と答えるであろう。しかし，なぜ炭酸飲料水を購入したのかを質問すると複数の返答がありそうである。「喉が渇いていたから」「頭をすっきりさせたいから」「無性に炭酸が飲みたいから」などさまざまであろう。ひょっとしたら「色がきれいなので窓際に飾って光を当てようと思ったから」という全く想定もしない返答があるかもしれない。このような返答が得られるとすれば，「何を購入したか」という質問に対して，「炭酸飲料水を購入した」というのは表層の回答であることに気付かざるをえない。

　そもそも消費者が商品を購入するのは，その消費者が持つ何らかの問題や悩みを解決するためであるのが一般的である。「喉の渇きを癒す→炭酸飲料水購入」「すっきりしたい→炭酸飲料水購入」という行動は，消費者の問題解決（解消）行動である。これは企業において，資材を購入する場合も同様である。このように消費者が購入した商品を単に物理的なモノとして捉えるのではなく，「なぜ」というところまでに考えをめぐらせると，消費者が購入した商品は物理的なモノではなく，すべては最終的に「コト」であることに気付くかもしれない。こうしたことは，工具店において消費者が購入したものが1/4インチの穴を開けるドリルであっても，消費者が購入しているのはそれによって開けられる穴を購入していると本質を指摘する主張が半世紀以上も前にあった。これを指摘したレビット（Levitt, T.）は，「マーケティ

ング近視眼」として，消費者が購入しているモノの本質，あるいは次節で取り上げるマーケティング活動を行う主体がどのような目で顧客を見て，自らが提供するものを決定するかが重要となるとした。

さらに消費者が購入しているのはすべてがコト（サービス）であり，モノを購入しているのではないと主張したのは，Vargo and Lusch（2004）であった。この主張は明快であり，「サービス・ドミナント・ロジック（SDL：Service Dominant Logic）」として，マーケティング研究やマーケティング活動においても浸透してきた。そこでは，消費者は商品としてモノを購入しているが，その購入したモノは基本的に消費者が解決したいコトである。また購入したモノにはさまざまな知識や技術が集約されている。したがって，消費者が経済的負担をし，手にしているのはこうした知識や技術である。

3. マーケティング活動における主体と対象

(1) マーケティングの主体・対象

マーケティングの主体は，一般にマーケティング活動を行うヒトや組織である。このマーケティング主体が対象に働きかける側とすると，対象となり働きかけられる側も存在する。つまりマーケティングの対象は，一般にマーケティング活動を受けるヒトや組織となる。ここでは単に働きかけられる側としておきたい。

2章で取り上げるが，現在のマーケティング活動らしきものが開始された頃，マーケティング活動の主体は，農業生産者であった。彼らは自らが生産した農産物をマーケティング対象である消費者に口まで運んでもらい，マーケティング活動が終結すると考えていた。当然，その頃には自らの活動について「マーケティング」の名称が与えられ，明確に認識していたわけではなかった。当時のマーケティング主体である生産者は，その対象である消費者に消費してもらうことに最大の関心を持っていたのではなく，自らの手を離れること（販売すること）に最大の関心を持っていたようだ。

流通現象から説明すれば，生産者から流通業者あるいは消費者へ所有権が移転し，その逆流として貨幣が入手できることを期待していたことになる。それは生産者の当座の目的は，自らの手を離れ，その代金が貨幣として手に入ることだったからである。その時代には，生産者の顔を知らない消費者は，良質な農産物を安価に入手できることを期待しただけであったかもしれない。

　生産者が生産したモノがその手を離れ，流通段階に乗せることで，そのモノは商品となる。商品とは，販売することを目的として生産されるモノであり，取引対象物となるモノである。他方，製品とは製造過程で単に完成されたモノである。多くの製品は，取引を想定した上で生産されているために商品とも捉えることができる。また，商品は形がある有形のモノだけではない。通常，商品には有形財と無形財がある。有形財は文字通り物理的形態を有しているが，無形財はいわゆるサービス（用役）であり，物理的形態を有していない。

　また有形財は，最終的に最終消費者により消費使用される消費財と産業用使用者により，使用・消費される産業財にも区分される。これまでのマーケティング活動において，生産者である主体から販売対象とする消費者に提供されてきたのは消費財である。そのため，ここでは消費財を中心に取り上げて考えていきたい。しかし，現在のマーケティング活動では，産業財やサービスも対象とされることが一般的である。したがって，形がある有形財も形のない無形財もすべて商品である。究極的には消費者はすべてコトとして受容しているというSDLの影響もあり，モノとコトの両方を含めた商品として考えていきたい。

(2) マーケティング主体と対象の変化

　通常，マーケティング活動が行われる中では，生産者と消費者間には中間業者である流通業者が介在する場合が多い。したがって，生産者が直接生産物（商品）の所有権を移転する対象の多くは，これら流通業者である場合である。また流通業者も，卸売業者から卸売業者，あるいは小売業者へと，主

体と対象は場合によって異なることが多い。さらに消費財の流通活動は継続し，小売業者から消費者へと商品が移転すると一応完結することになる。このように考えると，マーケティング活動の主体は，商品の移転により変化し，対象も最終的には消費者となることが多いが，産業用使用者など消費者ではない対象も登場する。

　かつてのマーケティング活動の主体は個人が中心であったが，次第に複数のヒトが集合する組織へと変化した。その組織は大規模化していった。言い換えると大企業の誕生である。そのため，現在，大規模組織である主体が，最終的に当該商品を消費するのが消費者である場合，個別の消費者に対してマーケティング活動を行っているのが一般的である。さらにそのような組織が，マーケティング活動を直接行う場合もあれば，大規模生産者と消費者の間に介在する流通業者を通して行う場合もある。

　このように見ていくと，マーケティング活動は主体である生産者が対象である消費者に対して直接行う場合がある。また，生産者がまず対象である卸売業者，そしてその卸売業者が主体となり，対象である卸売業者や小売業者，またこれらが主体となり，対象である消費者に対して連鎖して行われることもある。

　したがってマーケティング活動では，消費財（商品）の生産者が，まず働きかける主体となり，働きかけられる対象である流通業者，さらに流通業者が働きかける主体となり，場合によってはその段階が複数となり，最終的に働きかけられる対象の消費者に届く。この一連の流れで注意しなければならないのは，商品の所有権についてである。これは先に取り上げた流通という眼鏡を通した視角である。とくに形がある商品（有形財）の所有権は，生産者から流通業者，消費者へと移転する。その逆流として貨幣の流れがある。またマーケティング活動では，商品の所有権だけではなく，有形財の場合はその物理的移動や情報の伝達にも注意を払う必要がある。そのため，マーケティング活動では，流通現象を観察する視点も常に持ち合わせなければならない。

4. 市場把握のための視角

(1) マーケティング概念 (marketing concept)

　マーケティング概念（マーケティング・コンセプト）とは，マーケティング活動を行う主体が，その働きかけをする対象（市場という呼び方もできる）に対してどのような考え方によって，個別の対象や対象全体を考えているかを表現したものである。それはマーケティング活動自体が，まだ明確ではなく，そのかたちを明確に表していない時代においても，マーケティング活動を行う主体が市場にどのように捉え，働きかけるかについては，さまざまな考え方があった。マーケティング活動が始まった当初は，過剰農産物の販売に悩む農業生産者は，いかに自らが生産した農産物を市場に受容してもらうかについて腐心したことが想像できる。その場面において，いかに受容してもらえるかを考えること自体が，マーケティング・コンセプトを明確化する第一歩であったといえるかもしれない。

　通常，マーケティング・コンセプトは，①製品（商品）志向，②販売志向，③顧客志向，④社会志向という段階を経て，進化してきた。つまり，マーケティング・コンセプトとは，顧客（市場）に対してマーケターがどのような態度で臨むか（考え方により対応するか）を，短い言葉で特徴的に表現したものである。そこでマーケティング・コンセプトの変遷により，特徴的なものを取り上げていきたい。

(2) 製品（商品）志向

　製品志向は，端的にいえば「よいモノ（製品）をつくればよし」とする考え方である。現在もこの考え方は，生産者（製造業者，メーカー）には色濃く残っており，一部では支持されている。生産者は，自らが生産・製造したいモノを生産し，それを顧客が当然受容するだろうと考える。現在でも，顧客は魅力的な商品に対しては長い行列をつくり，購買しようとする光景が見

られる。商品によっては，入手できるまで何年も待たなければならないもの
もたくさんある。このような状況が現在でも起きるのは，生産者がよいモノ
を生産していることを購入者である顧客が認識・評価しているからであり，
そのために行列や長期間でも待つという行動となって表れる。しかし，われ
われが日常生活で使用・消費する商品を眺めると，真に生産者の思いだけで
生産された商品はごくわずかであり，消費・使用する側（市場）の思いや考
えが反映されていることに気付くこともある。

　大規模生産者は，企業内部の研究・開発部などでさまざまな研究をしてい
るが，そこで得られた「商品のタネ（seeds）」をいかに商品化に結びつける
かを第一義とする。これらのタネを，他の要素を考慮せずに商品へと結びつ
けることが製品志向であり，研究者や技術者の思いのみが商品に直接反映さ
れることになる。しかし，あまりにも色濃く反映されると，顧客が反応しな
い商品となってしまうこともある。わが国の研究者や技術者にはその傾向が
強いとされ，とくに研究者や技術者の思いのみが商品に多く反映されてしま
い，顧客から良好な反応が得られ（ない）なくなった商品に対して，しばし
ば「ガラパゴス化した」という言葉を投げかけることがある。これは製品志
向がきわまった状態を表している。

(3) 販売志向

　マーケティングは，しばしば「売れる仕組みをつくること」といわれる。
2章でもふれるが，需要が供給を上回っている状況（供給量＜需要量）では，
生産者やそれを販売しようとする流通業者は，製造すればすぐに販売でき，
あるいは仕入れればすぐに販売でき，特別な販売努力をしなくても販売する
ことはそれほど困難ではないかもしれない。しかし，次第に生産効率が上昇
していくと，さまざまな局面において，供給が需要を上回るようになった。
そうなると，いかに販売量を増やすかが生産者にとって大きな関心事となっ
ていった。

　生産者は，自ら生産した商品が，最終的に使用・消費される段階に達し，
できれば喜んで消費・使用されることを望んでいる。ただ，生産者の手元を

離れ（所有権が移転し），貨幣が入ってくればよいとする面や風潮がなきにしもあらずである。市場において，供給量が増加した消費財の場合，消費者に盛んに広告を掲出することで情報を伝達したり，他方で流通業者にはさまざまな手法により，商品を押し込んだりということが常態化していった。このような状況を販売志向という。そこでは，売れる仕組みの形成ではなく，いかに市場に押し込むかが重要であった。

　大規模生産者などの組織の場合，組織内に「販売部」が組織され，流通業者にさまざまな攻勢（圧力）をかけ，商品を引き取ってもらう（買い取ってもらう）ことが日常茶飯事となっていった。そこでは，さまざまな販売促進策を実行し，消費する市場が十分に拡大しないまま，流通業者に押し込むことが行われた時期もあった。耐久消費財の場合，すぐに購入する経済的余裕がない消費者には，「信用」を供与することにより割賦販売を行い，商品を押しつけるような高圧的な信用販売が見られた時期もあった。当座の購入資金がなく，どうしても購入したい消費者に信用が供与されることは悪いことではない。しかし，信用販売により，商品を押しつけようとする姿勢がしばしばあった。このような販売志向はすぐに限界に達し，最終顧客だけではなく，流通業者からも反発が出るようになった。そこで新たな市場に対する考え方が必要となっていった。

(4) 顧客志向

　マーケティング活動の主体が，対象とする顧客は消費者だけではなく，流通業者や産業用使用者も含まれる。しかし，さまざまな局面で需要が供給を下回る状況が継続すると，なぜ需要が伸張（拡大）しないかを考える必要に迫られた。これらを考える以前に，市場に商品を押し込もうとしたのが販売志向であったが，すぐに市場の限界が見えるようになった。そこで，顧客（市場）は何を欲しているかをさまざまな手法により，調査し，それを商品に反映させようとする動きが見られるようになった。つまり，生産者は市場ニーズを探索し，そこで得られた市場ニーズを反映した商品を開発し，生産することに関心を向けるようになった。販売志向からの転換である。

　マーケティング活動の主体が，顧客ニーズを探求し，ニーズに適合した商品を提供することが顧客志向である。先にもあげたように社会全体でモノが不足し，欠乏状態にあった時代は，その欠乏しているモノを発見することはそれほど大きな課題ではなかった。その後，消費・使用していた商品に何らかの問題があった場合，それを改良するなど次の商品に反映することができた時代には，顧客ニーズの把握はそれほど難しくはなかった。

　ただ顧客が欲しいモノや既に流通している商品の問題点や改良点を直接発しなくなると，生産者はマーケティング・リサーチを行い，顧客ニーズを把握することに腐心するようになった。実際，顧客ニーズを把握することにより，市場に出された商品は多い。反面，消費者に代表される顧客ニーズは変化しやすく，マーケティング・リサーチの結果が分析され，それを反映させた商品が市場に出る頃には，顧客ニーズは過去のものとなっていることもある。そのスピードは，現在に近づくほど，早くなっている。

　したがって，マーケティング活動の主体は，顧客が意識していないニーズを探ることも考慮に入れなければならなくなった。この段階になると，単なるニーズ志向ではなく，顧客の顕在化したニーズを超え，顕在化していないニーズも探索し，マーケティング主体によって，積極的に提案することが重要になった。現在の顧客は，欲しいモノやコトが具体的に何かがわからず，企業によって提示された商品が結果的に適合していた（適合した）ために，ヒットにつながった事例は多い。あるいは発売当初は購入や使用に若干尻込みをしていたものの，企業が提示した商品に慣れていく場合が多い。現在，流行している商品の多くは，顧客ニーズが顕在化していたのではなく，顧客が目の前に商品として情報提供されて初めて購買意欲がそそられ，さまざまな段階を経て購入に至った商品が多い。

(5) 社会志向

　経済が豊かになると，消費者の消費生活面では物質的な豊かさが達成され，モノに溢れた生活を送ることが日常となった。そこでは消費生活に必要な食品や日用品などの消耗品は，新規に購買し，繰り返し購買するが，耐久

消費財などは買い換えが中心になった。一方，消費者が自らの消費生活を顧みようという動きも見られるようになった。先進国を中心として，必要最低限のモノしか持たない生活やこれまでの消費生活を振り返り，自らの生活が環境に対して負荷をかけてきたことを反省し，少数のモノのみで生活をしようとする消費者（ミニマリスト）も現れるようになった。そこで企業は，このような顧客にもマーケティング活動により対応しなければならなくなった。

　1980 年代後半から，環境に対する企業の責任や消費者自身の消費生活の社会性を考えることが機会あるごとに取り上げられるようになった。そこで企業は，これまでの企業行動を社会的に見た場合，どのようなものであったのか顧みる機会を得た。他方，消費者は自らの生活が，社会的にマイナスの影響を与えることを反省するようになった。企業においては，その社会責任を果たすことの重要性，消費者には倫理的消費が求められる社会となってきた。それは 21 世紀になるとより強くなり，マーケティング活動の主体だけではなく，マーケティング対象においてもそのような志向（社会志向）を求められるようになった。まさにマーケティングは，個別の企業が顧客に向けた活動というだけではなく，社会にも向けられ，社会志向が求められる社会となったといえよう。

　21 世紀になり，かなりの時間が経過した現在，「誰 1 人取り残さない」というスローガンのもと，2015 年に国連で開催されたサミットにおいて SDGs（Sustainable Development Goals：持続可能な開発目標）として，2030 年に達成すべき 17 目標が掲げられた。その中には，企業が取り組むべき目標やヒトとして消費者が取り組まなければならない目標が複数ある。こうした動きの中では，単にマーケティング活動が何を目標とし，あるいは対象として動くかだけではなく，より高次の課題を与えられている。

　以上のようにマーケティング概念は，時代や地域により，若干の差はあるが，4 つの段階を経て展開してきた。今後も新しい概念が生まれるかもしれない。それはマーケティングが，個別企業の対顧客に向けた活動だけではなく，広く社会で重要な機能を果たすようになった証拠でもあろう。

本章のまとめ

　マーケティング活動は，19世紀の終わりにその誕生を見た後，営利企業の対市場活動として捉えられてきた側面が強く，極めて利益追求が強いものとされてきた。当初は，個人や小規模な組織という主体による，対象（市場）に対する活動であったが，その活動において，何を目標とするかが時代によって変化してきた。現在では，マーケティング活動は顧客満足だけではなく，顧客を取り巻く社会も対象としてさまざまな社会問題の解決をする方法として期待されている。

　マーケティングの本質は何かと問われるとき，短い言葉で表現するならば「市場対応」であろう。市場対応は，表面上の市場対応ではなく，深く市場を知り，その本質，つまり顧客の本質に迫らなければならない。顧客が真に求めているものは何であるのか。顧客が真に消費しているものは何であるのか。それらに対しては，マーケティング研究により，さまざまな解答と思しきものや解答するためのツールが与えられている。マーケティングを学ぶ者は，それらについても時間をかけ，学んでいかなければならない。

第 **2** 章

マーケティングの歴史

本章のポイント

　マーケティングの歴史は1世紀を超える。かつてその定義や概念の議論が起こったが，アメリカマーケティング協会（AMA: America Marketing Association）は，マーケティングの定義を何度も変更している。マーケティングの定義は，他の学問とは異なり，時代ではなく，時期により書き換えられてきたため，固定的な定義や概念の統一した見解はない。

　ただマーケティングの歴史を振り返るには，「マーケティングとは○○である」という眼鏡を通して，事象を観察しなければならない。したがって，ある程度の概念規定をしなければ，単なる事象羅列となる。本書では，マーケティングを商品（モノとコト），価格，流通，販売促進活動を通して，顧客（市場）に対応する活動と捉えている。つまり，「マーケティングとは市場対応」である。また，一時期でなく，ある程度の時間の流れを捉えるには，それを区切る必要もある。マーケティングの時期区分である。そのため，マーケティング活動の主体であるマーケターの活動に焦点を当てる。その活動が質的変化をする時期を念頭に置き，マーケティングの歴史を考える。

1. マーケティング史の時期区分 ————————————

(1) 時期区分の提示とその問題

　歴史を通史として学ぶ際，歴史の教科書のようにいくつかの時期に区分するのが一般的である。古代，中世，近世，近代，現代などの区分はその典型である。時期区分をする際，何をもってその区切りとするかが重要となる。当然，1世紀以上の歴史があるマーケティングの時期区分もその例外ではない。そこでこれまでのマーケティングの時期区分について代表的なものを取り上げ，本書での時期区分を提示する。

　マーケティングの生成・展開は，バーテルズ（Bartels, R.（1962）），ケイス（Keith, R.J.（1960）），キング（King, R.L.（1965）），スコーエルとギルティナン（Schoell, W.F. and J.P. Guiltinan（1995））らがそれぞれのマーケティング史の時期区分を提示している。

　バーテルズは，マーケティング史を①発見時代（1900〜1910年），②概念化時代（1910〜1920年），③統合時代（1920〜1930年），④発展時代（1930〜1940年），⑤再評価時代（1940〜1950年），⑥再概念化時代（1950〜1960年），⑦分化時代（1960〜1970年），⑧社会化時代（1970年〜）に区分している。一昔前のマーケティングの教科書では，バーテルズのものがよく使用された。彼の『The Development of Marketing Thought』は，現在もマーケティングの歴史には欠かせない著作である。しかし，1900年から始まる発見時代から1970年代以降も射程に入れた時期区分は，この間の時期を10年ごとに区切る便宜的な時期区分でしかない。

　ケイスは，自らが勤務していた現存する製粉会社であるピルスベリー（Pillsbury）社におけるマーケティング活動を自身の視角で区分した。それは，①生産志向時代（1869〜1930年），②販売志向時代（1930〜1950年），③マーケティング志向時代（1950〜1960年），④マーケティング・コントロール時代（1960年〜）である。この時期区分は，ピルスベリー社のマーケティング活動に焦点を当て，振り返った際にこのような形で同社が進んでき

たという道程提示である。これをマーケティング史全体に当てはめようとし
たといえる。現在，マーケティング史の時期区分はほとんど研究対象とされ
なくなったが，ケイスによる時期区分が長くマーケティング史一般の時期区
分として用いられ，米国での通説となってきた。

　キングは，マーケティング史を①生産志向時代（1900〜1930 年），②販売
管理志向時代（1930〜1950 年），③マーケティング・コンセプト時代（1950
年〜）の 3 つに区分した。またスコーエルとギルティナンは，①生産重視時
代（1600〜1900 年），②販売重視時代（1920〜1949 年），③マーケティング・
コンセプト時代（1950〜1960 年），④環境重視時代（1960 年代後半以降）に
区分している。歴史には連続性（継続性）があるが，生産重視時代の終わり
である 1900 年とその次の時代である販売重視時代の始まりである 1920 年の
間には断絶があり，マーケティング・コンセプト時代の終わりである 1960
年と次の時代とした環境重視時代の間にも 10 年弱の空白の時間がある。

（2）通説批判とわが国での時期区分

　米国では，ケイスによる時期区分が通説であるが，これを批判したのがラ
スリとホランダー（Rassuli, K.M. and Hollander, S.C.（1986）），フラートン
（Fullerton, R.A.（1985））であった。とくに後者は，批判するだけではなく，
自らの区分も提示した。その区分は，①先行時代（1600〜1830 年），②発生
時代（1830〜1870 年），③制度的発展時代（1870〜1930 年），④洗練と定式
化時代（1930 年〜）ある。ただ，この時期区分は，20 世紀に入ってからの
マーケティングの内容をほとんど一括りとし，極めて大雑把である。

　一方，わが国でのマーケティングの時期区分は，米国での時期区分とは異
なっている。わが国では，マルクス経済学の影響を受けた研究者らによって
形成された面が強い。そのため，生産過程や生産側における資本の巨大化と
独占化を過度に強調した面はあるが，歴史的状況との対応には注意深い配慮
がされているという指摘がある（堀越（1996））。わが国における時期区分
は，①マーケティング生成の時代（1900〜1920 年），②高圧的マーケティン
グの時代（1920〜1930 年），③低圧的マーケティングの時代（1930〜1950

年），④マネジリアル・マーケティングの時代（1950〜1970年），⑤ソーシャル・マーケティングの時代（1970年〜）である。これらはわが国で出版され，マーケティングの歴史に言及しているテキストや専門書でほぼ踏襲されている。そしてマーケティング主体は，生産者であり，生産者が顧客である消費者や生産者と消費者の間で仲介を行う流通業者に対しての活動や考え方（思考）を中心に時期区分している。

　大きく括られたわが国でのマーケティング史の時期区分でも，各時代の中で大きな分水嶺となった出来事が含まれている。①の時代には第一次世界大戦があり，③の時代には第二次世界大戦があった。他方，わが国の社会・経済状況を取り上げた④の時代には，高度経済成長を迎え，一気に消費水準が上昇した。⑤の時代には，2度にわたる石油ショックを経験し，その後の低成長，いわゆるバブル経済，その後の大不況を経験した。当然だが，このような出来事や状況はわが国特有のものもある。そのため以下では，米国での時期区分のみについて取り上げたい。

（3）5つの時期区分

　本書がマーケティング史の時期区分を行うに当たり，その時代の変遷について何をもってその区切りとするかは悩ましいものであった。ただ，戦争が起こると国内でも戦争の影響を強く受ける。そのため，本書では，大きな戦争を契機として社会システム全体が影響を受ける（受けた）ことから時期区分を行った。そこで米国社会を大きく変えたいくつかの戦争により，時期区分を行っている（石川（2004））。
　　①マーケティング・フォークロアの時代（植民地時代から南北戦争の開始）
　　②マーケティング生成時代（南北戦争後から第一次世界大戦）
　　③マーチャンダイジングの時代（第一次世界大戦から第二次世界大戦）
　　④マーケティング・エクステンションの時代（第二次世界大戦後からその
　　　体制崩壊）
　　⑤戦略的マーケティングの時代（政治・経済体制の劇的変化から現在）
　　この時期区分は，先にもあげたように米国におけるマーケティングの発

展・展開を時期区分したものである。したがって，それぞれの国における
マーケティングの時期区分は，戦争など時代のエポックとなる事象に注意を
払い，行うべきである。

2. マーケティング・フォークロアの時代

(1) 米国独立以前における商人の活動

　マーケティング発祥の地とされる米国の歴史は，コロンブス（Columbus,
C.）の新大陸到達によるヨーロッパの植民地として始まった。それ以前に
は，アメリカ・インディアン同士が原始的な取引を行っていた。原始的取引
とは，塩，魚などと鳥の羽を交換するようなものであった。16世紀から17
世紀になると，インディアンたちは，白人との原始的交換を開始した。さら
に進んだ交換は，白人の商人がヨーロッパから移住してきたことで始まっ
た。当時，米国経済の中心は農業であり，大規模工業は存在せず，原始的な
工業が細々と営まれていたに過ぎなかった。この頃，万屋的商人が存在し，
植民地経済を掌握していた。港の近くに住んでいた商人は個人であらゆる種
類の生産物の輸入，輸出，卸売，小売を行っていた。彼らは売買だけではな
く，金融や輸送も担当した。この当時の商人は，まさに現在商学部などで講
義されている科目前提となるさまざまな活動を行っていた。

(2) 米国独立戦争後の人口と商品移動

　1773年のボストン茶会事件を契機として独立戦争が始まり，1776年に
「独立宣言」がなされ，アメリカ合衆国と称するようになった。その後，商
業資本家は，海運業や貿易に専念し，1812年の第二次独立戦争に至るまで
製造業には積極的に投資しなかった。

　19世紀初め，人口の西部への移動が始まり，半世紀の間にアルゲニー
（Alleghenies）山脈以西の地域に人口が移動した。1816年には蒸気船のミシ

シッピ（Mississippi）川遡行が可能になり，アメリカ大陸南北の運輸交通が可能になった。そして，1820年までに新しく設立された運輸会社が代理商やジョバー（jobber）に利用され，商品が大陸内部から広域に移動するようになった。その後，1830年にはボルチモア・オハイオ線（Baltimore and Ohio Railroad）が開通し，交通機関が発達したことにより，商品流通も大きく変化した。分業の発達と各種産業の地理的分散のために中間商人が必要となった。そして，南北戦争の頃までには，各種の中間商人が分化発達し，流通機構は複雑化していった。英国で先行した産業革命は，米国では1810年代から1860年代にかけて起こった。

(3) 19世紀後半までの市場活動

　19世紀の初頭，小売を主に担当したのは行商人と公共市場（public market），万屋であった。どこの町にも公共市場は存在したが，1860年になると衰退し始め，万屋である一般小売店（general merchandising store）が典型的な小売店となった。これはわが国においても20世紀初頭に誕生した百貨店を除けば，第二次世界大戦までは同じ状況であった。また，ゼネラル・ストアは，1年に1，2度開かれる市場で商品を仕入れていたが，次第にニューヨーク市などの問屋の派遣販売人から購入するようになった。

　19世紀の中頃からは，大都市では，小売店が後で支払う掛による販売から19世紀に初頭には現金販売政策が現れ，定価政策も1820年，さらに返金保証も1840年代には行われていたといわれる。19世紀の米国の流通機関（流通担当者）をポーター（Porter, G.）とリブセイ（Livesay, H.C.）は，ゼネラル・マーチャント（general merchant），ブローカー（broker）またはファクター（factor），コミッション・マーチャント（commission merchant），ジョバー，マニュファクチャーズ・エイジェント（manufacturers' agent）に分類している。この他に自立的行商人であるペドラー（peddler）や企業従属型行商人であるドラマー（drummer），トラベリング・セールスマン（travelling salesman）なども登場した。マーケティング・フォークロアの時代は，市場に対応するマーケティングのさまざまな手法は分散しており，ま

とまりを持ったものではなく，各々が市場対応活動を明確に意識せず，慣習的に行い，継続的に行い始めたに過ぎない時代であった。

3. マーケティング生成時代

(1) 企業の大規模化と市場の意識

　米国では，1860年までに3万マイルの鉄道が敷設され，1869年には太平洋まで達した。企業規模は南北戦争以前は小さかったが，戦争によって工業生産，農業生産が著しく発達した。南北戦争以降は，米国経済は海外市場志向型から国内市場志向型へと転換した。生産者（製造業者・メーカー）は，生産体制や財務状態を安定化させ，次第に市場に目を向け始めた。独立戦争後，農民が肥沃な土地を求め，急速に西方にフロンティア・ライン（Frontier line）を推し進めた西漸運動は，1880年代に終焉し，1890年代には消滅した。フロンティアが絶えず移動し，国内市場の地理的拡大が可能であった時代は，資本間競争は緩やかであった。

　しかし，国内市場の地理的拡大が限界に達すると，資本間競争が激化した。つまり，西部開拓時代の後，東海岸から西海岸までの全米大陸という広大な市場誕生と，国内市場の地理的拡大の限界により，市場は供給過剰となり，販売問題が起こった。とくに農産物の供給過剰と工業製品の飛躍的な生産量拡大が新しい市場対応の方法を求めるようになった。また，1880年までは農産物の生産額は，工業製品の生産額を上回ったが，19世紀末に工業製品の生産額が農産物の約2倍となり，米国は1880年代に農業国から工業国へと急展開した。

　売り手は，市場獲得のために価格政策（値下げ）を行ったが，競争が破滅的になるため，組織的，体系的な問題解決のために市場対応の方法としてマーケティングが誕生した。大量生産で生産された生産物・製品が受容できる市場を拡大するため，全国広告が用いられ，そのために商品差別化，パッケージング，ブランディングが積極的に行われ始めた。つまり，当時のマー

ケティング活動は，価格競争回避のための非価格競争が中心であった。

　この時期，通信販売小売業を手がけていたシアーズ・ローバック（Sears, Roebuck & Co.）は，1893年に自社の印刷工場を設立した。1908年にはフォード（Ford Motor）がT型フォード（Model-T）を発表し，1911年にはカーティス社（The Curtis Publishing）が広告部門の一部門としての商業調査部門を設置し，その後ゼネラル・モーターズ（GM：General Motors）が続いた。1912年には南カリフォルニアでセルフ・サービス店が開店し，1913年にはA&P（Atlantic and Pacific Tea Company）が安売り店を展開し始めた。

(2) マーケティング研究の開始

　マーケティングという言葉は，20世紀初頭に誕生したとされる。流通取引の研究・教育初期では，商取引（trade），商業（commerce），流通（distribution）が一般的であった。

　最初にマーケティングという言葉が使われたのは，1902年にミシガン大学の広報「アメリカ合衆国の流通・調整産業（The Distributive and Regulative Industries of the United States）」の講座解説で「商品マーケティングのさまざまな方法（various methods of marketing goods）」の中であったとされる。また1905年にペンシルヴェニア大学で，クローシ（Kreusi, W.E.）が「製品マーケティング（The Marketing of Products）」という講座を担当したのが大学の講座では最初とされる。そして，1909年にピッツバーク大学，1910年にウィスコンシン大学でも講座名に「Marketing」が付された講座が開設された。

　さらにマーケティング研究では，1912年にショー（Shaw, A.W.）が，「市場相給に関する若干の問題（The Problem of Market Distribution）」とし，マーケティングを体系的にまとめた。1916年にはウェルド（Weld, L.D.H.）が『農産物マーケティング（The Marketing of Farm Products）』を出版し，1917年にはバトラー（Butler, R.S.）が『マーケティング諸方法（Marketing Methods）』を出版した。先に取り上げたバーテルズは，20世紀初頭に各大

学がマーケティング関連の講座を開設したのは，個別企業の要請よりも社会的問題が背後にあったことを指摘している。ウェルドによる農産物マーケティング研究は，農産物を生産地から消費地までいかに効率的に移動させるかという問題が出発点である。つまり，生産と消費の懸隔を社会的に架橋するという今日では流通問題として扱われている部分である。これは社会経済的マーケティングであり，マクロ・マーケティングがマーケティング研究開始時の関心事であった。

4. マーチャンダイジングの時代

(1) 高圧的なマーケティング活動

　20世紀の初め，米国経済は旺盛な国内外の需要に支えられた。しかし，第一次世界大戦が終わり，1920年代に入ると海外需要が停滞し，不況に陥った。背景には軍需の減少と欧州諸国の復興があった。絹織物，ゴム，自動車だけでなく，農業も厳しい状況に追い込まれた。当時の商務長官フーバー（Hoover, H.）により，政府は産業の無駄排除と産業合理化を推進した。これにより，生産技術の発達と製品の標準化，規格化，定型化を基盤とし，大量生産体制が確立された。自動車産業では，フォードがベルトコンベアを導入し，フォードシステムと呼ばれる流れ作業で機械生産のスピード・アップが図られた。

　同時期に多くの生産者は，大量生産により，マス・マーケットの開拓・維持に取り組むようになった。そこで大量生産方式に対応させるため，中間商人の排除や流通過程での無駄排除を実行した。他方，企業では，専門販売員や巡回販売員が増加し，販売部門を再編成して販売促進部を設置，販売にも傾注するようになった。自動車産業では，自動車が富裕層の乗り物から一般庶民の交通手段へと変化したのは，大量生産による価格低下もあったが，一般庶民が購買しやすいように販売金融会社が設立され，販売金融が積極的に行われ，信用販売が一般化した影響もある。信用販売による積極的な金融は

「高圧的信用供与」と呼ばれ，マイナス面も指摘された。

　また全国規模で計画的大量販売が行われ，広告宣伝も活発化した。ラジオの普及は，全国規模での広告競争を激化させ，その表現も刺激的になり，スローガンの活用に象徴される「高圧広告」が行われた。他方，生産者が消費者ニーズを多少軽視する態度も見られたとされる。したがって，生産者は大量生産体制により生産した商品をいかに市場に押し込むかを第一義とし，高圧的信用供与や高圧広告が行われたため，この時期を「高圧的マーケティング」の時代と呼ぶこともある。ただそのような方法で販売量が増加した時期は短く，市場分析や消費者（顧客）は何を求めているのか，その求めている製品を提供するための調査が次第に重視されるようになった。

(2) 低圧的なマーケティング活動への転換

　1929年10月24日木曜日，ニューヨーク・ウォール街の株の大暴落に端を発した大恐慌は，世界中を経済危機に陥れた。大企業は過剰設備を抱え，中小企業の倒産が相次いだ。街には失業者が溢れ，労働者の賃金は切り下げられた。ルーズベルト（Roosevelt, F.）大統領は，大恐慌克服のため，「ニューディール政策」を掲げた。その一環としてNIRA（National Industrial Recovery Act）やAAA（Agricultural Adjustment Act）により，企業のマーケティング活動も影響された。また第二次世界大戦の開戦まで有効需要政策やロビンソン・パットマン法（Robinson-Patman Act），ミラー・タイディングス法（Miller-Tydings Act）などが経済活動に影響した面もあった。

　大恐慌を境に，企業はこれまでの高圧的販売，高圧広告，高圧の信用供与によるマーケティング政策は大きな影響を受けた。企業は積極的に消費者ニーズの発見に注意を払うようになった。それは市場調査（market research）やマーケティング・リサーチ（marketing research）を行い，それを企業の製品政策や広告，サービス重視の販売活動に取り入れる「高圧的マーケティング」から180度転換した「低圧的マーケティング」であった。

　このような傾向に対応し，消費者志向的な製品計画としてのマーチャンダイジング（merchandising）が登場し，マーケティング活動の柱となってい

た。それ以前にも，大量生産を積極的に志向し，規模の経済効果により価格低下で消費者に受容されようとしたフォードの「モデル T」は，既に顧客から飽きられ，顧客に選択肢（色やスタイル）を提供した GM のマーケティング活動が既に行われていた。

　大企業は，労働運動や消費者運動，ニューディール政策後期に強化された政府の公的規制への対応も迫られた。その対応の 1 つとして，企業の関係者にその活動を伝達するパブリック・リレーションズ（PR: public relations）が重要となった。また消費者に重点を置く技術革新が，流通面でのスーパーマーケット（SM）の登場であった。それは大恐慌の影響により，経済状態が悪化した消費者に対し，価格を優先させ，大量仕入・大量販売，セルフ・サービス方式で費用を節約し，消費者への低価格販売を実現するものだった。

(3) マーケティング研究の変化

　マーケティング研究は，当初は余剰農産物の市場問題として注目され，いかにその問題を解決するかを学術的側面から研究する，いわゆるマクロ・マーケティング研究が中心であった。つまり，今日の流通研究と重なる部分が多いものである。しかし，大恐慌を境として，個別企業的な課題解決へと視点が移行することになった。大恐慌の影響により市場が狭隘化する中，商品流通が個別企業の大きな課題となり，企業のマーケティング活動に新しい展開を迫るものであった。したがって，個別企業が中心のマーケティング研究は，それ以前のマクロ・マーケティングと対比させ，ミクロ・マーケティングといわれる。

　ミクロ・マーケティングは，マーケット・リサーチ，マーケティング・リサーチ，それに基づくマーチャンダイジングを中心とするようになった。リサーチによる結果が，企業のマーチャンダイジングに反映されるという意味では新しいマーケティングの展開となった。

5. マーケティング・エクステンションの時代

(1) 大量生産と消費量の拡大

　米国では第二次大戦後，戦争で抑圧されていた需要が一気に顕在化し，空前の活況を呈した。米国の資本主義経済の構造的変化は，戦後の設備投資と大戦中の技術革新により，寡占競争の様相が強くなったことである。技術革新の中心は生産工程のオートメーション化であった。これによって，テレビ，プラスチック，抗生物質などが大量生産された。

　多くの新商品が生み出されながらも，企業では事業経営の中心は顧客であり，顧客が存在して初めて事業が成立するという「顧客志向」が経営理念となっていた。消費者志向や顧客志向が企業の経営理念ともなった。企業は新商品開発を加速させ，他方で計画的陳腐化も行い，商品寿命は短縮化された。また 1950 年以降，市場調査が盛んになり，消費者信用も拡大した。テレビ放送が普及する中，広告も拡大した。そして企業の販売促進を担う広告代理店が次々に登場した。

　第二次世界大戦後，米国小売業では SM が取扱商品を増加し，食料品小売業としての地位を確立させるようになった。また自動車が米国民の生活の足となり，移動範囲が拡大することにより，郊外地域も発展した。それまでは都心に所在していた百貨店も郊外に店舗を設置するようになり，多数の店舗と広い駐車場を備えたショッピングセンターが開設されるようになった。他方，1950 年代から 1960 年代にかけて，少人数経営，立地の利便性，限定した品揃え，長時間営業を特徴とするコンビニエンスストア（CVS：convenience store）が次々に誕生していった。さらにウェアハウス（warehouse：倉庫型店舗）の発展や家庭用電化製品を品揃えし，低価格販売を特徴とするディスカウント・ハウス（DS：discount store）も展開されるようになった。

(2) 企業経営の転換点

　米国では，国民が次第に豊かになると，企業も長期的視点に立ったマーケティング活動を視野に入れるようになった。マーケティングは，企業を覆う傘のようなものとして企業のあらゆる部門の活動と密接に関連するようになった。つまり，マーケティング活動は企業の一部門の活動ではなく，さまざまな分野と関係を持ち，調整・統合するものと認識され始めた。そのため，その管理が必要となった。この活動は，マーケティングが企業の一部門の活動として一管理者が担当するものではなく，企業の経営者が意思決定するものと認識されるようになってきた。そこで第二次世界大戦後のマーケティングを特徴づける経営者視点のマーケティングである「マネジリアル・マーケティング（managerial marketing）」が誕生した。

　マネジリアル・マーケティングは，米国では企業が海外進出をするに従い，国際マーケティング（international marketing）が形成されはじめた。他方，1960年代終わりからインフレーション，失業，スタグフレーションなど問題が深刻化，公害も発生し，1970年代前半には石油ショックにより，エネルギーの問題も深刻化した。

　こうした経済活動の負の側面に対し，さらに企業が経済活動を優先させたため，顧客志向を表面上は掲げながらも，実際には多くの問題が惹起したことにより「企業の社会責任」の議論が起こった。ネーダー（Nader, R.）は，『（自動車は）どんなスピードで走っても安全か』（1963年）という衝撃的なタイトルにより，自動車の安全性を追求した。生活者意識に目覚めた消費者間では「コンシューマリズム（consumerism）」が台頭した。それまでもマーケティング活動の負の側面は，ガルブレイス（Galbraith, J.K.）やパッカード（Packard, V.）らが1950年代後半から1960年代にかけて主張したが，環境変化の中，企業は利益のみを唯一の目的とはしない，新しい社会的配慮が必要となってきた。

(3) マーケティング・マネジメントとマーケティング概念の拡張

　マネジリアル・マーケティングは，「経営者視点のマーケティング」と言い換えられる。そこには従来の伝統的なマーケティング研究の成熟と蓄積を土壌とし，隣接諸科学の成果を取り込もうとする面があった。この試みは，多数の機能的に関連する諸要因を，目的関連的に統合的に把握する「システムズ・アプローチ（systems approach）」が導入されて可能となった。

　また，マーケティング論研究として，ハワード（Howard, J.A.）やマッカーシー（McCarthy, E.J.）など，今日マーケティング・マネジメントといわれる分野での業績貢献があった。前者は『Marketing Management ― Analysis and Decision（1957）』を著し，マーケティング・マネジメント論に関して独自の体系を示し，後者は『Basic Marketing : A Managerial approach（1960）』を著し，今日「マーケティングの4Ps」とされる製品（product），価格（price），流通（place），広告・販売促進（promotion）をまとめた。これらを組み合わせ（マーケティング・ミックス：marketing mix），標的となる顧客への提示がマーケティングの重要機能とした。

　他方，1960年頃には学問的進捗もあり，マーケティング・マネジメントが台頭するようになったが，研究面では別の動きも見られた。それはコトラー（Kotler, P.）とレヴィ（Levy, S.J.）がマーケティングの管理手法の対象を営利組織（営利企業）だけでなく，非営利組織にも拡大しようとする考え方を提示したことである。そこでは営利活動や営利組織において適用されてきたマーケティングをそれら以外の組織にも拡大しようとするものであった。一方，マーケティングは営利活動や営利組織が前提であり，非営利活動や非営利組織には適用するべきではないとする主張もあった。これは「マーケティングの境界論争」として議論された。今日では，マーケティング活動は営利活動や営利組織だけが行うのではなく，非営利活動や非営利組織でも取り入れられていることを考えると，現実の社会ではマーケティング活動は拡張されたといえる。こうしたマーケティングは「ソーシャル・マーケティング（social marketing）」と呼ばれている。

　ソーシャル・マーケティングには，先にあげた非営利活動や非営利組織の

マーケティングの側面，また第二次世界大戦後，営利組織の利益追求活動により，さまざまな社会の歪みを是正しようとする側面がある。そこで営利組織では社会的責任を遂行し，加えて社会貢献活動を行う動きも見られ始めた。こうした営利組織の社会的責任の遂行，社会貢献活動をソーシャル・マーケティングとして扱うこともある。さらにコンシューマリズムに対応するとともに，新しい価値観に立脚した生活の質を高めるなど幅広く社会的視野でマーケティングを再考するレイザー（Lazer, W.）などの研究も反映された。これらはこれまでのマネジリアル・マーケティングの延長線上での新しい展開を目指すものである。

6. 戦略的マーケティングの時代

(1) 戦略的思考の重要性

1980年代後半になると，ベルリンの壁の崩壊，東欧社会主義国やソ連の社会体制変化が起こり，世界の政治や経済体制が激変した。この変化により，第二次世界大戦以後の政治経済体制も大きく影響を受けた。当然，マーケティング活動もこれらの影響を受けた。1980年代後半以前のマーケティングを振り返ると，環境変化の緩やかな時代であり，マス・マーケット中心のマーケティング・ミックス論が展開されてきた。しかし1970年代になると2度の石油ショックを経験し，市場の成熟化，需要の多様化，個性化が常態化し，マス・マーケティングでの市場対応がその力を失い始めた。その中で，マーケティング研究の隣接分野である経営学では，経営戦略論が台頭し，マーケティング活動は経営戦略と融合する形で，市場への全社的な取り組みを重視し始めた。そこでのマーケティングは，短期的なマーケティング・ミックスによる対応を行いながらも，企業成長のためにいかにマーケティングを位置づけるかという戦略的志向が浸透し始めた。

マス・マーケティングの時代には，市場は1つとして考えられていたが，市場特性により細分化し（segmentation），その細分の中で企業がマーケ

ティング活動の標的を選択（決定）（targeting）し，それに対し企業の提供物を位置づける（positioning）ことの重要性が強調され始めた。これがマーケティング戦略（marketing strategy）であり，そこにおける活動の頭文字をとってSTPとして表現される。したがって，戦略的マーケティングは，各企業の経営資源の状況や企業理念，その理念に基づいた市場目標の違いなどにより，各企業が重要な変化に注目し，それに対してマーケティングを集中させるものである。

　そこでは，企業は競合企業に対して優位に立つ（競争優位）ことが重要となる。そのため，自らの事業の定義，事業の使命，機能分野戦略，資源配分と予算決定の4つの重要な意思決定領域がクローズアップされるようになった。これまでの企業は，対象市場と競争状況により最適なマーケティング・ミックスを形成する部門管理に重点をおいていた。しかし，企業間競争が激化し，常に「われわれの事業は何か」を決定する事業定義の問題が前面に出るようになった。その過程においてマーケティングは，環境−戦略−組織−経営資源のバランスを考える経営問題としての色彩が強くなった。

(2) マーケティング戦略

　アンゾフ（Ansoff, H.I.）らによって経営戦略論が台頭することになった。経営戦略論分野で多くの成果が出されると，実際のマーケティング活動や研究への応用が進められるようになった。マーケティング研究者による戦略的マーケティング（strategic marketing）研究，あるいはマーケティング戦略論とする研究が数多く発表された。戦略的マーケティングは，競争重視の全社的対応を企業に迫り，市場対応に積極的に取り組んでいこうとするものである。

　ターゲット・マーケティングは，顧客それぞれの個別需要に対応しようとするものである。売り手市場における市場の見方は，マス・マーケティングから製品多様化のマーケティング，ターゲット・マーケティング（target marketing）へと変化した。そこでは市場細分化が行われ，ターゲットを選択し，製品やサービスのポジショニングを行う。ターゲット・マーケティン

グの究極的かたちは，カスタマイズド・マーケティング（customized marketing）やパーソナル・マーケティング（personal marketing），ワン・トゥ・ワン・マーケティング（one-to one marketing）である。ただ個別の顧客に企業が対応するには，データベースの整備など多額の投資が必要となり，費用がかかり過ぎる面がある。

戦略的マーケティングは，短期志向ではなく，長期志向であるため，企業は顧客との関係を重視するようになった。それまでのマーケティング・ミックスは，短期的に流行する商品を提供し，売上や利益獲得を志向する面があった。また市場が拡大し続ける時代には，短期志向もそれほどマイナス面は見当たらなかった。そして新規の顧客も増加した。しかし，市場が飽和すると，消耗品や買い換え需要しか期待できなくなった。そこでこれまで購買者となってくれた顧客を大切にし，維持することを重視し始めた。

他方，メーカーと流通業者との取引，流通業者とのその顧客との取引は，互いの意思が正反対であるため，取引においては駆け引きが重視された。しかし，このような場面でも取引は1回だけではなく，長期的に継続するとすれば（実際に継続してきた取引の方が圧倒的に多い），その関係を良好なものとして維持し，戦略的に提携する方が有利とし，「戦略同盟」と呼ばれる関係が1980年代から1990年代にかけ見られるようになった。

1990年代に入ってからのマーケティングは，個別部門が顧客に対応するのではなく，全社的に対応し，長期的視野に立とうとする戦略的マーケティングが前面に出るようになった。戦略的マーケティングは，当該企業や組織の存立する国内だけではなく，国境を越えるようになった。またそれができるようになったのは，情報技術（ICT）の発達である。ICTの発達は，通信にかかる時間とコストを飛躍的に節約することにつながっている。

本章のまとめ

　本章では，マーケティング活動や学問の誕生の地とされる米国での
マーケティングの歴史をたどりながら，各時期におけるマーケティン
グ活動やマーケティング研究の顕著なものを取り上げた。とくに歴史
は，どのように長い時間を区分するかにより，歴史の見方，見え方は
異なる。本章では，大きな戦争を1つのエポックとして，時代を区切
るきっかけとして考えた。

　マーケティングを市場対応と捉えることにより，その対応の仕方
が，大きく変化するという捉え方もできよう。マーケティングの史的
分析は，さまざまな視角から対象に迫ることにより，さまざまな見方
ができるのもマーケティングの特徴であろう。とくに生産者の視点，
流通業者の視点，消費者の視点などその視点を変えることにより多角
的な観察ができる。

第 **3** 章

マーケティング・マネジメント

本章のポイント

2章では，マーケティング活動の黎明から現在までを取り上げた。そこでは，当初のマーケティングは，極めて社会的色彩が強く，社会的問題の解決を目指そうとするものであったことが明確にされた。このような視点からのマーケティングは，マクロ・マーケティングと呼ばれる。しかし20世紀になると，マーケティングは社会的色彩だけでなく，個別企業の経営における色彩を強くした。米国は20世紀を迎える頃には，農業国から工業国へと大きく変貌し，次第に大規模化していく生産者（製造業者，メーカー）の市場問題の解決手段として機能することが求められるようになった。

個別企業の市場問題解決のためのマーケティングは，マクロ・マーケティングに対し，ミクロ・マーケティングと呼ばれる。第一次世界大戦後の米国では，ミクロ・マーケティングが隆盛した。こうしたマーケティングは，経営者視点によるマーケティングである。そこで本章では，マーケティング・マネジメントについて考える。

1. 社会的問題から個別企業の問題解決 ────

(1) マクロ・マーケティングからミクロ・マーケティングへの推移

　19世紀の終わりに誕生したマーケティングは，余剰農産物の市場問題に
端を発していた。この時期には，農産物の生産量が増加し，市場において吸
収できないことが問題となった。そこでは物流方法を変え，物理的な市場拡
大が試みられた。他方，余剰農産物を加工し，加工食品とすることによっ
て，解決を図ろうとする試みも生まれた。こうした農業生産者やその関係者
による挑戦は，個別の取り組みではなく，当時は農業国であった米国におい
て，社会全体での取り組みであったものといえる。この時点の社会において
は，いかに余った農産物を管理していくかが焦点となった。

　それらの取り組みは，言い換えれば，生産－流通－消費のサイクルをいか
に効率よく回転させるかという，まさに生産と消費の間にある懸隔を社会的
に架橋する流通面における課題であり，その機能を効率化する色彩が強かっ
た。そこにおける視点は，社会全体，国民経済的視点によっての問題解決
を，当時のマーケティング活動によって遂行しようとしたことである。まさ
しくこうした社会経済的視点からの課題解決は，マクロ視点によるもので
あった。そのためマクロ・マーケティングは，一般的に流通を意味してい
る。したがって，現在でもマクロ・マーケティング研究によるマーケティン
グ・アプローチも1つの研究動向として存在する。

(2) ミクロ・マーケティングの萌芽

　20世紀になると，米国では欧州から伝播した自動車産業が勃興し，
フォードがベルトコンベアによる流れ作業を導入したことにより，大量生産
が可能となった。ちょうど米国では，移動するための輸送機関としての自動
車が多くの国民から求められるようになっていた。そこで同社は，その期待
に応え，大量生産によって費用の低減を図り，販売価格を次第に低下させて

いった。こうしてニーズのある商品の価格を低下させることにより，より多くの人々が入手しやすくなった。それにより同社は，成長し，自動車を購入した消費者（ユーザー，顧客）は，生活の利便性が向上した。ただ同社によって提供された自動車（Model-T）は，同じスタイルでボディの色はすべて黒であった。Model-T は，時間経過により，価格が低下し，さらに多くの顧客が入手しやすい商品となったが，同じスタイル同じ色の商品という点については，次第に経済力をつけた顧客は満足しきれなくなっていった。

　他方，フォードが達成した大量生産と経験効果による価格低下により，多くの顧客が入手しやすくなった Model-T に対し，GM は異なるスタイル，多様な色によって対抗した。1920 年代に入ると，経済的に豊かになりつつあった顧客は，Model-T への不満を募らせていったため，こうした顧客の心を捉えたのが，GM による異なるスタイル，異なる色により訴求するというマーケティング活動によって誕生した商品であった。こうした異なるスタイル異なる色は，Model-T に対して商品（製品）差別化をすることにより，顧客の異なる嗜好に対応するという側面があった。ここにおいてマーケティングは，個別企業における商品差別化の手段として機能するようになった。

　自動車産業において，フォードと GM の企業競争では，マーケティング活動が果たした役割は顕著であった。このような競争は，他産業でも次第に幅広く行われるようになった。そのため，マーケティングはかつての社会的視点による課題解決手段ではなく，個別企業が競争企業との競争において優位に立てる手段として機能することが，次第に理解されるようになっていった。こうした個別企業視点によるマーケティングは，社会経済的視点からの課題解決を目指したマクロ・マーケティングに対し，ミクロ・マーケティングと呼ばれる。

　ミクロ・マーケティングが 1920 年代の米国では次第に隆盛した。ただマーケティング活動では，マクロ・マーケティング，ミクロ・マーケティングのどちらについても，消費者や顧客と呼ばれる「市場」を強く意識している。この市場に対して，どのような視点で解決を図るかが，マクロ・マーケティングとミクロ・マーケティングの異なるところである。つまり，マクロ・マーケティングは社会経済的視点により，ミクロ・マーケティングは個

図表 3-1 マクロ・マーケティングとミクロ・マーケティングの対比

	マクロ・マーケティング	ミクロ・マーケティング
起　　源	マーケティング費用問題	個別企業の販売戦略
研究対象	流通現象	企業とマーケティング活動と顧客の関係
研究目的	（社会の）流通問題解決	（企業の）経営問題解決

（出所）成田（2014）37頁から抜粋し，一部改

別企業的視点から市場問題・課題の解決を図ろうとするものである。したがって，図表3-1からもわかるようにマクロ・マーケティングとミクロ・マーケティングは，その起源，研究対象，研究目的はそれぞれ異なるものであり，期待される成果ももちろん異なる。

2. マネジリアル・マーケティングの本質

(1) マネジリアル・マーケティングの概要

マーケティングが，社会経済的視点による課題解決手段から個別企業的視点による経営課題解決手段へと大きく拡大し，展開したのは，当時の米国において，大規模な企業が各産業において現れ，次第に市場に対する影響力を強めていったためである。世界中で有名なコカ・コーラ（Coca-cola）などは，大規模な工場で大量に生産し，大量に流通させ，大量に販売することを実践するようになり，その実践により好循環が起こり，その規模や販売地域も拡大させていった。

しかし，単に大量生産－大量流通－大量販売を繰り返すだけでは，マーケティングは個別企業の経営問題を解決する手段とはならなかったであろう。とくに消費財メーカーは，その最終ターゲットである消費者を強く意識するようになった。それは社会的に供給量が需要量を上回るようになると，より顕著になった。そこで消費者に対して非常に関心を寄せ始めるようになっ

た。それまで生産者にとっての消費者は，ひとまとまり（一括り）として考える生産の最終地点に過ぎなかった。生産者が生産を継続することによって，その結果生産したモノが行きつく最終地点に過ぎなかった。しかし，生産者は消費者の需要やその市場について意識し，細かく分析する必要が出てきたのである。

ミクロ・マーケティングでは，「消費者行動（consumer behavior）」について大きな関心を払う。そこでは，消費者（顧客）に接近するため，さまざまな学問からの知識や技術の援用がされてきた。生産者あるいは企業として，その最終地点に存在する消費者に対する分析を行い，その個別行動を細かく分析するようになったのは第二次世界大戦後である。しかし，マーケティングはそれ以前から消費者を一括りの需要者や市場と考えることはあまりなかった。とくにミクロ・マーケティングにおいてはそうであった。そこには，消費者をそれ自体，個別に考えようとする土壌があった。それは「消費経済」や「消費行動」として一括りにするものではなく，「個別消費者」としてその行動に注意を払おうとするものである。

個別の消費者に対する関心が顕在化したのは，第二次世界大戦後になってからであったが，企業はこうした消費者に対して，自ら生産した商品が受容されるためにより工夫を重ねるようになった。それは自動車産業など耐久消費財分野だけではなく，食料品や日用品分野でも同様であった。また，消費者に競争企業の商品とは区別してもらうためのさまざまな工夫も行うようになった。先にあげた商品差別化のための活動である。

したがって，商品差別化のために個別消費者の行動に対する関心は，個別企業の経営者視点における関心ともなっていった。こうした経営者視点によってマーケティング活動を実践すること，あるいはそうしたマーケティング活動をマネジリアル・マーケティング（経営者視点のマーケティング）と呼ぶ。マーケティングの誕生当初は，販売問題を解決するための手段として考えていたが，経営者視点から顧客（市場）に接近するための手段として捉えるようになったのである。

(2) マーケティング・マネジメント

　個別企業の経営者視点によるマーケティング活動の実践は，まさしく企業経営においてマーケティングが重要な位置を占め始めたことを意味している。それ以前の企業では，いかに経営資源（ヒト，モノ，カネ，情報）を節約し，効率を上げるかが重要課題であった。今日の経営学，とくにアメリカ経営学は，個別企業（組織）においていかに経営資源を有効に活用するかに腐心している。費用をできる限り削減し，生産効率を上げること，また工場や土地の管理，労務管理などは重要である。

　これらは，現在でも企業経営において重要であるが，消費者を意識し，そのニーズを探索し，それを反映する商品を開発し，それに受容される価格をつけ，多くの消費者が手にしてくれる経路により販売することがより重要となった。そしてこれらをスムーズに実践するために情報伝達（広告）を行うことが，経営者レベルでも非常に重要となった。そこで経営者はこれらの活動に対してさまざまな意思決定をするようになった。まさに企業は，商品を企画・開発し，価格をつけ，販売経路の開発を行い，維持し，それらの情報を伝達したり，販売促進を行ったりすることが重要な仕事となっていったのである。こうした活動をマーケティング・マネジメントという。

　それではマーケティング・マネジメントとは，具体的に何を顧客（市場）に対して行い，働きかける活動であろうか。それを端的に説明したのがマッカーシーであった。マッカーシーは，マーケティングを企業経営者視点によって位置づけて以降，企業（組織）における4つの要素である4P（product，price，place，promotion）を操作し，市場に働きかけていくことを明確にした。図表3-2に示しているようにそこではこれら4Psをうまく掛け合わせてマーケティング・ミックスを作成する。その作成したマーケティング・ミックスによって市場に働きかけていく活動が，マーケティング・マネジメントである。

　マーケティング活動を実践するには，マーケティング・ミックスを操作すればよいが，それ以前に企業（自社）の顧客は誰であるのかを根本的に考慮する必要もある。またそれらの顧客を区分し，各顧客に適合した商品あるい

図表 3-2 マーケティング・ミックス

マーケティングの4Ps

製品（product）
×
価格（price）
×
流通（place）
×
広告・販売促進（promotion）

最適マーケティング・
ミックスの形成

は特定の顧客に適合する商品を提示することも必要である。それは4章で取り上げる STP（segmentation, targeting, positioning）として表現されるマーケティング戦略である。

3. マーケティング・マネジメントの4要素

(1) 製品管理

　企業は，マーケティングの4要素（製品，価格，流通，広告・販売促進）を掛け合わせることにより，顧客（市場）に対応するための努力を重ねる。しばしば，これら4要素は並列とされることもあるが，やはり製品があり，それに対して価格づけをし，マーケティング経路を構築し，それを広告，販売促進する。したがって，図表3-3のように製品はピラミッドの上部に位置づけることができる。各要素の詳細な対応（働きかけ）内容は，5章以降でふれるが，ここでは概略的に4要素の要点を示す。

　20世紀の初め，本格的に開始されたマーケティング活動では，形があるモノ（有形財）の市場（とくに消費者を中心とした顧客）への対応から始まった。それは自動車や食品，日用品などすべて形のあるモノであった。したがって，「モノ・マーケティング」を中心として考えると，いかにモノを

図表3-3 製品を頂点とするマーケティングの4Ps

市場に受容されるものとしてつくり上げるかが課題となる。

　また1章でサービス・ドミナント・ロジック（SDL）を少し取り上げたが，顧客が真に消費しているのは，究極的にはすべてコト（サービス）であると考えると，製品管理（マネジメント）も変化する。いわゆるサービスは無形財に分類されるが，こうした無形財としてのサービスも「モノ・マーケティング」と対置し，「コト・マーケティング」として，ピラミッドの頂点に位置づけられよう。そして形があるモノと合わせて，価格，流通，広告・販売促進をする必要がある。

　これまで製品といえば，物理的形態を有するモノだけであったが，最近のマーケティング関連の海外文献に目を通していると，product に対してはいわゆるサービスとしてのコトも意味している場合が多い。つまり，製品というと有形で目視できるのが特徴であったが，無形で目視できないコトも製品とされる。単にこれまでの形がある製品をすべていわゆるサービスに置き換えることはできないかもしれないが，多くの場合，ほとんどの製品はミクロ・マーケティング視点においては，いわゆるサービスを包含して考えても問題はないだろう。

　マーケティングにおける製品は，顧客にはさまざまな課題を解決する「便益の束」という捉え方がされている（Kotler and Keller（2007））。それは顧客が製品を購入するのは，何らかの課題を解決するためであり，同じ製品でも顧客によって解決したい課題は異なる場合があるためである。そこで生産者（製造業者・メーカー，さらにいわゆるサービス提供者）には，製品は顧客の課題を解決するものとする捉え方や，媒介する流通業者にも同様の認識

が必要になる。その上で，新製品の開発・改良，ブランド付与などが行われる。したがって，製品政策やそのマネジメントにおいては，製品を中心としたマーケティング活動の構築が重要である。

(2) 価格管理

　顧客に同様の便益をもたらす製品が複数あれば，顧客はできるだけ安く入手できるものを選択するだろう。したがって，差別化ができない商品は，価格競争が行われるのが一般的である。生産者自身が，自らの商品について他商品との差別性を主張しても，顧客がそれを理解し，受容しなければ，価格競争に陥ることが多い。そのため，さまざまなコミュニケーションをとる必要がある。

　価格には，このような側面があるため，単なる価格競争をすることはマーケティング活動ではないとされてきた。著名な経営学者であったドラッカー（Drucker, P.F.（1974））もマーケティングとは非価格競争をすることと指摘した。したがって，企業において価格の要素をマーケティング要素として取り入れるのはおかしいという指摘があるのも当然であろう。しかし，マーケティング活動では，単に競合企業や同種商品よりも低価格を提供することを議論するものではない。

　マーケティング活動における価格づけは，多くの場合，単に生産（製造・提供）にかかった費用に利益を付加する活動を意味しない。また安い価格を提供するという意味でもない。マーケティング活動では，顧客が受容しやすい価格を目標とし，生産過程や流通過程を考慮しなければならない。その意味では，通常の経済学における価格理論は参考にならない場面もある。何よりも顧客が当該商品を購入する際に，付けられた価格について納得して購入してもらう必要がある。そのような価格はリーズナブルな価格である。リーズナブルというのは，きちんと理由・意味のある価格である。そうした理由・意味を受容してもらえる価格づけのためには，さまざまな情報を取り入れることも必要である。

　マーケティング活動では，商品価格は柔軟に変更することも必要である。

それは常に顧客を観察することにより，その必要性が理解できるようになるためである。いわゆるサービスの価格付けでは，物理的形態がある有形財に比べ，その原価計算は顧客には理解しづらい面がある。それは有形財であれば，顧客には材料費や加工費，物流費などの費用を想像することができるかもしれないが，無形財ではそのような費用の要素などには考えが及ばないためである。したがって，そこでは顧客や供給状況を考え，より柔軟に変更することも必要となろう。

(3) マーケティング・チャネル管理

　マーケティング活動において流通は，顧客が商品を入手し，受容しやすい場所にいかに商品を配荷していくかという課題となる。日用品であれば，顧客の購買頻度が高く，生活上，急に必要になることもある。したがって，すぐ身近で入手しやすい場所に配荷され，販売されなければならない。他方，耐久消費財などの場合，購買頻度がそれほど高くないため，多くの商品が比較購買できる場所において，商品の説明を十分に行わなければならない。そのため，配荷する場所の数や位置も十分考慮する必要がある。

　このような事象は，これまで生産者が生産した商品を取り扱いたい卸売業者や小売業者の意思により，決定していた側面が強かった。つまり，流通業者自身に利得の可能性があれば，商品を仕入れ，それを販売することで消費者の手に渡っていたのである。流通業者の意向による面が強かったといえる。これは「生産−流通−消費」という流通の面から考察するとよりわかりやすい。生産者が小規模で販売する力（流通させる力）がない場合，販売力のある流通業者に依存するようになる。

　他方，消費者にも十分な情報がなく，購入手段をそれほど持たない場合，近隣の小売業者から購入するしか方法がない。そのため，生産者の規模が小さく，また消費者も十分な情報や代替的な購入手段を持たない場合は，その仲介を行う流通業者の力が強かった。さらに流通業者についても，小売業者が小規模零細の時代には，卸売業者の持つ力は絶大であった。したがって，生産者の小規模性，小売業者の零細性，消費者の情報入手力の弱さという環

境下では卸売業者の力が必然的に強くなった。

　しかし，生産者や小売業者が大規模化し，消費者の情報収集力が高まると，多くの商品では先のような状況は一変した。反対に卸売業者の相対的な力の低下が見られるようになった。このように社会状況が変化していく中，生産者は自ら標的とする顧客を確定し，それに適合した商品の提供方法を考えるようになった。つまり，どのような経路を選択すれば，顧客に最もよい状態，あるいは最も満足の高い方法で提供することができるかである。

　そうすると生産者が，自らの商品を販売する経路（marketing channel）を選択し，管理，維持する必要が出てきた。さらに一度きりの販売を行うわけではないため，その選択したチャネルを運営する事業者からの協力を得ることが必要となった。そこではその関係性を維持するためにさまざまな努力が行われる。このように生産者は以前とは異なり，マーケティング・チャネルについての意思決定の課題が変容してきた。また，卸売業者や小売業者においても，最終顧客にとって望ましい状態，あるいは求められるような方法によってサービスを提供する必要も出てきた。

　他方，これまでモノもコトもマーケティング活動ではほぼ同一次元で考えられることを指摘してきたが，いわゆるサービスのマーケティング・チャネルについては，モノとは異なる面がある。それはモノであれば考慮しなければならないこと，あるいはその逆もあり，それぞれ異なる対応がマーケティング・チャネルについては要求される。いずれにしてもマーケティング・チャネルに関する管理は，他の製品，価格，広告・販売促進に対して長期的に考え，判断する必要がある。

(4) マーケティング・コミュニケーション管理

　生産者（製造業者・メーカー）が，商品を生産しても，積極的に流通業者がその情報を取得し，購入して（仕入れて）もらわなければ，販売にはつながらない。広告は，マーケティング活動よりもかなり以前から行われていたとされ，販売促進も単発的にはかなり以前にもその活動を確認することができる。しかし，生産者が主体となり，広告や販売促進活動を行うことは，

マーケティング活動が明確になり始めて以降である。

　マーケティング活動における広告・販売促進は，単に顧客に情報を伝達し，言葉巧みに購入してもらうことではない。顧客が商品を選択する上で必要な情報をきちんと伝達し，場合によっては使用場面を見せ，きちんと納得して購入してもらうことが必要である。そのため，広告・販売促進活動では，顧客との十分なコミュニケーションをとることが必要である。

　マーケティング活動において，広告・販売促進活動が行われるようになったのは，生産者の規模が大きくなったことにある。その規模が小さく，販売を流通業者に依存していた段階では，統一・系統立ったものではなかった。他方，流通業者は，一度きりであっても取引を成立させようという意向が働き，言葉巧みに販売に結びつけることがあった。そのような言葉巧みに一度きりの取引を達成しようとするものではなく，顧客に適切な情報伝達をすることにより，理解・納得してもらい商品を購入してもらうかたちに変化したのは，マーケティング活動が行われるようになってからである。

　2章で取り上げたように，販売志向の時代には「高圧広告」により，一方的に情報が伝達され，販売を達成しようとした生産者も存在した。しかし，顧客満足が重視される時代になると，生産者から適切な情報提供を受け，理解した上での商品需要が重要になった。したがって，広告は非人的手段（非人的媒体）による有料形態の情報提示ではあるが，その提示や頻度も考慮しなければならない。また広告は長期的視点に立ち，情報伝達により顧客を説得することを試みるが，販売促進は広告と比べると短期的視点により，当該企業の販売量を増加させようとするものである。しかし，ここにおいても丁寧に顧客を説得する必要があろう。

　また広告・販売促進について，有形財であればその商品自体がさまざまな情報を発する場合がある。しかし，いわゆるサービスは，その広告・販売促進については難しい面がある。それは商品自体が見えないことに起因する。そのため，コトを顧客に訴求する場合，イメージに走りがちであるが，単なるイメージ訴求だけに陥らないようにする工夫も必要である。

　以上，マーケティング・マネジメントにおける4つの要素の管理を概略的

に取り上げた。各個別要素の政策の詳細は以降の各章で行うが，マーケティング・マネジメントにおいて，これらを組み合わせるマーケティング・ミックスについてもふれておかなければならない。

4. マーケティング・ミックス

(1) マーケティング・ミックスの概要

　マッカーシーが提示したマーケティング活動の主要な要素で構成される4Psは，当然であるが単独で機能するのではなく，各企業において適切に組み合わされる必要がある。その組み合わせがマーケティング・ミックスと呼ばれる活動である。

　あの会社は「マーケティングが上手である」とか，「マーケティングがうまい」「マーケティングを機能させている」というときは，この4Psの組み合わせが市場に適合している場合が多い。その際，企業によって力点を置く要素が異なっていることに気付くこともある。同じ産業に属し，同種商品を製造している企業でも，商品に特化している場合や広告・販売促進に秀でていると，消費者にさえ認識される場合が多い。したがって，マーケティング・ミックスは，商品差別化の要素だけではなく，価格，（マーケティング・チャネルとしての）流通，広告・販売促進活動のどの部分かが突出していることもある。どうしても顧客の目線からは，広告・販売促進の突出している企業のマーケティング活動が印象に残ることが多い。

　そのため，マーケティング・ミックスを構築することは，企業の独自性を出すことでもある。またマーケティング・ミックスを組み立てることにより，独自性を出すためには，それが顧客の心像に残るように努めなければならない。商品の独自性を訴求しようとする企業が，広告・販売促進にしがみついたままでは，その独自性を出すことができない場合もある。

　したがって，企業にとってはマーケティング・ミックスによる差別化を考慮し始めた時点から，長期的な市場対応のための戦略策定が開始されると

いっても過言ではない。そこでは単に4Psのうちの1つの要素のみにおいて独自性を出そうとするのではなく，マーケティング活動全般を眺める必要がある。そのため，マーケティング・ミックスは，企業の意思により策定でき，変更できる要素である。言い換えれば，マーケティング・ミックスは，企業にとっては操作可能要因（要素）といえる。企業にとって，操作可能なことは，企業の意思によって変化させることができることを意味している。

(2) 企業が操作するマーケティング・ミックス

しばしばマーケティング・ミックスを所与として考えることもある。しかし，マーケティング・ミックスは，最初から誰かによって与えられているものではなく，マーケティング主体である企業が創造し，変更できるものである。ここでは発想の転換が必要かもしれない。

先にマーケティング・ミックスの要素としての流通（マーケティング・チャネル）は，長期的戦略が必要であり，他の要素に比べ，変更しにくいことを取り上げた。マーケティング・チャネルは，それを構築しようとする企業が属する業界の歴史や企業数によって，他のマーケティング要素に比べると，変更しにくい面がある。しかし，そのマーケティング・チャネルを企業自らが構築，あるいは変更しようと意思決定すれば，真っ白なキャンバスに描けるほど自由ではないが，ある程度は描くことができる。つまり，その意味でマーケティング・ミックスは企業にとって操作可能要因である。

それではマーケティング・ミックスに対して，どの程度企業内ではマーケティング・ミックスの策定あるいは変更について，関与する人がいるかが問題となる。企業によっては，トップ・マネジメント・レベル（経営者レベル）における意思決定かもしれないし，マーケティング部門での意思決定かもしれない。さらにもっと下位レベルで意思決定をしている場合もある。これらは各企業によって異なる。他方，マーケティング・ミックスを構成する各要素で意思決定のレベルが異なることもある。しかし，これらからいえるのは，マーケティング・ミックスの諸要素は，企業内部のどこかの部署，あるいは企業全体で意思決定を行っているということである。

マーケティング・ミックスを構成する 4Ps は，企業内部で意思決定されるが，企業の意思にかかわらず起こる可能性があることも考えておかなければならない。1章では，マーケティングが極めて消費者行動を意識していることを取り上げた。これは現在でも消費財企業においては変わらない。現在では，顧客を考慮しない経営を行った瞬間に企業経営が崩壊する可能性もある。したがって，マーケティング活動では，第一に顧客を考慮しなければならない。とくにマーケティング活動は，最終標的を消費者と想定してきたため，消費者行動を考慮しないマーケティング活動はあり得ない。そこで企業のマーケティング・ミックスと先にあげたような顧客を考える場合，前者は企業によってコントロール可能な要因であるが，後者の消費者行動は常に念頭にはおいているものの操作可能でないことがわかるだろう。

最近では，消費者行動をビッグデータとして収集し，解析し，さまざまなマーケティング活動に活かすことが試みられている。しかし，いくら消費者行動に関する収集をしたところで，すべて操作可能とはなり得ないだろう。

つまり，企業にとってはその最終目標に位置している消費者（の行動）は操作可能な対象ではない。だからこそ常にそれらの情報を収集し，マーケティング活動に反映させようとする。このように操作可能でないものは，マーケティングといわれる世界には多く存在する。むしろ操作可能なものを探し出すのは難しく，操作不可能なものをあげることの方が容易だろう。

(3) マーケティング環境

マーケティング主体である企業を中心に考えると，その企業のマーケティング活動を取り巻いているものは，すべてマーケティング環境である。顧客や取引先，金融機関，地域社会，従業員，さらに国や行政機関など目に見えるもの以外にも，自然環境や文化，歴史など目に見えないものもすべて企業のマーケティング活動に影響を与える。

こうしたマーケティング環境は，本章で取り上げたマーケティング・ミックスと比べると，多かれ少なかれ企業にとっては，操作不可能な対象である。また，これらのマーケティング環境が企業のマーケティング活動だけで

第**3**章

マーケティング・マネジメント

はなく，どの程度企業経営に影響を与えるかについても異なっている。さらにその影響を経済的尺度で表現することができるマーケティング環境と経済的な尺度では表現することが到底できないものまで幅がある。

　企業のマーケティング活動は，こうした操作不可能なマーケティング環境についても注意を払いながら行う必要がある。操作不可能なマーケティング環境への対応については，企業のマネジメント的な視点だけではなく，戦略的な視点が求められる。4章では，操作不可能なマーケティング環境における戦略的視点からのマーケティングについて考える。

本章のまとめ

　本章では，経営者視点におけるマーケティングであるマネジリアル・マーケティングについて取り上げた。これは企業経営において，マーケティング・マネジメントの地位を確立している。その中で，企業が顧客に対応する要素としてのマーケティング・ミックス要素である4Psについて簡単にふれた。これら4Psの各要素は，マーケティング主体である企業において意思決定され，これによって市場に働きかけるものである。つまり，4Psは，企業の意思により策定され，変更することも可能である。このような対象は操作可能なものである。

　マーケティング・マネジメントにおける4Psは，マーケティング主体である企業にとっては操作可能であるが，これに対し，企業が操作不可能な要素についても十分に考慮しながらマーケティング活動を行っていかなければならない。そこにおいては戦略的要素の強い戦略的マーケティングが行われる。

第 4 章

マーケティング戦略

本章のポイント

　「戦略（strategy）」という軍事用語が，ビジネスの世界で使用されるようになり，かなりの時間が経過した。ビジネスの世界では，戦略だけでなく軍事用語が頻繁に使用される。それはビジネスの世界も軍事（戦争）の世界に擬せられるからなのであろうか。いずれにしてもマーケティング主体が，市場対応のためのマーケティングを行う際には，短期的視点と長期的視点，さらには中期的視点も持ち合わせなければならない。

　それではマーケティング戦略とは何であろうか。またマーケティング戦略がなぜ必要となっているのだろうか。そして，マーケティング戦略を立案することによって，企業にはどのようなメリットが生まれ，それを実行することで，企業はどのように変化（成長）していくことができるのだろうか。

　本章では，将来がなかなか見通せない時代において，企業がマーケティング活動を通して戦略的に市場を発見，開拓し，維持する重要性を考える。

1. 操作不可能なマーケティング環境

(1) マクロ環境要因分析

　3章において，企業が実践するマーケティング・マネジメントについて取り上げた。そこでは4Ps（マーケティング・ミックス）により，企業が市場に対応していく姿を概略的に示した。また4Psは，マーケティング活動を行う主体である企業にとって，自らの努力によって策定・変更が可能な操作可能要因であることも取り上げた。一方，マーケティング活動を行う企業を取り巻く，目視できる，目視できないを問わず，さまざまな環境については，操作不可能な要因として紹介した。

　本章では個別企業の努力によっては，操作不可能な要因であるマーケティング環境に対してどのような姿勢で立ち向かうべきかを取り上げる。企業を取り巻くマーケティング環境が，操作不可能な要因であるとしても，それを調査，分析し，働きかけることが可能な環境はある。他方で，働きかけることさえできず，所与としてマーケティング活動を行う上で前提としなければならない環境もある。そこで働きかけることにより変容する要因と働きかけても変容が期待できない要因についても考えなければならない。

　こうしたマーケティング活動を取り巻く環境要因は，マクロ環境要因とミクロ環境要因に分けられる。とくにマクロ環境要因の分析には，PEST（politics, economy, society, technology）分析が使用されることが多い（図表4-1）。

　まず，政治的要因は，法律，規制，政府，関連団体の動向，選挙結果，消費者保護，公正競争などである。これらの要因は，市場競争の前提となる市場競争におけるルール自体を変化させることがある。わが国では，政治体制や政権交代により，市場競争のルールの大きな変更は経験していないが，グローバル規模で事業を展開する企業では，ルールの変更を常に気にしなければならない。

　経済的要因は，景気や個人消費の動向，価格変動，投資動向，外国為替，

図表4-1 PEST 分析

Politics（政治的要因）
　法律，規制，政府，関連団体の動向，
選挙結果，消費者保護，公正競争など
〈市場競争の前提である市場競争ルール
　自体を変容させる〉

Economy（経済的要因）
　景気動向，個人消費動向，価格変動，
投資動向，為替，金利，株価など
〈売上やコストなど利益に影響する
　価値連鎖に影響する〉

Society（社会的要因）
　人口動態，宗教，価値観，社会規範，
世論，教育水準，風潮，流行など
〈売上の元となる顧客の需要構造に
　影響する〉

Technology（技術的要因）
　技術革新，特許，社会インフラに
影響する技術，代替技術など
〈市場競争の成功要因に影響する〉

（出所）Johnson and Scholes（1993）p.82（一部改）

金利，株価などの変動である。これらは個別企業では，その売上や費用など利益に直接影響する価値連鎖に影響を与える。また社会的要因は，人口動態，宗教，価値観，社会規範，世論，教育水準，風潮，流行などであり，個別企業では売上のもととなる顧客の需要構造に影響を与える。

　技術的環境要因は，技術革新，特許，社会インフラに影響する技術，代替技術などである。これらは個別企業においては，技術環境が一変してしまうと，これまでの市場における競争において優位に立てる要素が一変することもある。

　PEST 分析により，その企業を取り巻くマクロ環境分析はできるが，これらの環境に対してどの程度対応できるかは企業によって異なる。PEST 分析は，各企業が受ける影響だけではなく，各々のターゲットが受ける影響の分析も行う。また外部環境は，短期的傾向だけでなく，長期的傾向にも注目する必要がある（池尾（2016））。

(2) 3C分析

　PEST 分析は，企業を取り巻くマクロ環境について，考慮すべき4視点を示している。他方，個別企業のマーケティング活動を取り巻く環境では，直接的影響を及ぼす要因として3C（customer, company, competition）がある（図表4-2）。

図表 4-2 3C 分析

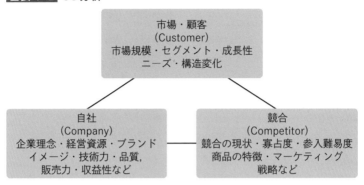

(出所) Ohmae（1982），翻訳（1984）114 頁に加筆

　3C 分析では，市場・顧客分析は，その市場規模，セグメント，成長性，ニーズ，構造変化などを中心に検討する。そこでは市場規模や成長性，構造変化は，具体的な数字で表現する必要がある。自社（企業）分析は，企業理念や経営資源，ブランド・イメージ，生産者であれば技術力や品質，販売力や収益性，市場占有率（シェア）についても検討する必要がある。これらも具体的な数字で表せるものは具体的に表現すべきである。自社分析では客観性を失うことがあるが，あくまで客観的に，時には第三者からの視点による分析も必要である。そして，競合（企業）分析は，競合の状況，寡占度や参入難易度，製品の特徴やマーケティング戦略など自社と比較した上での分析を行う必要がある。

　3C 分析では，市場・顧客分析と競合分析は，その企業の外部分析となるが，自社分析は内部分析である。この分析を可能な限り数字で表現することを推奨するのは，一度分析をしただけで終わってしまう場合や，ある程度時間の間隔をあけて検討する必要があるためである。数字であれば複数回の検討に耐えられ，過去の分析時点からの変化も見ることができる。企業においては，3C 分析により，他社より優位に立てる戦略，あるいは当初の経営戦略やマーケティング戦略を達成するための鍵（KFS: Key for Success）を発見することができる。

（3）競合分析

　3C分析では，競合分析がその現状を観察し，寡占度・参入難易度・商品の特徴，さらにマーケティング戦略の特徴を考察するものである。これらの側面からの考察は，ほぼ同様の商品を生産している，言い換えればほぼ同様のマーケティング活動をしている主体における分析である。しかし市場において，誰の目にも見える競争が行われているとは限らない。これはわれわれ消費者レベルの行動を考えてもすぐにわかるだろう。

　ランチを食べようとするとき，その日の予算が500円だとする。ファーストフード店で500円のセットメニューを購入する場合，学食で食べる場合，近くのコンビニエンスストアで弁当を購入する場合などさまざまな選択肢がある。しかし，3C分析では，このような場合は想定されない。同じ産業分類や業種分類が行われるレベルでの競合分析となる。ただ実際には，われわれのランチを食べるという行動を取り上げただけでも，さまざまな選択肢があることは多様な競争が繰り広げられていることを意味する。こうした競争にも考えをめぐらせなければならない。そして何より怖いのは，500円を支払って何かを購入するという以外に，「我慢する」という選択肢が選ばれる場合である。その際には，さまざまな企業によるマーケティング活動が無に帰すことになる。

　企業は，単に顧客からの経済的支出を引き出す競争をしているだけではなく，多様なレベルで競争をしている。1章において，生産－流通－消費というサイクルにおいて取引が行われ，そこでの売り手－買い手の意思は相反することを取り上げた。さらに企業成長の可能性，あるいは利得の可能性が見出せると，この市場に参入しようとする者さえ現れることになる。

　したがって，「競争」を単に平面で捉えるのではなく，多角的に捉えなければならない。こうした競争の構造を示したのがポーター（Porter, M. E.（1980））であった。彼が示した競争の構造は，「5-Forces（5つの競争要因）」として有名である。

　図表4-3からわかるように中心にある企業は，さまざまな競争に晒されている。業界内では，既存企業間の対抗度が強くなるほど，利益は減少する。

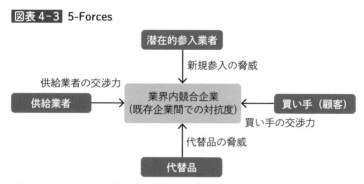

図表 4-3 5-Forces

潜在的参入業者

新規参入の脅威

供給業者の交渉力

供給業者 → 業界内競合企業
（既存企業間での対抗度）← 買い手（顧客）

買い手の交渉力

代替品の脅威

代替品

（出所）Porter（1980）翻訳（1985）18頁をもとに筆者作成

　これは業界内での価格競争，広告・販売促進競争，新製品開発競争，顧客サービス競争を行うためである。潜在的新規参入の脅威が大きくなると，利益は減少する。新規参入により，業界全体の生産能力が増大し，市場シェア獲得競争に走り，それによりリスクが増大する。そこで新規参入が起こらないようにある程度商品価格を低めに設定することになる。また買い手の交渉力が大きくなると，利益は減少する。買い手からの値引き要請，よりよいサービスの要求によるためである。さらに供給業者の交渉力が大きくなると，利益は減少する。それは供給業者が値上げを要求したり，品質・サービスを低下させたりするためである。そして，代替品の脅威が大きくなると，利益は減少する。とくに魅力的な代替品が存在する場合，自社の商品に高い価格を設定することができなくなってしまう（沼上（2000））。このように5つの競争要因は，中心にある企業の利益低下圧力をかけるものとなる。

2. 自社の分析

(1) VRIO分析

　マーケティング・マネジメントにより，マーケティング活動を行うことはその企業におけるマーケティング実践に他ならない。マーケティング活動の

図表 4-4 VRIO 分析

経済価値（V）	希少性（R）	模倣困難性（I）	組織（O）		競争優位性
価値なし	希少性なし	模倣容易	組織未整備	→	競争劣位
価値あり	－	－	－	→	競争均衡
－	希少性あり	－	－	→	一時的競争優位
－	－	模倣困難	－	→	持続的競争優位
－	－	－	組織整備	→	永続的競争優位

（出所）Barney（2002）翻訳（2003）272 頁を修正

前提として，先に取り上げた自社の努力だけではどうしようもない操作不可能な要因の分析，自社の市場や自社の能力，そして競争状況を把握することも必要である。そして，企業の競争要因について明確化しておく必要もある。とくに企業の利益を減少させる要因に注意を払うことは，その企業を取り巻く環境を競争という視点から把握するものである。

　これらを踏まえた上で，さらに自社を認識する必要がある。基本的には，絶対的なものではなく，競合企業と比較した上での分析となる。その1つが，他社と比較した場合における自社の競争優位を知ることである。自社の競争優位を把握することは他社の状況を知ると同時に，自社の現状を同時に知ることにもなる。とくに自社の経営資源（ヒト，モノ，カネ，情報）を分析する方法として VRIO 分析がある。

　VRIO 分析は，企業内部に存在する経営資源が持つ強みの性質や競争優位性を明確にすることにより，その企業の競争優位性の維持や強化，市場シェアの拡大，顧客満足度の上昇などの効果を得るために行われる。これは経営戦略論である「リソース・ベースト・ビュー」の代表的な分析方法であり，バーニー（Barney, J.B.（1991））が提唱した。これは経営資源を活用することで競争優位に立ち，さまざまな経営戦略を有利に展開させていく内部資源理論である。この分析では，経営資源を価値（value），希少性（rarity），模倣可能性（imitability），組織（organization）の視点から評価することにより，企業内部にある強みの性質と市場における現在の競争優位性を認識し，競争優位性の維持や向上に向けた効果的な政策を講じることになる。

　経済価値（V）は，経営資源を用いて環境における脅威や機会に適応可能

かどうかについて評価する。つまり経営資源が，市場に対してどれだけ利益をもたらすかという観点から，自社の経済価値・社会的価値を評価する。希少性（R）は，高ければ高いほど他社と差別化できる要素であり，独自性の高い技術やビジネスモデルである。また模倣困難性（I）は，どれだけ参入障壁を設けているのかを分析し，組織（O）は，経営資源の競争優位性を得るためにいかに組織的な方針や手続きにより構築しているかを示すものである。したがって，経営資源を4つの視点から分析することにより，競争優位の状況を認識することができる。

(2) SWOT分析

　企業の現状を評価するには，他にも方法がある。SWOT分析は，その中でも著名な方法である。これは目標を達成するために意思決定が必要な際，企業や個人のビジネスや事業において，外部環境や内部環境を強み（strengths），弱み（weaknesses），機会（opportunities），脅威（threats）の4要因の視点から分析し，事業環境変化に対応した経営資源の最適活用を図る経営戦略策定のための方法である（板倉（2010））。

　SWOT分析は，目標を達成するために重要な内外の要因を特定する。そこで重要な要因を企業の内的要因（強みと弱み）と企業の外的要因（機会と脅威）に区分する。内的要因は，目標に影響するために強みまたは弱みとなる。ある目標への強みは，別の目標に対しての弱みとなる可能性がある。また内的要因には，人材，財務，製造力などの他，マーケティングの4Psも含まれる。一方，外的要因には，マクロ経済，技術革新，法令・社会環境・文化の変化が含まれる。これらはPEST分析の項目である。

　内部環境には，資源（財務・知的財産・立地），顧客サービス，効率性，競争上の優位，インフラ，品質，材料，経営管理，価格，輸送時間，費用，主要顧客との関係，市場における知名度・評判，地域言語の知識，ブランド，企業倫理，環境などがある。外部環境には，政治・法令，市場トレンド，経済状況，株主の期待，科学技術，公衆の期待，競合他社の行為などがある。ただこれらの要素をすべて考慮して，分析することは現実的ではな

図表 4-5 SWOT 分析

	プラス要因	マイナス要因
内部環境	強み（S）	弱み（W）
外部環境	機会（O）	脅威（T）

い。企業の経営活動やマーケティング活動に資する要因について行うべきである。

　SWOT 分析にはいくつかの短所も指摘されている。それは企業の目標を達成する際，本質的に重要であることを考慮せず，SWOT 分析自体が目的化してしまうことである。また弱い「機会」と強い「脅威」を釣り合わせようとして，明確な優先順位や批判をせず，分析されることもある。SWOT 分析は，企業の目標を達成するための一手段であることを念頭に置いた上で，どの SWOT 項目も早期に取り除かないことが重要である。各 SWOT 項目は，それが生み出す戦略的価値により決定する。すなわち，価値ある戦略を生み出す SWOT 項目は重要であり，生み出さない項目は重要ではない。

3. 市場機会の分析

(1) ポートフォリオ分析

　企業における SWOT 分析は，市場が異なれば強みが弱みに変わったり，機会が脅威となったりすることがある。とくにグローバル企業では，このようなことはしばしばある。そこで市場機会を評価する際の観点を提供するのがポートフォリオ（portfolio）分析である（池尾（2016））。

　企業におけるポートフォリオ分析は，1970 年代に経営資源の最適配分を目的とし，世界的に有名なコンサルティング・ファームであるボストン・コンサルティング・グループ（BCG：Boston Consulting Group）が提唱した。ここでは企業の商品（事業）に置き換え，各事業を市場状況と対応させながら分類し，各分類にしたがって投資をすることで企業の全体成長を達成する

図表4-6 ポートフォリオ・マトリックス

（高）
市場成長率

| | 問題児 (problem child) | 花形 (star) |
| 負け犬 (dogs) | 金のなる木 (cash cow) |

（低）

（低）　　　相対市場シェア　　　（高）

（出所）Hedley（1977）p.10 を一部修正

枠組みが示されている（三浦（2006））。

　ポートフォリオ分析では，縦軸に市場成長率（市場全体の年間成長率）をとる。市場成長率が高いと，成長市場であるため，競争が激しく，さまざまな投資が行われる。したがって，成長率はこの市場からの資金流出量を示すものである。一方，横軸には相対市場シェアをとる。これは自社以外の最大の市場シェアに対する自社の比率であり，資金流入量を示している。企業ではその事業開始からの累積生産量が増加すればするほど経験が蓄積され，単位当たり費用は低下することになる。前者には規模効果が働き，後者には経験効果が働く（池尾（2016））。ポートフォリオ・マトリックスは，市場成長率と相対市場シェアにより企業の事業をそれぞれ高低により4分類している。

　花形は，市場成長率が高く，市場シェアも大きいため収益性も高い。ただ市場が成長期にあるため，競争を勝ち抜くには設備投資が必要となり，収益に結び付きにくい。将来，市場が成熟期に入ると市場シェアの維持・拡大が重要となる。金のなる木は，相対市場のシェアが高く，市場成長率が低いものの，自社の競争力が高い場合，多額の設備投資の必要はなく，収益が増加する。ただ市場成長率は低いために将来的には事業の成長はなくなるため，収益を獲得しながら，問題児とされる事業の資源確保が必要となる。

　問題児は，相対市場シェアが低く，市場成長率が高い事業である。この状態では競争力が低く，収益も低い。さらに市場は成長期にあるため，投資も必要となる。相対市場シェアを拡大できれば，花形となる可能性があるが，シェア獲得に失敗すると負け犬となる可能性もある。負け犬は，相対市

シェアが低く，市場成長率も低い事業である。競争力も低く，市場成長率も低いため投資も行われない。そのため，撤退を検討する必要もある。ただ企業が複数事業を展開している場合，各事業が相互に関連しているため，即座に撤退することは難しい。

ポートフォリオ分析は，事業を市場成長率・シェアの2軸で分類するため非常にわかりやすい。しかし，事業戦略を単純化し過ぎているという批判もある。また分析の前提条件である市場シェアは不明確・不確定な要素がある。さらに各事業は相互に関連しているため，考慮すべき要因が他にもある。負け犬や問題児に分類されても，花形製品や金のなる木のシェア維持に貢献する面もある。これは3指標（市場成長率，シェア，売上高）での分析の限界を示すものである。

(2) 事業拡大マトリックス

企業において，自社の製品と市場の2軸により，今後の成長を展望する際には，4つの方向性がある。これはアンゾフ（Ansoff（1988））により提示された事業拡大マトリックスである。縦軸に市場，横軸に製品をとり，それぞれに既存，新規の区分を設け，4象限のマトリックスとした。各象限から企業の成長戦略を抽出しようとするものである。

①市場浸透戦略は，既存商品により既存市場で成長しようとする場合，企業は同一顧客の購入頻度，販売量を増やす必要がある。また新用途開発と新しい顧客との接点を設ける方法もある。②新製品開発戦略は既存市場に新商品を導入し，成長しようとする場合，新たな属性の追加，新素材の使用や新製法・技術を導入する方法がある。③新市場開拓戦略は，既存商品を新市場に拡大し，成長しようとする場合である。新市場の捉え方は，地理的に新しい市場と対象顧客セグメントを拡大する方法がある。そして，④多角化戦略は，新市場に新商品を展開する場合である。これまでの市場にも商品にも関係がないため，リスクは高くなる。しかし，多角化戦略の成功はこれまでと同次元での成長ではなく，別の次元への成長に導く場合がある。

事業拡大マトリックスは，自社の強みやその事業モデルの付加価値を明確

図表 4-7 事業拡大マトリックス

		製品	
		既存	新規
市場	既存	**市場浸透戦略** • 市場シェアの拡大 • 使用度の拡大（使用頻度拡大・使用量拡大・新用途開発）	**新製品開発戦略** • 新たな属性追加 • 製品ライン拡張 • 新技術製品導入
	新規	**新市場開拓戦略** • 地域的拡張 • 新セグメントへの拡張	**多角化戦略** • 製品/市場とも新たな領域へ参入 • 新規事業

(出所) Ansoff（1988）翻訳（1990）147 頁に加筆修正

に認識する必要がある。それらを踏まえて強みや付加価値を利用し，新たな成長を発見する必要がある。

4. マーケティング戦略

(1) 経営戦略とマーケティング戦略の相違

　これまで取り上げてきた企業を取り巻く外部環境（要因）や内部環境（要因）は，経営戦略論でしばしば取り上げられる。それでは，経営戦略と比較した上での独自のマーケティング戦略は存在するのであろうか。それは経営戦略論とマーケティング戦略論はどこが異なるのか，同じではないかという批判への答えともなる。

　マーケティング論では，経営戦略論とは異なり，頻繁に「市場」という言葉が登場する。市場とは顧客（あるいはその集合）と捉えられよう。それはマーケティングでは常に市場を意識しているからである。言い換えれば，市場を前提にマーケティング活動が考えられている。とくに最終市場である最終消費者（最終顧客）を意識している。意識するというよりも顧客が常に念頭にあり，これを中心に企業経営や戦略を考えているといってもよいだろう。この部分がマーケティング論（戦略論）と経営学（経営戦略論）との大

きな相違であろう。

　かつてのマーケティング活動は，全体市場に対し，同一商品を訴求するマス・マーケティングであった。現在では，単一商品を全体市場，最近ではグローバル市場に対して訴求する企業はごくわずかである。多様な対応が可能な企業の場合，顧客層によって商品を変更（商品差別化）し，顧客層という言葉からもわかるようにマーケティング対象である顧客も複数に区分している。

　マーケティング主体は，対顧客（市場）を複数に区分し，その顧客に各々異なる商品を提供するのが一般的である。これらは通常マーケティング戦略と呼ばれ，STP（segmentation, targeting, positioning）として表現される。最近は「戦略の時代」といわれ，戦略ありきの時代となった。ただ戦略は，企業にとって5年先，10年先を見据えたものであり，それは5年先，10年先にどうありたいかを目標として掲げることである。そこでしばしば混同されるのが「戦術（tactics）」である。

　戦術は，個別企業の売上が落ちた場合など，対前年と同じ水準にまで引き上げようとする活動は，短期的対応であるため戦術である。したがってマーケティング活動では，マーケティング戦略を立案し，その上でマーケティング・マネジメントを行う必要がある。次節以降では，マーケティング戦略（論）としてほぼ確立されているSTPをその手順とともに取り上げる。

(2) 市場細分化

　市場細分化では，マーケティング対象を明確にすることが目的である。先にあげたマス・マーケティングのように，市場全体を標的とすると費用が嵩み，それに見合った収益を得ることができないことが多い。そこで類似した欲求を共有する顧客グループを抽出する必要がある。それが市場細分化である（Kotler and Keller（2007））。市場細分化作業では，顧客を明確化する作業から開始する必要がある。そこでは次の4つの要素を利用し，行うことが一般的である。

　とくに顧客が消費者の場合，①地理的（geographic）変数（地域，都市の

人口規模，人口密度，気候帯など），②人口動態的（demographic）変数（年齢，世帯規模，家族のライフサイクル，性別，所得，職業，教育水準，宗教，人種，世代，国籍，社会階層など），③心理的（psychologic）変数（ライフスタイル，パーソナリティなど），④行動変数（オケージョン，ベネフィット，ユーザーの状態，使用量の状況，ロイヤルティの状態，購買準備段階，商品に対する態度など）である（Kotler and Keller（2007））。このように細分化の変数にはさまざまなものがあるが，マーケティング主体がどの変数を使用すれば，顧客の相違を認識することができ，マーケティング活動を適切に行うことができるかが重要である。

　また，市場細分化変数は多数あるが，細分化した際の細分の大きさ，つまりマーケティング主体がマーケティング活動を行うための対象の大きさが課題となる。たった1人に対してマーケティングを行う場合から何千万人という細分になる場合もある。いずれにしてもそれはマーケティング主体の能力に依存することになる。そのため，マーケティング主体自身がその能力を認識しておくことも必要である。

　さらに企業は，単一の細分だけではなく，複数の細分に対してマーケティング活動を行う場合がある。こうした細分をいくつ持ち，効果的にマーケティング活動ができるかどうかは，企業の能力に依存することになる。とくに小さな細分に対して，集中してマーケティングを行う場合もある。こうしたマーケティングは，「ニッチ・マーケティング（niche marketing）」と呼ばれる。通常ニッチは，細分よりさらに狭く定義設定した顧客グループである。

　ニッチ・マーケティングは，一般的に大企業は行わず，中小零細規模のマーケティング主体が行う活動とされてきた。しかし近年では，さまざまな技術の発達により，大規模企業でもニッチ市場を対象とすることもある。そして，市場細分化が究極まで進むと，カスタマイズド・マーケティングと呼ばれたり，ワン・トゥ・ワン・マーケティングと呼ばれたりする活動となる。これはごく少数の顧客やたった1人の顧客に適合させるマーケティング活動である。

(3) ターゲティング

　ある程度の規模のあった市場を市場細分化により，いくつかの市場に細分すると，次はどの細分を標的（ターゲット）とするかが課題となる。それは企業が各細分に対して異なるマーケティング活動ができるほど経営資源が豊富ではないためである。そこでターゲットの設定について取り上げる。

　どの細分を標的とするかは，細分化した市場の成長性や市場規模などを考慮することになる。そこで選択しようとする細分内では，競争が激しくない，あるいは全くない部分が標的となりやすい。それは細分が明確に認識できても既に多くの競争業者がその細分に対しマーケティング活動を行っている場合，その細分から得られる収益は少ないためである。またマーケティング活動の結果，費用ばかりが嵩み，損失が発生することもある。こうした競争の激しい細分，あるいは市場はレッド・オーシャン（red ocean）と呼ばれることがある。他方，競合企業が存在せず，市場の成長性の高い細分をブルー・オーシャン（blue ocean）と呼ぶ。

　ブルー・オーシャンが発見できる（できた）マーケティング主体は幸運であるが，現在ではブルー・オーシャンを発見することは以前にも増して難しくなっている。したがって，ブルー・オーシャン市場を標的とし過ぎると，事業規模が小さくなる可能性がある。そのため，ターゲティングを行う際には，そのターゲットから最低限の経済規模が見込めるかどうかを考えなければならない。そして，経済規模が見込めるならば，市場成長性を初期・中期・成熟期の3段階に分け，事業展開方法を考慮しなければならない。その他，標的にはきちんと到達できるのか，投入した投資に対してその効果を測定することができるのかについても念頭におかなければならない。

(4) ポジショニング

　マーケティング戦略の最終段階は，標的市場に対し，自社商品の位置づけを具体的に把握することである。そこでは競争企業の商品と比較した上での比較優位性を明確にする必要がある。市場全体から考察するのではなく，顧

客視点から具体的に把握することで明確なポジショニングが可能となる。

　言い換えれば，ポジショニングは，企業の提供物やイメージを，標的市場（顧客）のマインドの中で特有の位置づけを占めるように設計する行為である。そこでの目標は，企業の潜在的な利益が最大となるように，消費者のマインド内にブランドをうまく位置づけることである。ブランドによるポジショニングが優れていれば，ブランドの本質，そのブランドが消費者にとって何の目標を達成するのに役立つか，目標達成をブランドの独自のどのような方法で行うかが明確になり，マーケティング戦略の指針を立てやすくなる（Kotler and Keller（2007））。

本章のまとめ

　本章では，マーケティング戦略を取り扱ったが，経営戦略と異なるところは，マーケティング戦略では市場（顧客），とくに消費者の行動を意識していることである。企業において，企業努力によって変化させることができる要因とできない要因がある。これらには各々程度が異なるが，こうした制約環境の中で，企業はマーケティング戦略を立案し，実践していかなければならない。

　「敵を知り己を知れば百戦危うからず」といわれるが，まさにマーケティング主体にとって，環境分析をし，自己分析をする。それを定期的に実施し，常に自らの位置を明確にするところに，マーケティング戦略立案の意義がある。「戦略」は身近な言葉となったが，世間一般で使用されるものは，ほぼ短期的な打ち手を示す「戦術」である。より長い目で企業の長期の姿を客観的に見る必要があろう。

第 **5** 章

消費者行動

本章のポイント

　企業経営では，消費者は「個」として認識せず，一定のまとまりとして認識するのが一般的である。マーケティング活動では，消費者を「個」として認識することの方が多い。したがって，経営学とマーケティング論の大きな相違は，多くの企業の中心顧客である消費者の認識にあるかもしれない。3 章の戦略的分野では，経営戦略（論）とマーケティング戦略（論）の相違点を見出しにくい。ただ視角を変えると，マーケティングは市場，顧客に関心を集中させていることがわかる。

　ビジネス・マーケティングの分野では，顧客が消費者ではない企業もある。本章では，顧客を消費者とする場合について，その行動をさまざまな視角から考える。われわれも一消費者ではあるが，その行動は自らもわからないことが多い。その点から一消費者の行動とその消費者に対応していこうとするマーケティング活動について考える。

1. 消費者行動に影響を与える要因 ————————————

(1) 消費者行動モデル

　消費者行動論は，個人，集団，組織が自身のニーズと欲求を満足させるため，多様な商品（製品，いわゆるサービス）の選択，購買，使用，廃棄に関連する活動についての研究である（Kotler and Keller（2007））。消費者行動論は，1940年代に米国でマーケティングの下位分野の1つとして誕生した。その背景には，大規模化した消費財の生産者がいかに市場に商品を受容してもらうかを考慮した際，顧客である消費者理解を深めようとしたことがある。

　したがって，消費者を個人，集団，組織などさまざまな角度から考えることが重要になった。他方，消費者つまりヒトを対象に研究してきた学問分野は多くある。消費者行動論は，心理学，社会学，社会人類学，人類学，民族学，経済学（行動経済学も含む）などから学際的研究が進められてきた。

　消費者行動研究は，消費者の購入前から購入後の行動まで，購買行動のあらゆる局面に関係している。これらの行動は，個人のみの意思決定で行われることもあるが，実際には少ない。各場面ではオピニオン・リーダー（opinion leader）など他人が影響することもある。こうした個人の行動に影響を与える他人（他集団，他組織）の存在も消費者行動論では対象とし，企業のマーケティング活動でも考慮しなければならない。そのため，消費者行動研究の分野は多岐に亘り，各研究が細分化し過ぎている面もある。ただ対象が明確であり，結果として消費者行動に影響する研究には違いない。

　Kotler and Keller（2007）が示している消費者行動モデルは図表5-1である。ここでは，消費者がマーケティング活動とそれ以外の刺激を受け，消費者自身の中で購買心理と消費者特性が各々働き，これらをミックスさせて購買決定過程へと入る。この決定過程では，さまざまなことが消費者自身に起こり，その結果として購買決定に至る。購買決定には多様な要素が影響する。次項では，とくに消費者の購買行動が文化的，社会的，個人的要因の影響を強く受けることを各々取り上げる。

図表 5-1 消費者行動モデル

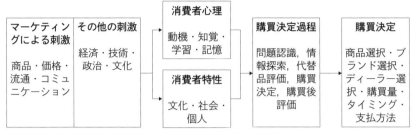

（出所）Kotler and Keller（2007）翻訳（2008）102 頁（一部改）

（2）購買行動への影響要因

　図表 5-1 にあるように，消費者の購買行動への影響要因には文化的要因，社会的要因，個人的要因の 3 つがある。

1）文化的要因

　　ヒトの欲求と行動を決定する根本的な要素である。これには文化自体，サブカルチャー（sub-culture），社会階層などがある。サブカルチャーは，国籍・宗教・人種・地域や社会生活を規定する副次的文化である。社会階層は，社会において比較的同質であり，持続性のある集団である。米国では，最下層，下層の上，労働者階層，中流階層，中流の上，上流の下，最上流に分けられた（Coleman and Rainwater（1978））。ヒトが育ってきた文化や社会階層が同じ階層に属している場合，類似した購買行動をとることが多いとされる。これらは職業や収入など複雑な要素で決定し，もちろん移動もある。

2）社会的要因

　　ヒトが属する準拠集団（reference group），家族，社会的役割と地位がある。準拠集団は，個人の意識や行動に影響を与える。とくに家族や学校，職場などがその代表である。これは持続性のある集団であり，私的な付合いが発生する集団でもある。過去に属していた集団やこれから属したい集団（願望集団）も個人の行動に影響する。これらの中で最も影響を与えるのが家族である。子どもの頃に受けた親の影響や，新しい

第 **5** 章

消費者行動

家族を形成し，配偶者や子どもから直接受ける影響は他の集団より大きい。さらに社会的役割と地位は，社会的なポジションにより購買する商品が異なり，その地位に就くと購買する商品があることを示している。

3）個人的要因

　年齢，ライフサイクル段階，職業，経済状態，パーソナリティと自己概念，ライフスタイル，価値観など個人の特性である。パーソナリティは，周囲の刺激に対して比較的一貫した反応を継続的に示す個人の心理的特性や，自分をどのように見ているかという自己概念は，実際の自己と理想的な自己，他者から見た自己で異なることもある。これまでの文化的要因や社会階層年齢や経済状態がほぼ同様でもライフスタイルが異なる人もいる。消費者が行う意思決定は，消費者の根底にある信念であるコア・バリューにも影響される（Kotler and Keller（2007））。

(3) 消費者行動に影響する心理的要因

　心理的要因については先の3つに並列させ，4つにする場合もある。ここでは心理的要因を独立して考える。心理的要因は，商品機能以外の部分に働く要因である。これには動機，知覚，学習，信念と態度がある。心理的プロセスでは，動機，知覚，学習，記憶の経路がある。

1）動機

　ヒトが決心し，行動を起こす直接の心的原因であり，満たされていない状態を改善しようとする意思である。その状態が一定レベルに達すると，動機が働いて行動を起こす。その状態あるいは現実の状態と理想的な状態のギャップをテンション（tension）という。これが高まるほど，軽減しようとする意識や行動の推進力が強まる。また軽減しようとする精神状態が，動因・ドライブである（平久保（2005））。

2）知覚

　ヒトが与えられた情報を選別，編成し，そこから意味のある世界観を形成する過程である。ここでは消費者は企業のマーケティング活動を通して，自らの五感で接触し，その情報に注意を払って選別し，刺激を解

釈・理解する。この過程が知覚を形成する過程となる。

3）学習

　ヒトの個々の経験の結果起こる行動の再編成を意味し，先天的ないし本能的行動の固定したパターンを変更あるいは統制する行動結果である。つまり経験による行動変化である。学習は，その動因（行動を引き起こす内部の強い刺激），手掛かり（いつどこで，どのように反応するかを決定する小さな刺激），反応，強化の相互作用から生じる。学習理論では，商品を強い動因と結びつけ，動機となる手掛かりを与え，強化することで商品に対する需要創出をする（Kotler and Keller（2007））。

4）記憶

　過去の経験を頭の中に残し，ときに応じてそれらを思い起こし使用する過程やその機能全体である。記憶は保持時間や内容で学術的に分類される。保持時間の分類では，学術領域で各々用いる用語や意味が異なる。心理学領域では，感覚記憶，短期記憶，長期記憶に分類する。消費者行動論では，認知心理学からの援用が多く，短期記憶（一時的な情報保持）と長期記憶（永久的な情報保持）に分けて考察することが多い。

（4）消費者の態度

　態度（attitude）は，ヒトの行動自体ではなく，ある対象に対して特定の方法で反応しようとする傾向や行動の準備状態である。またある対象に対し好意的あるいは非好意的に一貫して反応する学習された先有傾向ともされる。こうした態度概念が，消費者行動研究で注目されるのは，態度により行動が説明・予測されると考えられるためである。態度は固定的ではなく，ある期間持続したり，大きく変化したりすることもある。とくに大きな変化（態度変容・態度変化）を生み出す要因として，広告などによるマーケティング・コミュニケーションが影響しているとされる（青木（2012））。こうした態度の要素として，認知的要素，感情的要素，行動的要素が指摘されている（田中（2008））。

2. 消費者の把握

(1) S-RアプローチとS-O-Rアプローチ

　これまで消費者はさまざまな捉え方がされてきた。消費者に対して刺激を与えた際，どのように反応するのか，またどのような反応過程で行動が起こるかなど，多くの学問分野からのアプローチがあった。ここでは消費者の行動に関するアプローチを取り上げる。

1）S（stimulus：刺激）-R（response：反応）アプローチ

　　消費者にある刺激を与えると，一定の反応が得られるとする。消費者に広告を見せる（刺激）と，購買する（反応）という行動が起こるというものである（図表5-2）。より多くの広告にふれると，さらに購買する確率が高まることを明確にしようとする。ここではブラックボックス部分（消費者）は考慮せず，S-R の部分だけに注目している。

図表 5-2 S-R アプローチ

（出所）阿部（1978）26 頁（一部加筆）

2）S-O（organism：生活体）-R アプローチ

　　S-R アプローチの刺激と反応の間に O（生活体），つまりヒト（消費者）を入れ，刺激を与えることにより，その内部で何かしら動きがあり，それにより反応が起こる。S-R アプローチは，消費者をブラックボックスとして考慮外としたが，このアプローチは消費者内部で起こることも解明しようとした。このアプローチの代表的なモデルがハワード＝シェス（Howard-Sheth）モデル（図表5-3）である。

　ハワード＝シェスモデルは，消費者行動の中でも選択行動を包括的に扱い，基本は S-R アプローチに基づいている。モデルの構成は，刺激変数，

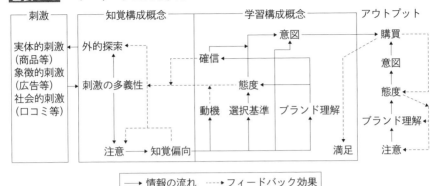

図表 5-3 ハワード・シェスモデル

（出所）Howard and Sheth（1969）p.30 を三浦（2006）104 頁が掲載したものを一部修正

知覚構成，学習構成，アウトプット変数，外生変数から構成される。刺激変数には，商品やブランド特性である商業的情報刺激と家族や集団のメンバーからの社会的情報刺激がある。知覚構成は，情報探索，情報への感応，知覚偏向で構成され，購買決定のための情報処理機能を果たしている。学習構成は，動機，先有傾向，意思決定仲介変数，喚起セット，抑制要因，満足からなり，意思決定機能を果たす。アウトプットは，刺激に対する反応に至るまでの仲介変数（意図・態度・ブランド理解・注意）から構成される。

(2) 消費者情報処理アプローチ

　前2者のアプローチは，刺激を受けて反応する受動的な消費者が前提とされている。しかし，現在の消費者は，単に刺激を受けるだけではなく，自ら刺激を求める能動的な面もある。そのため受動的ではなく能動的な消費者を前提に考える必要もある。つまり情報検索や取得，処理，行動する積極的な消費者も考えなければならない。現在の消費者行動研究の主流は，自ら情報を処理する消費者を前提として考える消費者情報処理アプローチ（consumer information processing theory）である。

　これは消費者の行動を情報処理活動として捉える。とくに認知心理学や脳科学の影響もある。中心的概念として，消費者は感覚レジスター（目や耳な

第**5**章

消費者行動

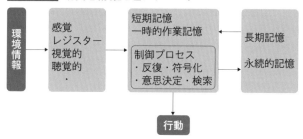

図表5-4 消費者情報処理アプローチ

環境情報 → 感覚レジスター 視覚的 聴覚的・

短期記憶 —一時的作業記憶

制御プロセス ・反復・符号化 ・意思決定・検索

長期記憶 永続的記憶

行動

(出所) Bettman (1979) p.140

ど）を通して情報を取得する（外部情報）。そして長期的に記憶内に蓄積された購買経験など過去の情報を保持する（内部情報）。これらの短期記憶／外部情報と長期記憶／内部情報を整理統合し，目的・動機づけがされると購買行動が起こる。

　消費者は，内部情報探索と外部情報探索で取得した情報をもとに商品を評価する。その方法は，消費者自身の欲求に基づいた評価基準により，選択対象とする商品を比較検討し，購買する。消費者は自らの知識や得た知識により，商品の性能，サイズ，価格，デザインなど，複数の属性を考えて購買意思決定をする。複数の属性情報を検討した上での決定を多属性効用理論という。

　ここでの評価基準には，①補償型と②非補償型がある。前者は商品を評価する際，ある属性の評価が低くても他の属性の評価が高ければ，それは補われ総合的な評価をする。後者は補償型のように属性間の補償関係がない（評価基準となる属性で劣る選択肢は他の属性が優れていても補償できない）。これには①連結型（すべての属性の最低要求水準を満たす商品を選択），②辞書編纂型（最重要の属性で最高点の商品を選択），③逐次消去型（全選択肢を重要度の高い順に評価し，各属性に設定した要求水準に満たないものを順番に消去，選択），④感情参照型（過去の購買・使用経験をもとに新たな情報検索はせず習慣的に選択）などがある。消費者により選択する商品が異なるのはこのためである。

(3) ライフスタイル・アプローチ

消費者情報処理アプローチは，消費者をコンピュータのアナロジー（類推）として捉える面があるが，消費者をより全体的視点から把握しようとするのがライフスタイル・アプローチである（三浦（2006））。ヒトは，ほぼ同様の年齢，職業，収入，居住地域，家族構成でも，購買・消費行動が全く異なることが多い。かつてのマーケティング活動では，同様の特徴を持つ消費者は一括りとし，同様のマーケティング活動の対象となっていた。しかし，同様の特徴を持つ消費者でも，購入する商品が異なることの方が多い。それは個人の価値観とパーソナリティが異なるためである。こうした消費者の価値観やパーソナリティによる具体的行動をライフスタイルといい，これが消費者の購買や消費行動に影響している。

また，個人の価値観やパーソナリティに基づき，購入した商品によりその個人の価値観やパーソナリティを表現することもある。それは着用する衣類，部屋に収集している雑貨，所有している自動車など，これらはその人のライフスタイルを表現している面もある。

ライフスタイルに関する代表的研究は，VALS（values and lifestyles）プロジェクトが有名である。これはスタンフォード・リサーチ研究所（SRI）が，1978 年に 1,600 人の米国人を対象とした調査結果をもとに発表したものである（VALS Ⅰ）。その後，ベビーブーマー世代の高齢化やマイノリティ人口の増加，メディアの発達などの環境変化を考慮した VALS Ⅱ も開発された。この研究では縦軸に資源（収入，学歴，健康，自身，購買意欲，インテリジェンス，活気など）をとり，横軸（動機づけ：①原則志向（感情や他人の意見より客観的情報，あるべきという原則を重視）），②地位志向（他人の意見や行動を重視し，それに適合しようとする），③行動志向（社会的，肉体的，多様性，リスクを欲する）を配して米国人を 8 つに分類した（平久保（2005））。

もちろん VALS Ⅰ も VALS Ⅱ も米国人について調査をした結果の分類であるため，日本人にそのまま適用することはできない。

図表5-5 VALS II

	原則志向	地位志向	行動志向
豊富な資源		実現派 (actualizers) 8	
	満足派 (fulfilleds) 12	達成者 (achievers) 10	体験派 (experiencers) 11
	信念派 (believers) 17	努力家 (strivers) 14	作成者 (makers) 12
貧弱な資源		困窮者 (strugglers) 16	

数字は米国人に占める割合（％）
（出所）平久保（2005）38頁（一部改）

3. 消費者の購買意思決定過程

(1) 購買決定の5段階モデル

　消費者はさまざまな環境要因から刺激を受け，自分自身の事情を考慮しながら購買の意思決定をする。マーケティング主体が，消費者を顧客とする場合，消費者の環境要因と消費者自身の事情を考慮しなければならない。

　そこで消費者が購買決定に至る過程を考える。これはわれわれの日々の購買決定を振り返ればよいが，振り返りの中で日常の活動を消費者行動論やマーケティング論で使用される言葉として認識する必要もある。

　消費者の購買意思決定過程は5段階となる（Kotler and Keller（2007））。この過程は，消費者の問題認識から始まる。問題認識は，消費者が自身の問題やニーズを認識することである。これは夏になるので「夏服を買わなければいけない」という認識である。また明確にニーズを認識していない場合，ふと何かに刺激された際にニーズに気付く場合もある。したがってニーズには顕在ニーズと潜在ニーズがある。

　問題を認識すると，次段階が情報探索である。この過程では消費者が問題解決をするために情報収集する段階である。問題解決のためにどの程度の情報を収集するかは，消費者の関与度に影響される。また消費者の情報収集方

図表5-6 購買意思決定過程

問題認識 → 情報探索 → 代替品評価 → 購買決定 → 購買後行動

(出所) Kotler and Keller (2007) p.239

法は，内部探索（自分自身の記憶や知識から情報収集）と外部探索（消費者自身以外の情報源から情報収集）に分けられる。後者の情報源には，①個人的情報源（家族，友人，知人，同僚，SNSの書き込みなど），②マーケティング情報源（広告，ホームページ，販売員，パッケージなど），③公共的情報源（マスメディア：テレビ・ラジオ・新聞・雑誌など），④経験的情報源（試供品，試乗，試用，体験，デモンストレーションなど）がある。個人的情報源では消費者の属する準拠集団が大きな役割を果たす。

　情報探索の結果，ある程度情報が得られれば，代替品評価の段階に入る。これは，消費者が複数の選択肢から比較・評価することである。この過程では，消費者が比較検討する商品は，消費者の基本的欲求（具体的な解決の方向性に対する欲求）を最低限満たさなければならない。そのため，選択肢から基本欲求を確実に満たすものを選別し，他の条件や期待する内容も満たすことができるかを評価する。選択肢評価（代替品評価）において最後に問題となるのは価格である。さまざまな選択肢があっても，消費者が支払うことができる金額を超えていれば評価されない。

　こうした評価を行った結果，消費者は購買決定に至る。購買決定段階では，消費者は複数の選択肢から対象商品を絞り込み，支払い能力に耐えられるとわかれば，最も評価の高い商品について購買意思決定をする。どれが最も評価が高いかは，消費者により相違する。それは先にあげた消費者の選択ヒューリスティック（連結型，辞書編纂型，逐次消去型など）が影響するためである。他方，購買決定に踏み切れない場合もある。それは購買妨害要因が働くためである。購買妨害要因には他人の態度（自らが好きなブランドに対して他人がどれだけ否定的か，他人の意見にどれだけ合わせようとするか），知覚リスク（①機能的リスク：期待した機能が得られない可能性，②身体的リスク：肉体的に悪い影響がある可能性，③心理的リスク：精神的に悪い影響がある可能性，④金銭的リスク：支払った対価と見合わない可能

性，⑤社会的リスク：利用することで他者に嫌がられる可能性，⑥時間的リスク：代わりになるものを探す手間が発生する可能性）などがある。

　購入を決定し，購入後まで購買意思決定過程は継続する。それは購買後評価が伴うためである。購買後評価は，消費者自身の購買決定自体が適切かを振り返る行動である。消費者の購買行動の適切性を測るために顧客満足度という顧客が認識できた商品品質が顧客の期待を上回った時の充足感やその度合いで計測する。これは消費者が購買決定前に商品に期待し，購買後にその期待を上回る充足感を得られると満足する。消費者は反対に期待を下回るとその商品が素晴らしくても，満足度は得られない。こうした消費者の満足度は行動にも現れるが，アンケートなどで顧客満足度調査を実施し，確認することも行われている。

　消費者が商品を購入し，顧客満足度が高ければ次回からその記憶を内部探索するのみで同じ商品を購入するリピーターとなる。まさにリピーターに支持される商品はブランド・ロイヤルティ（brand loyalty）が高いといえる。

(2) ブランド・カテゴライゼーション

　入手可能集合は，ブランド・カテゴライゼーション（brand categorization）において，ある商品カテゴリーに含まれる全ブランドである。知名段階での知名集合は，消費者が知っている（認知している）ブランド，非知名集合は認知していないブランド集合である。処理段階での処理集合は，消費者が認知している集合のうち，特定の商品属性で評価されるブランドであり，他方非処理集合は評価されていないブランドである。処理集合には，①想起集合（購買を検討するブランド），②保留集合（品質の割に価格が高かったり，準拠集団内では誰も購入しなかったり，十分な情報が入手できず，認知はしているが購買代替案から外されるブランド），③拒否集合（消費者がイメージや機能面などで問題を感じ，受容できないブランド），である。そのため，消費者が購入するブランドは，想起集合の中で最も再生できるブランドとなる。したがって，消費者が認知していても一旦拒否集合に入ると，想起集合への移動はほぼない。

図表5-7 ブランド・カテゴライゼーション

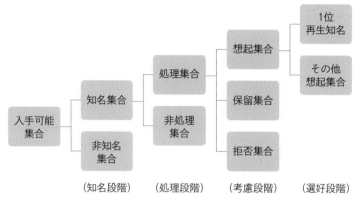

（知名段階）　（処理段階）　（考慮段階）　（選好段階）

（出所）Brisoux and Cheron（1990）p.102 一部修正加筆

（3）関与と知識

　消費者の購買意思決定過程において，大きな役割を果たすのが購買関与である。購買関与は消費者の価値体系におけるある購買の重要性である。とくに購買意思決定過程における問題認識と深く関わっている（池尾（2016））。

　消費者の情報処理活動を規定する要因として「関与（involvement）」と「知識（knowledge）」がある。ベットマン（Bettman, J.R.（1979））は，消費者の情報処理（情報取得・情報統合・情報保持）への動機づけを規定するのが関与で，情報処理の能力を規定するのが知識としている。これらは高低で区分される。

　関与は，購買行動や消費者行動に影響を及ぼす概念であり，その相違により，消費者の情報収集，学習，商品・ブランド選択などの行動が異なる。関与は「その商品に対する入れ込み度合いのこと（平久保（2005）62頁）」とされるが，個人がブランド・商品・購買経験などの対象物に対して知覚する個人のニーズ・価値観・関心との関連性でもある。したがって，消費者の関与の対象が，個人のニーズ・価値観・関心に関連していれば，情報収集やその分析に労力を費やし，所有品を大切にする行動をとる（平久保（2005））。

　こうした関与を概念化するため，関与度を示す属性が提示されている。そ

第**5**章
消費者行動

れらは①関心（購買者が持つ商品カテゴリーに対する関心），②商品リスク（商品が期待通りの働きをしなかった場合のその重要性），③購買リスク（誤った選択をする確率），④愉快感（商品に関わる喜び），⑤自己像（セルフイメージを反映する重要度）である（平久保（2005））。

　こうした関与度を示す属性は，日頃からファッションに高関与の消費者においては，情報取得過程ではファッションサイトなどを閲覧する時間や回数も多くなる。この過程では，高関与で高知識の消費者は，それとは異なる消費者よりも複雑な選択ヒューリスティクス（選択方略）を用いる。自動車について高関与・高知識の消費者は，多くの属性を比較し検討することが多いが，低知識の消費者は販売員の説明で決めることも多い。さらに情報保持は，高関与の消費者の方が情報を構造化して保持しているとされる。つまり，商品のさまざまなブランドを消費者自身の頭の中にきちんと整理している（ブランド・カテゴライゼーション）。化粧品について高関与の消費者は，それぞれの化粧品ブランドについて構造化した情報を保有していることが多い。

　関与については他要因を掛け合わせて消費者行動を分析する枠組みもある。FCBグリッドは，米国の広告会社FCB社が提唱し，関与に商品特性を

図表 5-8 FCBグリッド

	思考型	感情型
高関与	**情報提供型** ①態度変容モデル 　learn→feel→do ②クリエイティブ 　長文コピー，デモ，エビデンス，VOC ③媒体 　長文コピーが使用できる媒体 商品例：自動車・住宅・保険など	**情緒型** ①態度変容モデル 　feel→learn→do ②クリエイティブ 　インパクト ③媒体 　マス広告，OOH 商品例：化粧品，ファッション
低関与	**習慣形成型** ①態度変容モデル 　do→learn→feel ②クリエイティブ 　繰り返し訴求，テスティモニアル ③媒体 　インフォマーシャル 商品例：家庭用品，健康用品，食品	**個人満足提供型** ①態度変容モデル 　do→feel→learn ②クリエイティブ 　アテンション，インパクト ③媒体 　TVCM，POP 商品例：タバコ，酒，菓子

（出所）Vaughn（1980）

組み合わせ，最適なコミュニケーション施策を提案するものである。図表5 -8からわかるように，商品のタイプ，関与度で図を形成し，「情報提供型」「習慣形成型」「情緒型」「個人的満足提供型」に4区分している。ユーザーは learn, feel, do を経験するが，最適な順番が特性により変化する。自社商品が図のどこに位置し，learn, feel, do をどの順でどのコンテンツで満たすかを設計する。

4. 新しい消費者行動研究

(1) 解釈主義アプローチ

　マーケティングにおける消費者行動研究の中心は，現在も消費者情報処理研究である。同研究は，収集データを根拠とし，理論の構築を試みる実証主義（positivism）的色彩が強い。これは実際の消費者行動を観察・実験・調査し，因果関係を明らかにする研究である。これに対し，実証主義アプローチが消費者研究のすべてとしない立場が解釈主義（interpretivist）アプローチである（武井（2015））。これによると，現実は社会的に構成されたものであり，1つだけの現実があるわけではなく，多様な現実が存在している。実証主義では「予測」を目指すが，解釈主義は「理解」することが重要とされる（田中（2008））。

　それでは消費者行動研究において，実証主義と解釈主義のどちらの立場に立ち，研究すればより真理に近づけるのだろうか。このような論争は，マーケティング分野だけではなく，他の研究領域・分野でも長く続いている。それは一長一短があり，優劣をつけることができないためである。

　マーケティング研究あるいはより狭く消費者行動論研究では，実証主義の立場から研究を進める研究者は定量的研究を重視する傾向にあり，反対に解釈主義に立つ研究者は比較的定性的研究を重視する傾向があるようだ。両者は研究方法としては対立しないが，かつて実証主義的方法で研究を進めていた研究者が解釈主義的手法を採用することもある。それは実証主義では説明

しきれない事象，あるいは実証主義だけで真理に近づく限界を感じた上の行動である。

　このような状況から，1980 年代からホルブルック（Holbrook, M.B.）やハーシュマン（Hirshman, E.C.）らの研究が注目されるようになった。この研究は，情緒的・経験的な視点から消費者行動についてアプローチを試みた。この背景には，構造主義やポスト構造主義など現代思想に見られるポストモダンの考え方があった。

　とくに Hirshman and Holbrook（1982）では，消費自体が目的で，快楽である音楽や絵画，ファッションなどの特徴的な消費を取り上げた。これらの分野はそれ以前の消費者行動分析では意識，無意識を問わず，分析対象から外していた分野であった。そして，それまでの消費者行動分析を超え，より包括的な消費者理解に基づいた分析枠組みの必要性が主張された（三浦（2004）（2006））。さらに芸術に限らず，広い意味で感性的経験の重要性を指摘する研究もある（牧野（2015））。そしてポストモダン消費者研究は，消費者の重層的研究にもつながる可能性も指摘されている（木村（2001））。

(2) 経験価値の訴求

　かつてのマーケティング研究や消費者行動研究は，モノを購入する消費者やその行動を前提として研究が進められてきた面が強い。しかし，より包括的に消費者を捉えようとする研究も散見されるようになった。シュミット（Schmitt, B.H.（1999））による「経験価値マーケティング」は，消費者のコト消費であるいわゆるサービスを実際に経験できるイベントを通し，サービスやブランドへの認知度と好感度を高める状況を取り上げている。つまり顧客が商品を購入し，利用する際の体験をマーケティング主体が意識的にデザインすることにより，総合的な顧客価値の提供を図ろうとするものである。

　そこでは，消費者の経験領域を，SENSE（五感：視覚・聴覚・触覚・味覚・嗅覚），FEEL（喜怒哀楽：ポジティブな気分から喜びや誇りなどの強い感情まで消費者の内面にある感情），THINK（消費者の創造力や問題解決的経験価値であり，驚き，好奇心，挑発などの感覚），ACT（肉体的経験価

値，ライフスタイル，ヒトとの相互作用など），RELATE（個人の私的な感覚だけでなく，自分の理想像や他の人あるいは特定の文化やグループとの交流）により，情緒的で感情的な消費者行動分析の枠組みを提示している（朴（2014））。

　同時期，パインとギルモア（Pine, B.J. and G.H. Gilmore）は，経験経済を通して経験を購入する消費者は，思い出に残るイベントを楽しむ時間，つまりモノではなくコトに対価を支払っており，そこでの企業の機能は消費者がある瞬間や時間を楽しむ感動的な出来事の演出とした。そのうえで経験は，コモディティ，製品，いわゆるサービスのカテゴリーを超える「第4の経済価値」と主張している。そのため企業は，こうした商品に感動的経験という価値を組み込むことが，経済システムを変革し，新たな成長を図ることにつながるとした。具体的にはエンタテイメント（entertainment），教育（education），非日常・現実逃避（escapist），審美（esthetic）という4E領域が組み合わされ，1つの経験となる経験の多次元性も取り上げた（Pine and Gilmore（1999））。これはやや企業視点における新しい価値提案の色彩が強いが，別の視角からは消費者の消費の本質により踏み込んだものといえよう。

　こうした顧客の経験価値を重視した消費者行動研究は，これまで積み上げられてきた消費者情報処理研究に取って代わるものではなく，補完する要素が強い。それは消費者情報処理研究では説明しきれない，解明できない事柄について，解釈主義的な視角により，新しい視角を与えることでもある。

本章のまとめ

　本章では，主に企業のマーケティング活動に対する消費者行動を解明するため，消費者を取り巻くさまざまな要因を取り上げた。そこで消費者行動研究における消費者の把握について，過去の研究を踏まえ，現在の主流である消費者情報処理研究を中心に説明した。さらに消費者の購買意思決定過程について，各段階を細かく見た上で，各段階において重要な要素を抽出し，それに対する説明も加えた。とくに消費者行動研究では，鍵概念となる関与やブランドについても言及した。

　他方，これまでの消費者行動研究に対する限界，あるいは消費者が多様化し，これまでの研究方法ではなかなか解明が難しくなった現在，新しく消費者を捉えようとする研究方法も紹介した。この背景には，消費者がモノ消費をするという認識からコト消費をする存在へのアプローチの切り替えがある。

第**6**章

製品政策

本章のポイント

　今日では，製品は有形財のみを指すのではなく，無形財であるいわゆるサービスを指すようになった。本章での製品も，有形財と無形財両方を意味している場合が多い。それはモノもコトも一緒に同一レベルで考えるためである。

　本章では，製品概念として製品の本質にふれたのち，生物の一生であるライフサイクルを製品に当てはめ（PLC），その盛衰と各段階におけるマーケティング対応を取り上げる。そして企業の継続的発展を新製品開発に求め，その手順や各段階における対応について言及する。また，今日の製品政策では，ブランドが占める役割や位置づけが高まっているため，ブランド戦略についても考える。マーケティング活動の出発点は製品政策にあり，そこから価格政策，マーケティング・チャネル政策，広告・販売促進というマーケティング・コミュニケーション政策が行われる。

1. 製品概念

(1) 製品の3レベル

　マーケティング主体が，顧客に提供するのは商品（goods）であるが，最近は製品（product）にかつての商品の意味を重ね合わせる場合が多い。本書では，製品と表記した場合でも有形財（tangible goods）と無形財（intangible goods：用役，いわゆるサービス）を含めて考えている。

　製品は有形財と無形財に区分されるが，これは物理的形態の有無によるものである。さらに製品は購入者（顧客）によって，生産財（industrial goods：産業財）と消費財（consumer goods）に区分される場合もある。また消費者の買物行動により，最寄品（convenience goods），買回品（shopping goods），専門品（specialty goods）に区分されることもある。

　マーケティングでは，消費者を念頭に置く場合が多いため，最寄品，買回品，専門品の区分がよく使用される。さらに商品は，場面によりさまざまに呼ばれる。人気商品，廃盤商品，コモディティ商品，季節商品，ブランド品，ノベルティ商品などあげれば切りがない。ただこれら商品に共通するのは，すべてその背後に「売り手－買い手」の関係があることである。

　単に生産者が生産したモノは生産物であり，製造業者が製造したモノは製品とされてきた。そして売り手－買い手の関係が起こるようになり，生産物や以前の製品認識から大きく飛躍した。つまり，現在の製品はさまざまな次元で把握されるようになった。それを表すのがコトラーらによる製品の3レベルの提示であった。

　マーケティングにおける製品の捉え方は「便益の束」である。それは同じ製品でも，購入，使用する顧客により，解決する（したい）課題は異なる。それらの課題解決が束ねられているものが製品である。図表6-1で示すように，3層で製品は把握される。①中核となる顧客価値は，顧客が購入する本質である。次に②実態製品がある。これにはブランドや製品の特徴，品質，デザインが含まれる。そして③拡張製品は，製品の付随的機能とも言い換え

図表 6-1 コトラーの製品の3レベル

拡張製品

実態製品

配達・
信用供与

アフター
サービス

ブランド　　　　デザイン

中核となる
顧客価値

品質水準　　　　特徴

製品
サポート

パッケージ

保証

取付け

(出所) Kotler and Keller (2007) 翻訳 (2008) 171頁

第**6**章

製品政策

られる部分であり，配達や信用取引，アフターサービス，保証などである。

　製品の3レベルのうち，企業も含めた顧客は一体何を重視して製品を購入するのだろうか。消費者が衣料品を購入する際，その特徴やデザインが気に入り，購入することが多い。そこでは衣料品の中核的な顧客価値である「身を守る」ことは，前提ではあるが忘れ去られている。他方，家電製品を購入する際には，故障したときにはどうしようという意識も交差し，無料でアフターサービスを提供してくれる製品を選択することもある。これは拡張製品のレベルを重視した選択購買行動である。

　このようにマーケティング主体は，顧客が製品のどの部分に魅力を感じ，購入を決定するか，またそのような意思決定を行う前に広告・販売促進活動が行うが，製品のどの要素を顧客に訴求すれば，インパクトを与えられるのかを考慮することが重要である。

　いずれにしても顧客が購入する製品の本質を観察することは重要である。その本質を中心とし，3レベルが提示されている製品の特徴を適切に訴求する必要がある。

(2) 製品ミックス

　企業規模が大きくなると，市場に提供する製品の種類が増加する。製品開発は，後節で取り上げるが，企業全体として製品を調整し，最適なものとする必要がある。つまり，数多くの製品を市場に提示すればよいわけではなく，さまざまな視点から企業は最適な製品の品揃えを形成する必要がある。

　企業では，製品を計画，開発し，顧客に適合させようとする活動はマーチャンダイジング（MD：merchandising）と呼ばれる。複数製品を展開する企業では，製品全体でのMDも必要となる。こうした組み合わせを形成することを製品ミックスという。製品ミックスでは，その企業の製品について幅と奥行き（深さ）の2軸で考え，全体を調整する必要がある。

　製品ミックスにおける幅とは，企業が生産する製品ライン数である。つまり，幅のことをラインと表現する。それは製品の種類，品質，価格，顧客層や属性など同質のグループを意味する。また奥行きとは，各製品ライン内におけるサイズ，色，型，価格などの相違によりアイテム（item）と呼ばれる。これら製品ラインと製品の奥行きによって形成された製品ミックスの整合性をとらなければならない。

　こうした調整作業は，定期的に行うべきである。それはいつの間にか製品ラインが拡張し，奥行きも深くなり，製品ミックスが膨張している場合があるためである。他方，製品を訴求する顧客は日々変化し，製品ミックスの膨

図表6-2 製品ミックス

	奥行き（深さ）			
製品ライン1（冷蔵庫）	冷蔵庫a	冷蔵庫b	冷蔵庫c	冷蔵庫d
製品ライン2（洗濯機）	洗濯機a	洗濯機b	洗濯機c	
製品ライン3（テレビ）	テレビa	テレビb	テレビc	テレビd
製品ライン4（エアコン）	エアコンa	エアコンb	エアコンc	

幅

（出所）Kotler and Keller（2007）翻訳（2008）171頁

張や収縮が起こり，顧客に対応しきれない状況が生まれていることがあるためである。とくに新製品開発をし，市場投入する際には，自社の製品ミックスを作成し，新製品が製品ミックスにおいて既存製品と共食い（cannibalization）を起こさないか考慮する必要がある。

2. 製品ライフサイクル

(1) 製品ライフサイクルの考え方

　製品ライフサイクル（PLC：product life-cycle）は，生物が誕生し，死に至るまでの期間であるライフサイクルを製品に適用する考え方である。そこでは新製品が開発され，市場に導入され，市場から姿を消すまでの各段階を区分し，それに応じた市場目標やマーケティング活動が提示される。PLCでは，縦軸に売上と収益をとり，横軸に時間をとって考える。通常，PLC上では売上と利益の変化が描かれる。

　PLC は特定の製品について描くことが多いが，製品クラスやカテゴリーの場合もある。その段階は，導入期，成長期，成熟期，衰退期に区分されるのが一般的である。その他，成長期を成長前期，成長後期に分ける5段階や，生成期，発展期，安定期，衰退期として区分したものもある（余田（2004））。しばしば示される PLC は売上曲線，利益曲線とも S 字型となる。

(2) 製品ライフサイクルの問題

　製品政策では，PLC がよく取り上げられ，日常のマーケティング活動でも意識されることが多い。ただ PLC の問題はこれまでも指摘されてきた。

　PLC 概念は，企業のマーケティング計画に長期的視点を導入する点では評価される。各期の転換点（時期）を見極められ，その時期にマーケティング活動を変化させ，適応させることも可能となるためである。そのため，PLC は需要予測，価格設定，広告・販売促進，製品計画その他のマーケティ

製品ライフサイクルの概念図と各段階に対応したマーケティング活動

PLCの段階	導入期	成長期	成熟期	衰退期
マーケティング目標	製品認知と試用拡大	市場シェア拡大	市場シェアの維持と利益最大化	コスト削減
マーケティング費用	高	高	徐々に低下	最小
ターゲット	革新的採用者	初期少数採用者	前期・後期多数採用者	採用遅滞者
製品政策	基本的製品提供	生産ライン拡張，サービス充実	ブランドと製品多様化	モデルの段階的削減
価格政策	コストプラス	市場浸透価格	競合を下回る価格	価格引き下げ
マーケティング・チャネル政策	選択的チャネル構築	開放的チャネル構築	開放的チャネル拡張	選択的チャネルによる維持
マーケティングコミュニケーション政策	大量広告	重要な顧客需要の利用限定	ブランド・スイッチ促進	最低水準

ング要素を管理することに役立つとされる（清水（2004））。

　一方，PLC の問題点は，製品が市場に導入され，市場から退出したものについては，正確に描けるが，現在市場にある製品については正確に描けない。当然であるが，生物の一生は生き物のため，おおよその寿命などで推測できるが，「製品（商品）には命がある」とか「製品（商品）寿命」といわれるものの，生物の寿命とは全く異なる。そのため，企業では自社製品でもその寿命がどれくらいの期間であるのか，現在マーケティング活動を行っている製品は PLC 段階ではどこに正確に位置するかがわからない。

　また PLC を企業が管理することもある。そこではマーケティング活動の負の部分として取り上げられる計画的陳腐化（planned obsolescence）がある。これは使用・利用，消費が可能なのに，新製品の投入により，旧製品の魅力を低下させるものである。アパレル分野では，季節ごとに新しいアイデアやデザインを取り入れた商品が出され，購買が促されている。これはアパ

レル商品に限らず，自動車や家電製品，家具など耐久消費財分野でも行われる。こうしたマーケティング活動に対する批判は以前からあったが，企業に対して社会性が要求される現在，その行動が注目される。

3. 新製品開発

(1) 企業における新製品の意義

　生産者（製造業者，メーカー，いわゆるサービスの提供者）にとって，新製品は新しい収益の源となる。顧客（最終消費者，産業使用者）にとっては，自らの生活を豊かにしたり，生産効率を高めたりするものである。新製品は生産者，顧客双方にさまざまなメリットをもたらす。他方，新製品と新たな競争をしなければならない既存製品には脅威となる。

　生産者にとって，市場に導入する新製品が収益につながるだけでなく，反対に損失になることもある。既に市場に導入した製品とは共食いの可能性もあり，新製品の売上増加により，既存製品の販売量が減少することもある。多くの費用をかけて開発し，市場に導入した新製品であっても売上が伸びず，開発にかかった費用さえ回収できないリスクが発生することもある。また共食いは発生しないものの，既存製品のマーケティング活動に対して費用を十分に割くことができない事態もあろう。

　消費者にとっては，計画的陳腐化政策により，使用可能なものを放棄し，新製品に手を伸ばすことにより，本来であれば必要のない無駄な支出や廃棄負担が発生することもある。

　したがって，新製品を取り巻く状況を生産者，産業用使用者も含めた消費者側から考えても，メリットとデメリットがある。それでもなお，生産者は新製品開発に向けて絶えず努力をする。それは企業の存在価値を維持，向上させるためでもあり，企業で雇用する人材の生活を守るためでもある。かつて市場に導入し，よく売れた製品にしがみ付き，新製品開発が遅滞した企業がいつしか衰退し，市場から退出する状況になることは，これまでのさまざ

まな企業の歴史が証明するところである。

　他方，そもそも新製品というとき，生産者と消費者だけではなく，卸売業者や小売業者など流通業者レベルにおいてもその認識が異なる。通常，新製品は6つに分類できる。それは①これまでにない新製品（全く新しい市場を創造する製品），②新しい製品ライン（既に確立されている市場に企業が初めて参入することを可能にする製品），③既存製品ラインへの追加（既に確立した製品ラインを補う製品），④既存製品の改良や変更（性能改善や既存製品の代替となる製品），⑤リポジショニング（新市場または新市場セグメントを標的とした既存製品），⑥費用削減（低コストで同程度の性能を提供する製品）である（Booz, Allen and Hamilton, Inc.（1982））。したがって，新製品開発を行う際には，誰の，どのような認識におけるものであるかを考慮しなければならない。

(2) 新製品開発

　新製品開発はほとんどが失敗するともいわれる。それでも生産者が新製品開発に挑み続けるのは，先にあげた理由のためである。企業が新製品開発を行う際には，ターゲット，製品要件，利益を明確にする必要がある。また技術とマーケティングとの相乗効果（synergy）や市場の魅力なども考慮する必要がある。新製品開発は，一般に図表6-4の手順で進められる。この過程は直線的に進むだけではなく，前段階に戻ったり，往復など複線的な場合もある。また企業によっては，特定の段階を踏まずにスキップすることもある。

1）アイデアの創出
　　生産者（企業）内外の情報源が利用される。企業内では経営者，研究開発部門，マーケティング部門，製造部門が中心となる。企業外では，顧客や取引業者，競争企業の製品など多様な情報源がある。これらをもとにしてアイデアが創出される。

2）アイデア・スクリーニング
　　さまざまに出されたアイデアをふるいにかける作業である。ここでは

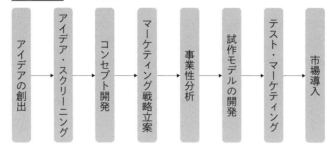

図表6-4 新製品開発過程

アイデアの創出 → アイデア・スクリーニング → コンセプト開発 → マーケティング戦略立案 → 事業性分析 → 試作モデルの開発 → テスト・マーケティング → 市場導入

企業の目的や市場ターゲットに対し，マーケティング活動を行うことが前提となる。ここでは本来残すべきアイデアが落とされ（drop error），落としてもよいアイデアが残って（go error）しまわないように注意する必要がある。

3）コンセプト開発

前段階で残ったアイデアを顧客向けに別の表現に変換する段階である。明確な顧客を設定し，顧客にわかりやすく伝達しやすいコンセプトをつくる。そして，それが意図した通り顧客に伝わるかをテスト（コンセプト・テスト）する。

4）マーケティング戦略の立案

コンセプト・テストを通過すると，新製品を市場導入するため予備的戦略を立てる。そこでは標的市場の規模や構造，製品ポジショニング，売上目標や獲得市場シェアなどを示す。また初年度のマーケティング活動予算の説明をし，長期売上目標や利益目標，マーケティング・ミックスも明示する必要がある。

5）事業性分析

予定する新製品の売上，費用，利益を予測し，それが企業目標を達成するかを分析する。事業の魅力度を評価し，満足できるものであれば，製品開発を次の段階へと進められる。事業性分析では多様な要素を考慮する必要があり，時間経過で状況が変化することもあることに注意しなければならない。

6) 試作モデルの開発

事業性分析の結果，事業性があると判断した製品の試作を実際に製作する段階である。この段階は顧客の選好や嗜好をいかに具体的な製品属性に取り込むかが課題である。また試作は複数製作する。

7) テスト・マーケティング

市場導入が可能と判断した場合，ブランドを付し，包装して，市場テストにかけることである。新製品を市場投入することで市場規模や流通業者の取り扱い，顧客の反応について試用購入，初回反復購買，採用，購入頻度などの視点から観察する。消費財だけではなく，生産財では展示会での反応を見ることもある。

8) 市場導入

企業が標的とする実際の市場に投入することである。市場導入では，広告・販売促進方法，導入時期，販売地域選択，見込顧客の特徴なども考慮しなければならない。消費財の場合，広告過剰となり購買意欲の高い顧客が見込顧客よりも多く存在し，販売するとすぐに商品がなくなり，顧客の期待に応えられないこともある。そして十分な商品が用意された時には既に購買意欲が喪失していることもある。

新製品開発過程は，おおよそ以上の段階を経るが，新製品開発の方法は，企業によって，また同業界に属する企業でも相違する。それは長年におけるその企業の文化が影響していることもある。

(3) 製品採用過程

新製品を市場に導入した後は，どのように浸透するのだろうか。マーケティングでは普及理論に言及される。社会学者ロジャース（Rogers, E. M.（1962））のイノベーションの採用プロセスでは，新製品が市場導入されると採用時期により5つのグループに分けられる（図表6-5）。

①革新者は，新しいものを進んで採用するグループであり，社会の価値が自分の価値観と相容れないと考えることもある。②初期採用者は，社会と価値観を共有するが，流行には敏感で自ら情報を収集し，判断するグループで

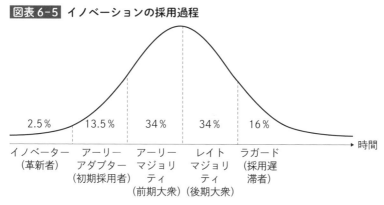

図表6-5 イノベーションの採用過程

| 2.5% | 13.5% | 34% | 34% | 16% |

イノベーター（革新者）　アーリーアダプター（初期採用者）　アーリーマジョリティ（前期大衆）　レイトマジョリティ（後期大衆）　ラガード（採用遅滞者）

時間

（出所）Rogers（1962）p.162

ある。またオピニオン・リーダーとなり，他のメンバーに影響力を及ぼすこともある。③前期大衆は，新しい様式採用には比較的慎重なグループである。④後期大衆は，フォロワーズとも呼ばれるグループである。新様式採用には懐疑的で周囲の大多数が試す場面を見てから同じ選択をする。⑤採用遅滞者は，保守的な伝統主義者または採用遅滞者のグループである。世の中の動きに対する関心が薄く，流行が一般化するまで採用せず，最後まで流行不採用を貫く者も存在する。

　ロジャースは，革新者と初期採用者の割合を足した16％のラインが，普及ポイントと指摘した。これを「普及率16％の論理」という。革新者は新製品が実用的か否かによらず，目新しさで購入する。そのため，それ以外の消費者は共感しない場合もある。他方，初期採用者は新製品の新しい価値や実用性に着目する。そのため初期採用者に受容されて初めて市場に受容されたといえる。そのため，マーケティング主体は，初期採用者を対象としたマーケティング活動をすることが必要となる。

　他方，ムーア（Moore, G.A.（1991））は，ハイテク産業分析から初期採用者と前期大衆間では容易に超えられない大きな溝（chasm）の存在を指摘している。そのため，マーケティング主体は初期採用者を中心としたマーケティング活動だけではなく，前期大衆を対象としたマーケティング活動の必要性を主張している。

4. 製品とブランド

(1) ブランド価値の構造

　われわれは日常，商品を購入して生活するが，その際には価格だけでなく，さまざまな要素を考慮し，購買を決定する。その際に手掛かりになるのがブランドである。消費者だけではなく，企業でも商品を購買する際，生産者名などのブランドを考慮する。1節において製品の中核的な顧客価値を取り上げたが，顧客はそれだけでは購入を決定せず，実態部分としてのブランドを重視し，購買決定をすることが多い。

　マーケティング主体が商品にブランドを付すのは品質保証の意味合いが強く，顧客には差別化の要素が強い。AMA が，ブランドを「ある売り手の製品やサービスを他の売り手のものとは別のものとして識別する，名称，言葉，デザイン，シンボルもしくはその他の特徴（https://marketing-dictionary.org/b/brand/）」とする定義からも差別化の要素は明確である。

　ブランドは「焼き印を付ける」という意味の古ノルド語の "brandr" から派生したとされる。これはある生産者の製品を他の生産者の製品と区別するために使用する。こうしたブランドや商標は，古代の陶工や石工のマーク，中世の職業別ギルドのマークに遡れる（Keller（1998），三浦（2008））。そこには時間差があるが，どこの国や地域においてもほぼ同様であっただろう。したがって，ブランドはマーケティングの歴史よりも長く差別化の手段として使用されてきたといえる。それでは，それをマーケティング活動や戦略の中に取り入れる意義は何だろうか。

　ブランドは生産者のためだけではなく，販売相手（顧客）を強く意識する。製品政策上，いち早くマーケティング対象にその製品を記憶してもらう必要がある。そこでは単に製品の基本価値を訴求するだけでは不十分である。その際に記憶のきっかけとしてブランドが力を発揮する。ここでも背景には他社製品との差別化が意識される。さまざまな差別化手段としてブランドを創造する過程をブランディングという。

図表6-6 ブランド価値構造

観念価値

感覚価値

便宜価値

基本価値

(出所) 和田 (2002) 19頁 (一部改)

　これからもわかるように，ブランドには多様な機能があり，ブランドが付与されると，製品自体の便益や価値だけでなく，顧客が他の製品と区別できる（差別化）機能，信頼して安心して購買できる（保証）機能，何かを連想・関連付けたりできる機能が追加される。マーケティング活動では最後の機能が重要である。

　ブランド価値は，図表6-6で示すように4階層に類型化される（和田(2002)）。①基本価値は，商品の必要条件である。②便宜価値は，値ごろ感，使い勝手のよさなどである。③感覚価値は，消費者の五感に訴求する価値である。そして④観念価値は，意味論や解釈論の世界での製品価値，製品にストーリー性を持たせる価値である。

(2) ブランド・エクイティ

　ブランド研究では，ブランド・イメージやブランド・ロイヤルティ（忠誠心）などが取り扱われてきた。これら分散したブランド研究を統合したのが，ブランド資産（brand equity）である。ブランド・エクイティは，ブランドへのロイヤルティの高さ，ブランドの知名，ブランド品質に対する高さの認識，そしてブランドから連想されることが多ければ多いほど高くなる。またブランド価値の測定・評価に主眼を当てたブランド・エクイティ研究から，ブランド価値を形成するものの本質を探索するブランド・アイデンティ

ティ（brand identity）研究が注目され始めた。そこではブランドのあり方やブランド価値の中核であり，価値のマネジメントであるマーケティングの本質を検討することが進んでいる。

ブランドは，製品に付加価値をもたらす。これはそのブランドを有する企業に対し，価格，市場シェア，収益性をもたらすこともある。そのためブランド・エクイティは，企業には心理的価値と財務的価値を持つ重要な無形資産として認識される（Kotler and Keller（2007））。ブランド・エクイティ研究には，多様な視点があるが，顧客ベースのブランド・エクイティが多く取り上げられる。そこではブランドがマーケティング活動への消費者反応に対し，ブランド知識が及ぼす差別化効果とされる（Keller（1998））。これは消費者が製品やマーケティング活動に対し，ブランドが特定されるときとされないときで，好意的な反応，反対にそうではない反応を示す場合に顧客ベースのブランド・エクイティを持つといえる。

ブランド・エクイティを構築する消費者の差別化された反応は，ブランドがマーケティング活動に対する知覚や選好や行動に反映される。そのためマーケティング主体は，消費者に対して適切なブランド知識構造を創造し，ブランド・エクイティを確立しなければならない。そこでは消費者のブランドに対する知識（ブランドから連想されるすべての考え，感情，イメージ，経験，信念など）をいかに導くかが重要となる。そのためブランド・アイデンティティを明確にする必要がある。

(3) ブランド・アイデンティティ

アイデンティティは一般的に「自己同一性」とされるが，ブランド・アイデンティティを端的にいうと「そのブランドらしさ」である。ブランドらしさの創造は，ブランディング活動により行われる。生産者がブランディング主体である場合，その商品にブランディングを行う場合，商品と正面から向き合い「らしさ」を生み出すだけでなく，当然のことながらよく似た商品（競争商品）と比較した上で「らしさ」を創造しなければならない。

ブランド研究の第一人者であるアーカー（Aaker, D.）は，ブランド・アイ

図表6-7 ブランド・アイデンティティ（BI）とブランド・エクイティ（BE）

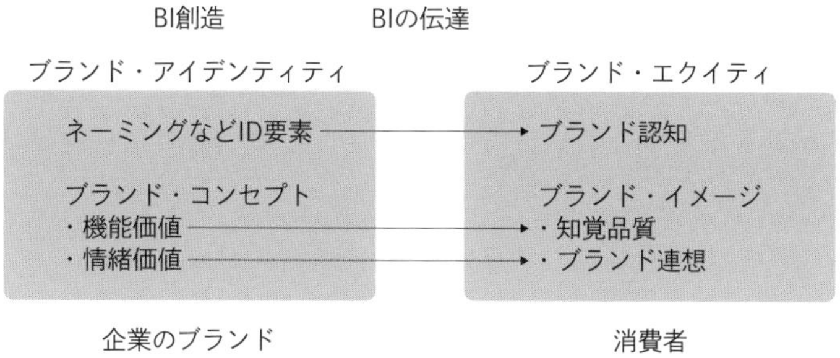

BI創造　　　　　　　BIの伝達

ブランド・アイデンティティ　　　　　　　ブランド・エクイティ

ネーミングなどID要素 ────────→ ブランド認知

ブランド・コンセプト　　　　　　　ブランド・イメージ
・機能価値 ────────────→ ・知覚品質
・情緒価値 ────────────→ ・ブランド連想

企業のブランド　　　　　　　　　　消費者

（出所）三浦（2008）130頁（一部改）

デンティティを「ブランド戦略を策定する際の長期ビジョンの核になるものであり，ブランドに一体性を与え，マーケティング・ミックスの方向性と内容を規定するものである」と定義している。したがってブランド・アイデンティティの決定には，生産者（企業）が自らの商品について競合他社の商品との相違点を明確にし，企業戦略として明確にする必要がある。

　それではどのようにすれば，アイデンティティが明確になるだろうか。ブランディング作業では，顧客がブランドに対して抱くイメージ（ブランド・イメージ）とブランド・アイデンティティを適合させる必要がある。これらがうまく適合すると，強いブランドが誕生する。そこでは顧客に短い言葉でその企業や商品がうまく表せることが重要になる。

　ブランド・アイデンティティはブランドの基盤である「フィロソフィー（philosophy）」，そのブランドが顧客に提供できる「ベネフィット（benefit）」，その具体的根拠となる商品の「属性」，それらを顧客や社会に伝える際の文脈となる「パーソナリティ」によって構成されるとしている（阿久津・石田（2002））。

　図表6-7からわかるように，ブランド・エクイティは消費者自身にあり，それを生み出すブランド知識の構造は，ブランド認知とブランド・イメージに分かれる。またブランド・イメージの中核は知覚品質とブランド連想である。このように消費者にブランド・エクイティが構築されるためには，企業はブランド認知の基礎となるネーミングなどブランド・アイデンティティ要

素（記憶可能性，意味性，移転可能性，適合可能性，防御可能性から構成）
とブランド・イメージを構築するためのブランド・コンセプトを明確にしな
ければならない。またブランド・コンセプトには機能価値と情緒価値（経験
価値や語感によるブランディングで形成される）が含まれていなければなら
ない（三浦（2008））。

(4) ブランドの基本戦略

　今日の製品政策では，ブランド戦略が重要であり，ブランド・マネジメン
トを行う上での基本展開を決定する必要がある。そこでは製品カテゴリーと
ブランド名の「新規・既存」により区分することができる（図表6-8，6-
9）。
1）ライン拡張
　　知名度のあるブランド名を使用し，製品ラインを拡張することであ
　　る。特定の製品カテゴリーに色や形，容器などを変更した新製品を導入
　　するのが一般的である。ただ自社製品同士の共食いに注意する必要があ
　　る。
2）ブランド拡張
　　既存の知名度のあるブランド名を使用し，新製品や改良製品を新カテ
　　ゴリーに投入するのが一般的である。ただ，新カテゴリーにおいてブラ
　　ンドの信頼性が低下すると，既存ブランドに悪影響を及ぼす。
3）マルチ・ブランド
　　同一カテゴリーで，新ブランドを導入することである。小売店では，
　　より広い陳列スペースの確保や，ブランド・スイッチする消費者を自社
　　内に囲い込める可能性がある。
4）新ブランド
　　新ブランド名を新製品カテゴリーに導入することである。ただ，自社
　　の経営資源の分散には注意をする必要がある。

図表6-8 製品カテゴリーとブランド名による展開

		製品カテゴリー	
		既　存	新　規
ブランド名	既存	ライン拡張	ブランド拡張
	新規	マルチ・ブランド	新ブランド

図表6-9 市場とブランド名による展開

		市　場	
		既　存	新　規
ブランド名	既存	ブランド強化	ブランド・リポジショニング
	新規	ブランド変更	ブランド開発

（出所）恩藏（2006）186頁

また，市場とブランド名も「新規・既存」により区分できる。

1）ブランド強化

　　市場もブランド名も変更しないものである。これまでの展開と同様であり，市場浸透が不十分な場合や競争激化の場合に採用される。

2）ブランド・リポジショニング（re-positioning）

　　既存ブランドで新市場をターゲットとするものである。対象市場の変更を伴うが，売上高増加を目標とする場合に採用される。

3）ブランド変更

　　既存市場をターゲットとしたまま，新ブランドに変更するものである。売上の面などで力の落ちてきたブランドの変更により，新しさを訴求できる。ただ既存ブランドの顧客を失うリスクもある。

4）ブランド開発

　　新ブランドで新市場をターゲットとする。企業にとっては最もリスクは高いが，他の3つの戦略と比べて大きな収益が期待できる面もある。

　このようにブランド名を製品カテゴリーと市場の側面で展開方法を見てきたが，複数の展開方法があり，どの方法を採用するかはマーケティング・マネジャー・レベルでなく，最近は企業のトップ・マネジメントにおける意思

決定事項となることが多い。それだけブランドが製品政策だけでなく，企業経営で大きな位置を占めていることを示している。

本章のまとめ

　本章では，まず製品の把握について取り上げた。製品は有形財だけではなく，無形財も含めて考えられることが一般化しつつある。それはどちらも顧客の問題を解決する便益の束であることが通底しているからである。製品には，生物と同様，ライフサイクルがあるとされる。そのため，その段階に応じたマーケティング活動を行う必要があること，そしてライフサイクルが衰退期を迎え，市場から退出すると企業経営には大きな影響を与える。その意味でも新製品開発をし，市場に新しい製品を訴求する意義がある。

　その上で，新製品開発過程を取り上げ，おおよその流れを把握した。他方，かなり以前から製品におけるブランドの重要性やその位置づけ，ブランド・アイデンティティをブランド・エクイティへと昇華させる必要性について取り上げた。またブランド戦略の基本展開として，ブランドと製品カテゴリー，ブランドと市場の関係に注目した展開方法を示し，今日の企業経営におけるブランド戦略の重要性を強調した。

第 **7** 章

価格政策

本章のポイント

　本章では，マーケティング・ミックス要素の1つである価格を取り上げる。マーケティングにおける価格は，メッセージとよくいわれる。時折われわれの認識を超える高額な商品がある。しかし，顧客はその生産過程を聞くと納得し，喜んで購入する場合もある。つまり，価格には商品に付された数字以上に多様なメッセージが込められる。価格の理論的背景には，ミクロ経済学での価格理論を構築する需給理論，均衡理論，市場構造がある。それらを踏まえた上で，マーケティングにおける価格政策を取り上げる。

　かつては，生産者や流通業者が販売したい価格を商品に設定していた。しかし，現在は，とくに消費財は消費者が購入したい（できる）価格をベースに価格設定する場合もある。それは費用を積み上げ，その上に利益を付加した価格では，消費者が受容しない商品があるためである。そこで消費者が受容できる価格をベースに生産段階に遡ることになる。さらに新製品の価格設定，売り手の価格維持方法についても考える。

1. 経済学における価格設定

(1) ミクロ経済学における価格の意義

　経済学は，マクロ経済学とミクロ経済学に大きく分けられる。前者は個別の経済活動を集計した一国経済全体を扱い，国民所得・失業率・インフレーション・投資・貿易収支などの集計量を用いる。その分析対象である市場は，生産物（財・サービス），貨幣（資本・債券），労働などがある。後者は価格理論，ゲーム理論，契約理論を主要とする分野である。これまでの経済学では，合理的で論理的な経済人の行動が前提とされてきた。合理的な経済人は，①全選択肢とその結果を考慮でき，②最善の結果を達成するために最適な選択ができ，③利己的な意思決定をする主体，である。

　こうした伝統的経済学の中で，ミクロ経済学の一分野として扱われてきた価格理論は，需給理論，均衡理論，市場構造などから構成される。需給理論は，特定市場での需要と供給の原理を説明し，通常は需要理論と供給理論に区分される。需要は支払能力を伴う特定財（モノといわゆるサービス）を消費したい欲望である。これはその財の価格などで変動する。

　また経済学では，需要曲線はあらゆる価格帯の需要を需要表として観察し，その価格変化による需要量の変化を曲線として示している。通常，価格が上昇すると需要量は減少し，価格が低下すると需要量は増大する相関関係が観察できる。一方，供給とはモノやサービスの市場提供活動であり，価格の影響を受ける。供給曲線は，あらゆる価格帯での供給量の変動を曲線として示している。多くの場合，供給曲線は，価格が低下すると供給量は減少し，価格が上昇すると増大する需要曲線とは正反対の関係がある。したがって，一般に供給曲線は右上がりとなる。

　市場原理は，価格で需給を均衡させる。価格は財に対して貨幣価値で表現される相対価値であり，これは需要と供給の均衡に影響される。価格は中立的であり，柔軟に市場において管理され，優れた資源配分に貢献する。また価格調整過程においては，需要と供給が影響する。市場では，通常は買い手

は低価格を望み，売り手は高価格を望むという正反対の意思があるため，両者の考えが歩み寄るところに価格が調整されていく。

その過程では，余剰と不足という2つの不均衡が想定される。前者は所与の価格では供給量が需要量を超えている状態であり，商品価値の下落につながる。後者は所与の価格では需要量が供給量を超えている状態であり，商品価値の高騰につながる。このように均衡された商品価値が市場では規定され，生産物の供給量と需要量が等しい状態に向かう。つまり，財の価格と数量は，需要曲線と供給曲線の交点で均衡することになる。他方，財の価格と数量は，市場における貨幣価値の自己表現という側面もある。

市場構造は，経済学的意味における市場が持っている構造であり，競争の性質と程度により分類できる。また効率性や有効需要，厚生などの観点から，市場構造を観察することができる。完全競争下では，消費者と生産者が各々不特定多数存在し，財の完全な情報を持っている場合，カルテルや不買運動などが起きない構造となる。消費者は自らの効用，生産者は自らの利益を最大化しようとし，各企業は価格統制ができず，需給理論に基づいた均衡的な価格が導出される。そのため企業は，その均衡価格により，生産規模などを決定することになる。

一方，不完全競争下では，独占的競争，寡占，独占の状態がある。独占的競争は商品差別化により，市場の一部を独占，寡占は少数の売り手が特定産業全体を支配し，独占は単一の売り手が特定商品や産業を完全に支配している市場構造である。不完全競争下では，商品差別化や非価格競争や共謀，カルテルが発生しやすくなり，消費者にとっては，不当な（高い）価格で商品を購入させられる可能性もある。

ミクロ経済学における価格理論は，論旨がわかりやすい。しかし，実際にはミクロ経済学が想定するような合理的で論理的な経済人による完全競争によって価格が決定しない場合もある。経済学分野では行動経済学において合理的で論理的な経済人ではないヒトが，不完全競争下での行動を扱っている研究も次第に拡大するようになった。

(2) 消費者の内的参照価格

　日常，われわれは商品に付けられている価格を見て，「高い」「安い」と感じることがある。それは消費者の心の中に「値ごろ価格」があるためである。この値ごろ価格のことを「内的参照価格」という。われわれの中では内的参照価格は，商品とその価格に関する情報を得る度に更新されている。つまり，当初は安いと感じても，より安い価格の商品を店頭や折込広告，インターネット広告などで見る機会が増えると，次第にそれほど安くは感じなくなり，また高く感じるようになることもある。

　それは，ヒトが問題や課題に対して何らかの「決定フレーム」を当てはめて意思決定する存在と考えられるためである。決定フレームは，意思決定をするヒトがその問題に何らかの概念づけをし，選択する考え方である（田中(2015)）。つまり，内的参照価格は消費者が商品価格の高低を判断するための基準価格であり，消費者の記憶内に存在している。この価格は消費者が過去に経験した価格など多様な価格から構成され，ある幅を持っている（上田(2000)）。

図表 7-1 プロスペクト理論

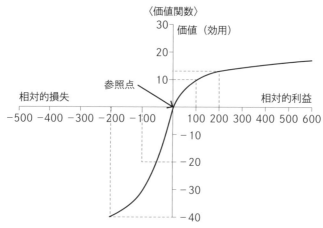

（出所）Kahneman and Tversky（1979）p.279 を修正

108

また消費者は，高いと感じる方が心理的インパクトは大きいとされる。これを「プロスペクト理論」という（図表7-1）。同理論を提唱したのがカーネマン（Kaneman, D.）である。先にあげたように消費者のある商品の価格が高い，安いという基準になっているのは，内的参照価格による。頭に描いていた商品の価格が，いざ購入しようと思い，小売店に足を運んだところ，それよりも高くなっていた場合がある。反対に，ある価格を思い描いて小売店に行ったところ，その思い描いていた価格よりも安くなっていた場合もある。仮に各々200円の差があったとした場合，消費者が損をしたという「悔しさ」の方が，得をした「喜び」より大きいとされる（守口（2005））。

(3) 需要の価格弾力性

　一般的にある商品の価格が上昇すると，その商品の需要量は減少する。そのため，さまざまな価格における需要量を示す需要曲線については右下がりになる。需要の価格弾力性とは，価格を上下する変化率に対して，需要量がどの程度変化するかについての比率を示したものである。そこでは需要曲線は右下がりとなるため，需要の価格弾力性はマイナスの値となることから絶対値が用いられる。

　需要の価格弾力性は，通常，価格弾力性の値が1を超えると弾力的であるといい，1未満の場合は非弾力的という。これは価格弾力性が1の場合には，価格の変動率と同じ水準で需要も変化していることを示すためである。こうした価格弾力性と商品の性質の関係は，①価格弾力性が小さい（価格が変化しても，需要の変化は小さい）場合は，生活必需品や代替商品が存在しない商品や所得と比べ，支出額が小さい商品などに多く見られる。②価格弾力性が大きい（価格が変化すると，需要の変化も大きい）場合は，贅沢品や代替商品が存在し，所得と比べて支出額の大きい商品などに多く見られる（図表7-2）。そのため，価格を設定する際には，需要の価格弾性力についても考慮しておかなければならない。

図表7-2 需要の価格弾力性イメージ

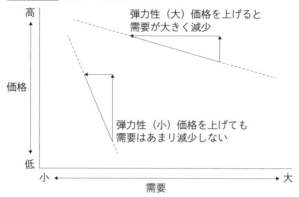

2. マーケティングにおける価格

(1) さまざまな価格設定方法

　これまで経済学における価格決定を取り上げたが，これらは売り手，多く
は生産者（製造業者，メーカー）を中心とした価格決定の仕組みである。
マーケティング（論）では，市場対応を第一義とするため，顧客がどの程度
の価格であれば，それを受容するかが重要になる。そのため，顧客価値とい
う言葉で表現されるが，顧客が喜んで支払ってくれる価格を意識した価格設
定を理解しておくべきである。つまり，マーケティング主体は，顧客の
WTP（willingness to pay）を念頭に置き，価格政策を構築する必要がある。
ただ，マーケティングにおける価格設定は，経済学での価格理論を無視した
り，後で取り上げる損益分岐点を無視したりして価格設定をすべきというわ
けではない。経済学などでの価格設定を十分に理解した上で，顧客価値に見
合う価格設定をしなければならない。
　また価格については，価格決定と価格管理が大きな課題となる。価格決定
は，費用をベースとした費用積み上げ型の価格設定（コスト志向型価格設
定）と市場価値や競争をベースとした市場中心の需要志向型価格設定，さら

に競争志向型価格設定がある。これらの方法は，価格の上限は市場や需要で規定され，下限は費用で規定される。

(2) コスト志向型価格設定

価格設定において，生産に要した費用を積み上げ設定する方法は，商品生産にかかった費用を価格の下限とし，それに利益マージンを加算して決定するものである。この方式は，現実に最も多く採用される実務上の価格決定方法である。ただ，①費用が価格を決定するが，販売数量が増加すると規模の経済性や経験効果がはたらき，単位当たりの費用は逓減することが多い。そこでは費用が売上高の関数となっているため，正確な費用確定はできない，②買い手が受容する価値がかなり高くても高価格で高い利潤を得る機会を逃してしまう，③買い手の需要価値範囲や競合価格をはるかに超え，売上に結びつかない場合がある，という懸念もある（嶋口（2004））。

またコスト志向型価格設定では，損益分岐点（break-even point）を用いた価格設定がしばしば行われる。損益分岐点は，利益がプラスでもマイナスでもなくゼロになる時点の売上高や販売数量を示している。したがって，売上高＝費用の時点を指す。そのため，売上がそれより増加するとごくわずかであるが黒字となり，これよりも減少するとごくわずかではあるが赤字となる点である。

損益分岐点を求める際には，変動費と固定費を区分する必要がある。固定費は売上の増減にかかわらず発生する費用である。つまり，売上の増加・減少にかかわらず発生する費用であり，企業においては事務所や店舗・工場などの家賃，リース代，広告宣伝費，従業員給与などがある。一方，変動費は，売上が発生しなければゼロとなる費用であり，売上の増加により増加する費用である。これには商品仕入代，原材料費，販売手数料などがある。

損益分岐点は，

損益分岐点売上高＝固定費／1－変動費／売上高

（損益分岐点売上高＝固定費÷{（売上高－変動費）÷売上高}）

により求められる。

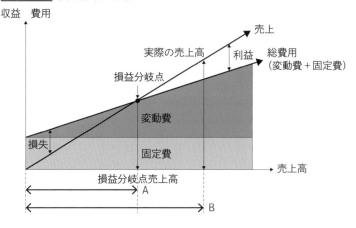

図表7-3 損益分岐点分析

また損益分岐点分析により，損益分岐点比率も求められる。それは実際の売上高を100％とすると，損益分岐点売上高が何％であるかを表す指標である。数値は低ければ低いほどよいとされる。また100％よりも大きい場合は，損益が赤字となることを示している。

損益分岐点比率（％）＝損益分岐点売上高÷実際の売上高×100

図表7-3では，

損益分岐点比率（％）＝A／B×100

となる。さらに安全余裕率は，実際の売上高と損益分岐点の差が，実際の売上高を100％とした場合に，何％となるかを表す指標であり，高ければ高いほどよいとされる。

安全余裕率（％）＝（実際の売上高−損益分岐点）÷実際の売上高×100

で求められる。

以上のように損益分岐点を明確にし，これを分析することにより，各企業は利益を含めた売上目標を設定することができる。また，企業は経営状態を黒字（利益が出ている状態）とするためにはどの程度の売上を達成しなければならないかを意識してマーケティング活動を行うようになる。さらに不況抵抗力を確認することもできるとされる。

(3) 需要志向型価格設定

　市場中心の需要志向型価格設定は，市場（顧客）の価値に合わせた価格を出発点とする。その価格から得た予想売上高によって費用を算出し，利潤を見積る方法である。これは顧客（買い手）の知覚価値を出発点とし，その需要範囲の上限部で価格設定ができる。また価格をベースとし，売上高予想，費用見積り，利潤を計画するため，比較的現実的なものとなる（嶋口(2004)）。この方法には，知覚価値型価格設定と差別型価格設定がある。

1) 知覚価値型価格設定

　　費用ではなく，消費者の知覚価値をベースとする。この場合，消費者が知覚する価値の対象は，消費者心理に影響を与える品質や性能，提供するサービスなど非価格要素が中心である。しばしばスーパー（SM）などで見られる①端数価格（顧客に最大限引き下げられている印象を与えるために8や9を使い，1桁下げるような価格設定），高級な宝飾品店などで見られる②威光価格（名声価格ともいわれ，顧客が商品品質を評価しにくい場合，品質判断とするための価格設定），飲料やお菓子などに見られる③慣習価格（長期間一定価格で販売するために顧客心理に慣習化した価格を形成），日常使用するための商品とハレの日に使用する商品，自分用，贈答用と分ける場合などの④プライスライン（顧客は価格によって商品クラスを区分する傾向があるため，複数クラスの参照価格に合わせて価格設定），高級ブランド商品などに用いられる⑤ジャストプライス（高級イメージを訴求するため，端数のない価格設定）などがある。

2) 差別型価格設定

　　市場を複数に区分する市場細分化の考え方をベースとする。各市場での需要の相違により，同一商品でも異なる価格設定をする方法である。①対象顧客別価格設定（頻繁に購買する顧客には，商品値引きなどでの対応），②製品形態別価格設定（商品の仕上がり状態が異なる部分を持つ製品の異なる価格設定），③場所別価格設定（いわゆるサービスの場合，座席などによる異なる価格設定），④時期（時間）別価格設定（季

節，曜日，時間などによる時期別の価格設定）などがある。ここには後で取り上げるダイナミック・プライシング（dynamic pricing）の基盤となる考え方がある。

3）競争志向型価格設定

　競争企業の設定価格を基準として，つまり競合企業の価格設定を参考にしながら価格設定をする方法である。寡占市場においては，ほぼ同価格に設定されるが，業界や地域において競争順位が明確な場合，トップ企業が設定する価格を参考に自社の価格設定をする。この方法は，費用の算出が難しく，競争相手の反応が不確実な場合など，業界における現行価格が目安となるために採用される（Kotler（1996））。またこの設定方法には，①実勢価格法（同様の商品であれば，競争企業の平均価格とほぼ同じ価格を設定する方法），②競争価格法（市場シェアを最大化するため，競争企業が設定した価格よりも低価格に設定し，当該業界や地域での市場シェアを拡大するための価格設定方法），③入札価格法（複数の売り手または買い手と取引する際，文書によって価格を提示する方法）などがある。

　以上，マーケティングおける価格設定方法は，ミクロ経済学において前提とされる条件だけではなく，一見非合理，非論理的，別のいい方をすると場当たり的な意思決定をすることもあり得る消費者との取引において，情報の不完全性などを考慮した価格設定が行われる。現場では，価格設定に一貫性があることは少なく，さまざまな側面を考慮しながら価格設定が行われる。

3. 新製品の価格設定

(1) 新製品の価格設定の難しさ

　前節までは，売り手あるいは買い手をベースとした価格設定の方法を取り上げた。通常，これまで市場に存在した，存在している製品のリニューアルでも新製品と捉えられる。しかし，ここでいう新製品は，これまで市場に存

在していなかった製品に限定する。つまり，現在の社会では非常に珍しくなった特異な状況を考えることになる。企業においては，技術革新を伴った新製品に対してどのように価格を設定するかは大きな課題である。新製品の価格設定が難しいのは，比較対象となる商品がなく，ある欲求の充足に独創的な解決策を提供する製品であればあるほどその価格設定は難しくなるためである（Lambin（1986））。新製品の価格設定としては，上澄み吸収価格と市場浸透価格がある。

（2）上澄み吸収価格と市場浸透価格

1）上澄み吸収価格

新製品に高価格を設定し，価格に対してそれほど敏感ではない高所得者や価格意識の低い顧客を対象とするものである。そこでは，短期間で売上を増やして利益を上げ，その製品の開発費用をできるだけ早期に回収することを目的とする。とくに革新性が高い新製品は，その価値が顧客に熟知されておらず，価格の需要弾力性が低く，初期のマーケティング投資が非常に大きくなるため，上澄み吸収価格を採用する場合がある（嶋口（2004））。したがって，上澄み吸収価格設定が順調に推移すると，時間経過とともに価格を引き下げられることができるようになる。これまで家庭には存在しなかった耐久消費財（技術的革新を伴った製品）では，上澄み吸収価格を設定することが多かった。

2）市場浸透価格

できる限り早く新製品を市場（顧客）に浸透させるため，利益を可能な限り抑えた上で，製品を提供しようとする場合に行う。価格に敏感な顧客が多い場合，需要の価格弾力性が大きくなり，生産者にとっては大量生産により費用逓減が可能となる。とくに競争相手では同様の新製品を発売する計画が噂され，潜在的競争の脅威が迫っている場合などで行われる。市場浸透価格を採用する場合，早期に大きな利潤は獲得できないが，その市場において支配的地位を早期に構築することにより，競争企業の参入を抑えられる可能性がある。主に市場浸透価格が設定される

新製品分野では，技術的な革新を伴った全く新しい製品分野ではなく，
　　既に市場に存在する製品の改良版が多い。さらに製品ライフサイクル
　　上，成熟期にあるとされる製品の改良型の場合が多い。
　近年，新製品の価格設定では，以前ほど上澄み吸収価格設定は行われなく
なったようだ。それは費用構造が，多くのヒトの目にもわかりやすくなった
こと，画期的な新製品であってもすぐに同種類の新製品が発売され，競争に
巻き込まれてしまい，価格の引き下げが起きやすくなった状況が影響してい
る。したがって，画期的な新製品といっても短期間で開発投資に要した費用
は回収できず，できる限り利益を抑えて市場浸透を図ろうとしても同様にす
ぐに競争が激しくなる。さらに低価格への変更を強いられるなど，企業のこ
れまでの価格設定はかなり揺らいでいる。

4. 価格管理

(1) 価格管理の継続性

　商品に付す価格は，それを発売する際に一度設定すれば終わりではない。
当然その価格は注意深く，商品を取り巻く環境や顧客など，多様な側面に注
意しなければならない。とくに技術的な革新性を伴った画期的な新製品であ
り，それが一般に受容される価格でも，時間経過とともに需要は変化する。
生産者は，大量生産が可能な製品であれば，量産効果や経験効果によって，
さらに低価格での販売が可能となる場合がある。また市場では，すぐに競争
者が現れ，競合製品との競争が始まることは世の常となっている。とくに消
費財と呼ばれる分野ではその傾向は強い。
　設定価格が低下するだけではなく，原材料費が引き上げられるなど，生産
状況や流通状況の変化により，価格を引き上げざるを得ない場合もある。そ
れは価格設定の下限が，生産費用となるためである。そのため，商品や企業
を取り巻く環境により，価格変更をせざるを得ない場合も多い。

(2) 価格割引

　競争企業よりも先に価格変更をする場合，顧客と競争企業の反応も予測しなければならない。これは新製品の価格設定より難しいかもしれない。とくに一度設定した価格を管理し，場合によって変更することは，その企業の売上や利益に直結するため，商品や事業の存亡にも関わる問題となることもある。ここでは，価格割引と流通業者との関係を維持するために提供するリベートを取り上げる。

　価格割引の主なものには，現金割引，数量割引，機能割引，季節割引，アロワンス（allowance）などがある。

　1）現金割引

　　　売り手が一定期限内に現金で支払う買い手に対して行う割引である。売り手には，早期に代金回収ができ，貸倒を回避することでき，売掛金回収費を削減できる。

　2）数量割引

　　　一度に多くの商品を購入する大口の買い手に対して行う割引である。背景には，在庫費用，マーケティング費用，輸送費用などが節約できるため，それを買い手に割り戻すことができることがある。

　3）機能割引

　　　生産者が自社製品の流通上，販売，保管，輸送などの機能を代替してもらう場合に行う割引である。

　4）季節割引

　　　季節によって商品需要に大きな変化がある場合に行う割引である。

　5）アロワンス

　　　生産者が流通業者によって，自社製品を有利に扱ってもらう場合，一種の割引で還元することをいう。アロワンスは，生産者の意図に沿う販売促進活動であるため，その形態は異なっている。

　以上，主な価格割引を取り上げたが，基本的には売り手である生産者が自社の商品を取り扱う買い手である流通業者などに対し，自社に都合のよい支払や取扱をしてもらった場合に提示されるものがほとんどである。

(3) リベート

　リベート（rebate）は，一定期間の取引高に基づき，会計期末などにおいて取引代金の一定割合を流通業者に払い戻すことをいう。割戻といういい方もされる。したがって，生産者がリベートを提供する目的は多様である。その目的には，売上高の維持・拡大，代金回収促進などがあり，基本的には生産者が流通業者との関係維持・促進のために行うことが多い。とくに売り手が買い手に対して行う経済的刺激を通じたチャネル管理の側面も強い。

　リベートの種類には，①売上リベート（一定期間の売上高に対して支払う），②支払リベート（現金または手形により支払われた場合に支払う），③専売リベート（生産者の商品を優先して販売することで支払う），④協力リベート（特定の生産者の商品が店内に占める位置や広告・販売促進への協力に対して支払う），⑤目標達成リベート（特定期間内に設定基準以上の売上を達成した場合に支払う），⑥品揃えリベート（特定の製造業者の商品ライン以上を取り扱うことで支払う）などがある。基本的には，主に売り手である生産者が買い手である流通業者に対して，自社のメリットとなるような行動をした場合に支払われることが予め約束されていると理解できよう。

(4) ダイナミック・プライシング

　消費者に限らず，購買者が商品を購入する際，同じ商品であるのに購入価格が異なっていることは多い。かつては一物一価は公平性の象徴のような面があったが，現在では一物多価となっている。このような状況になるのは，顧客の需要に合わせて，供給側が価格を変化させているからである。以前も少し見られたが，現在は人工知能（AI：artificial intelligence）の発達により，現実的な需要に合わせて価格を変化させることができるようになった。こうした需要と供給に応じて価格を変化させることをダイナミック・プライシングといい，変動料金制や動的価格設定ということもある。また企業と消費者間だけの取引だけではなく，消費者同士の取引においてもダイナミック・プライシングが可能となっている（奥瀬（2019））。

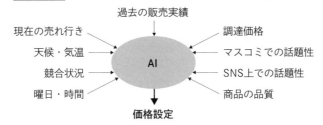

図表7-4 ダイナミック・プライシングによる価格設定

過去の販売実績
現在の売れ行き
天候・気温
競合状況
曜日・時間
AI
調達価格
マスコミでの話題性
SNS上での話題性
商品の品質
価格設定

　ダイナミック・プライシングは，モノの価格だけではなく，コトの価格設定においてもしばしば見られる。これまで飛行機代やホテルの利用料金は，顧客が集中する時期（繁忙期）には上がり，顧客が集中しない時期（閑散期）には下がっていた。このような対応は，既にこれまでの経験則から行われていた。

　しかし，需要の大きさによって価格を決定するという基本的な考え方は同じであるが，ここに人工知能（AI）が導入され，さまざまな情報を収集し，最適な価格を提示することが可能となってきたためである。とくにコト消費の代表である旅行は，天候や気温などにより，その楽しさが増す場合と減少する場合がある。こうした天候や気温に合わせて，ホテルやスキー場などがその価格を変化させることはかなり前から行われてきた。またこうした価格の変化をプロモーションとしてきた面も多くあった。

　さらに小売業者が収集したPOSデータなどの販売情報や周辺環境の要素や競合状態だけでなく，テレビなどのトピックやSNSで話題となっていることなど，これまであまり考えられることがなかったような商品の価格設定に影響を与えそうな要素も取り入れ，即座に価格に対応させることがしばしば行われている。またこうしたデータ自体を蓄積することによって精度を上げている面もある。

　図表7-4に示したように商品の価格は，限られた情報により，決定するものではなく，さまざまな情報を取り入れ，より柔軟に行われるようになったことを示している。

5. 特殊な価格設定

(1) 再販売価格維持制度

　わが国においては，どこで買っても買い手である消費者には値引きされない商品がいくつかある。つまり，消費者は全国どこで購入しても同じ価格であるため，消費者の支払金額が同額となる商品である。この場合，価格の設定権は，その商品の所有権を持っている生産者にある。通常，流通段階では，売り手である卸売業者が価格を提示し，買い手である小売業者に販売し，価格決定権は次第に川下へと移転していき，最終的に消費財の場合には小売業者が決定し，消費者に販売される。しかし，再販売価格維持制度下ではこのようなやりとりはなく，消費者に対して予め販売価格が決められているため，それを念頭に置いた取引が行われる。

　わが国では第二次世界大戦後，日本国憲法で定められている「健康で文化的な最低限度の生活」を送る上で必要とされた商品は，再販売価格維持制度により，小売価格が固定された。指定商品は，①一般消費者により日常的に使用される，②その種類の商品について自由競争が行われ，消費者には選択の自由がある，③その商品の品質が一様であることが容易に識別できる，④その契約が一般消費者の利益を不当に害するものでない，⑤その商品の卸売業者が行う場合には，メーカーの意思に反しない，という条件を満たさなければならなかった。当初は，さまざまな商品において再販指定が行われたが，現在では新聞や雑誌などがわずかに残っている程度である。

(2) 特売価格

　特売価格は，表示され販売されている価格を一時的に引き下げて需要拡大を目的とする際に採用される価格である。通常は，特売と短く表現される。小売業者などが，特売によって価格を変化させることをハイ・ロー・プライシング（high-low pricing）という。わが国でも週末になるとSMの折込広告

が新聞に挿入されることが多い。平日もそれほど高い価格づけがされている
わけではないが，週末になると一時的に引き下げられることがある。そして
月曜日になると元の価格に戻されることが多い。

　ハイ・ロー・プライシングによる価格変更ではなく，毎日が特売日である
ことを強調するため，「毎日安売り」を意味するエブリデー・ロープライス
（EDLP: everyday low price）を政策として行う小売業者も存在する。EDLP
は，買い手である顧客には曜日や日によって価格が変化しないため，いつで
も低価格で購入できるという安心感を持って購買することができる。他方，
流通業者側にとっても頻繁に価格変更を行う必要もないことから労力も節約
できる面がある。わが国ではSMなど小売企業がEDLPを定着させようとし
てきたが，やはり購買者の多くは，週末に引き下げられる方が感覚として受
容しやすいため，なかなか浸透しない面もある。

(3) サブスクリプション

　現在の消費者には，所有志向から利用志向へという流れがあるといわれ
る。また消費者の生活でも多くを所有せず，最低限の所有物で生活し，かつ
ては購入したり，所有していたりすることにステイタスを感じていた顧客層
が次第に薄くなり，その他のモノは必要なときに借りるだけで十分とする
人々も現れてきた。

　こうした顧客に対応するサービスが，サブスクリプション（subscription）
である。これは商品ごとに購入金額を支払わず，一定期間の利用権に対して
料金を支払う方法である。その期間中は定められたモノを自由に利用できた
り，コトを消費できたりする。その幅は拡大し続け，音楽，映像，ファッ
ション，食事，自動車などさまざまな分野に及んでいる。

　サブスクリプションにおける価格設定は，いわゆるサービスを提供する企
業，同様の商品を販売している企業，さらに顧客の支払意向を考慮して設定
する必要がある。したがって，契約者（購入者）数が非常に多い動画や音楽
の配信サービスなどは，これらをうまく設定していることがいえよう。他
方，いわゆるサービスをはじめ，購入者数が一気に増加したが，その後顧客

第 **7** 章

価格政策

数が急減したという外食企業などは，競合企業の問題や顧客満足が満たされ続けていないという面があるかもしれない。

本章のまとめ

　本章は，マーケティング・ミックスの1つである価格について取り上げた。著名な経営学者であるドラッカーは，マーケティングとは非価格競争をすることと主張したが，市場において価格競争は常態化している。それは商品差別化だけでは，比較優位を得ることができないからかもしれない。生産者が商品に設定している価格は，単に生産に必要な費用を積み上げ，その上に一定の利益を乗せているだけのものではない。最近，マーケティングではストーリーの重要性が指摘される。生産者が生産におけるストーリーを顧客に語りかけることで，一見高いと認知された価格であってもその価格が受容可能なものとなるかもしれない。

　かつてのミクロ経済学が前提としたのは合理的な経済人であり，取引場面でも合理的に行動をすることが前提とされた。しかし，われわれの日常では，合理的な行動をしていることの方が少ない。そのためマーケティングでの価格設定は，そのような場面や消費者を想定した価格設定の面もある。

第**8**章

マーケティング・チャネル政策

本章のポイント

　マーケティング主体である企業にとって，マーケティング・ミックス（4Ps）の中でマーケティング・チャネルに関する意思決定は，他要素に比べて長期的判断が必要となる。そのため，何か問題が起こってもすぐに修正することができない。また，チャネル構築では，自社で構築する以外は，多くの企業外部の協力者が必要となる。

　本章では，チャネルの機能と役割について，通常いわれる流通チャネルとマーケティング・チャネルとの違い，視角の相違にふれる。そして，長期的な意思決定が必要なマーケティング・チャネル設計について，一般的な方法を取り上げる。またチャネルは一度構築すればそれで完了するわけではなく，管理・統制をし続けなければならない。チャネルにおいては，商品の流通にさまざまなチャネル・メンバーが関係しているため，これらメンバー間で起こる問題とその解決についても考える。

1. マーケティング・チャネルの機能と役割

(1) 流通チャネルとマーケティング・チャネル

　マーケティング・マネジメントは 4Ps で表現される。このうち流通を意味する place は，しばしばその視角において混同して理解されている。そこで最初に明確に区分しておきたい。

　マーケティング活動の始まりは，余剰農産物の市場問題であったことは何度も繰り返した。社会全体として余剰農産物をいかに消費者に届けやすくするかという問題解決は，社会経済的視角から取り組まれた。一方，20 世紀になる前後に誕生し，次第にその規模を大きくした生産者（製造業者，メーカー）は，自社が生産する商品をいかに顧客に届けるかに腐心した。ここでは個別企業的視角により，その企業の商品の動き（動かし方）が関心の中心となった。つまり，マーケティング主体の生産現場からどの流通業者の手を経て，消費者など顧客に届くかが課題となる。

　したがって商品は，社会経済的視角と個別企業的視角では，異なった認識をされることが一般的である。前者の視角において商品は，一般名称で呼ばれ，後者の視角においては特定のブランド名で呼ばれることが多い。そのため，これら視角の異なる商品が，生産者から流通業者を経て，顧客へと届くまでの場所（流通）についての認識も区別しなければならない。

　社会経済的視角では，一般名称としての商品の流れ（フロー）は，「流通チャネル（distribution channel）」と呼ばれる。それに対し，個別企業的視角では「マーケティング・チャネル（marketing channel）」と呼ぶのが一般的である。ただ，実際の社会では，社会経済的視角におけるチャネルも個別企業的視角におけるチャネルも流通チャネルと呼ぶことが多い。単に「チャネル」というときには，その文脈により流通チャネルか，マーケティング・チャネルかを判断する必要がある。

　流通チャネルにおいても，マーケティング・チャネルにおいてもフローの中心はモノである。つまり，形がある有形財である。しかし，無形財である

いわゆるサービスのフロー，またサービス（コト）の流通チャネルやマーケティング・チャネルもある。ただコトは4Psの要素では，あまり区別しなくてもよいが，チャネルについては，有形財とはその仕組みが大きく異なるため，若干扱いが異なることに注意しなければならない。

　本章では，個別企業的視角からチャネルを取り上げるため，中心はマーケティング・チャネルである。単にチャネルと表現する際もほぼマーケティング・チャネルを意味している。

(2) チャネルの役割

　社会経済的視角における流通チャネルでは，生産者と消費者が直接結びつかない（取引ができない）場合，その中間に流通業者が介在し，介在することで全体としての流通費用が削減されることが指摘されてきた。また，中間業者（とくに卸売業者）の存在意義として，取引総数単純化の原理，集中貯蔵の原理，情報縮約整合の原理など，その意義を明確にしようとする原理も提示されてきた。

　一方，個別企業（生産者）が直接消費者（顧客）に販売できない場合，流通業者を経由して販売（流通）が行われる。この場面では，社会経済的視角においても個別企業的視角においても介在する流通業者の存在意義はほぼ同様であろう。しかし，個別企業では，直接顧客に販売することも選択肢としてはある（実際にメーカーが消費者に対し直接流通（ダイレクト・マーケティング）を行っていることが多い）。また，流通業者を介在させる場合，どの卸売業者や小売業者に扱ってもらうか，卸売業者はスキップし，直接小売業者に扱ってもらうという選択肢もある。さらに卸売段階や小売段階における各々の流通業者の選択の問題もある。

　さらに卸売業者が遂行している輸送や保管という機能（物流機能）を生産者が自社で行うか，それとも生産者が出資して設立した卸売企業に委ねたり，全く資本関係のない卸売企業に委ねたりという選択肢もある。小売についても同様であり，生産者が出資して小売企業を設立する場合，全く資本関係のない小売企業に委ねる場合もある。したがって，個別企業のチャネルの

選択にはさまざまな形態や方法がある。

　社会経済的視角による場合，流通チャネルの選択はいかに流通費用を節約できるかが中心課題となる。個別企業の場合もそれらの費用をいかに節約できるかは，同様に大きな課題ではあるが，顧客を考えた場合，費用がかかるチャネルを利用しても，より顧客満足が上昇する場合には，あえて費用がかかるチャネルを選択する場合もある。つまり，社会経済的視角と個別企業的視角では，チャネルを選択する際の基準が異なることがある。

(3) チャネルの段階数

　取引される商品には，その売り手と買い手が存在する。それが生産者と消費者であったり，生産者と産業用使用者である場合もある。またその取引が直接あるいは間接の場合もある。前者は直接流通，後者は間接流通といわれ，何パターンも存在する。それを図示したのが図表8-1である。

　ある商品（消費財）のチャネル・パターンでは直接生産者が顧客である消費者に販売する場合，0段階チャネルという。生産者から小売業者，消費者に販売する場合は1段階チャネルとなる。ある商品の流通では，生産者，小売業者，消費者はそれぞれ単数であるが，卸売段階（卸売業者）数だけは複数となる場合がある。

　他方，いわゆるサービス（コト）の生産者（サービス提供者）も自身の商品をどのように顧客に販売（提供）するかという課題がある。これらのチャネルは，サービス・チャネルあるいはサービスのマーケティング・チャネルである。通常，サービス・チャネルは，有形財に比べ，短く単純であることが多い。医療サービスでは，医師から直接顧客（患者）に提供され，理容・美容は，理容師・美容師から直接顧客に提供される。

　最近，宅配サービスでは不在家庭が増え，手渡しする難しさが指摘されている。そこで駅やCVSの店頭に宅配ボックスを設置し，受け取りができるようになっている。このような場合，これらのサービスを提供するボックスの数がそのサービスの品質を決定することになる。かつて，旅行代理店は駅に隣接して出店していたが，時間の制約を受けず，手数料がかからないイン

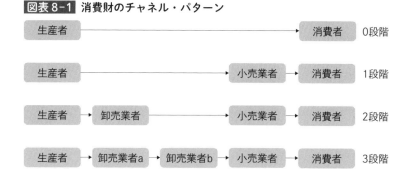

図表8-1　消費財のチャネル・パターン

| 生産者 | → | | | | | 消費者 | 0段階 |

| 生産者 | → | | | 小売業者 | → | 消費者 | 1段階 |

| 生産者 | → | 卸売業者 | → | 小売業者 | → | 消費者 | 2段階 |

| 生産者 | → | 卸売業者a | → 卸売業者b → | 小売業者 | → | 消費者 | 3段階 |

ターネットを経由したサービスが提供され，サービスのチャネルはインターネット上に移行している。このようにサービスのチャネルではその立地（空間）の変化が激しい。

(4) バリュー・チェーン

　マーケティング・チャネルは，企業が自社商品を移転させるためのチャネルである。もちろん，顧客がそれを受け取りやすい場所，時間，費用などを考慮し，設計される。他方，流通チャネルでは，生産者から顧客に商品が届くまでに移転する要素として，所有権，貨幣，モノそれ自体，情報などに関心が払われる。

　一方，マーケティング・チャネルでは，企業から顧客までのチャネルをさまざまな価値を付加するチャネルとして捉え，そのつながりであるバリュー・チェーン（value chain）として考えることも多い。

　バリュー・チェーンは，ポーター（Porter（1985））が提唱した概念である。そこでは原材料や部品の調達，生産や加工，輸送，マーケティング，顧客への販売，アフターサービスまでの活動を，個々の作業の集合体（寄せ集め）ではなく，価値の連鎖とする考え方である。そこでは自社や競合他社など，分析対象となる企業が行っている活動を機能別に分け，その分類ごとに強みや弱みを明確にすることが必要になる。そこで重要度が高い課題を抽出し，競争優位性を効果的に高める差別化戦略の構築を実現させようとする。

支援活動	全般管理（インフラストラクチュア）					マージン
		人事・労務管理				
		技術開発				
		調達活動				
	購買物流	製造	出荷物流	販売・マーケティング	サービス	

主活動

(出所) Porter（1985）翻訳（1985）210頁（一部改）

したがって，これまでのマーケティング・チャネル政策は，完成した商品を最終顧客に届けるまでの範疇を中心に考えていたが，さらにその範囲が拡大したものである。

バリュー・チェーンでは，日常の企業活動において，生産－流通－消費との直接的な関連性により，主活動（主要活動）と支援活動（副次的活動）に分かれている。前者は生産やサービス提供など，商品生産から消費までの一連の流れに直接的な関わりを持つ活動の総称である。これには購買物流，製造，出荷物流，販売・マーケティング，サービスの5つがある。後者は，商品の生産や消費までの一連の流れに直接的な関係はなく，主活動の支援として行われる活動の総称である。これには全般的管理，人事・労務管理，技術開発，調達の4つがある。したがって，バリュー・チェーンは事業を機能に分類し，個別に分析することで，どの工程でどの程度の付加価値が生まれているかを明確にする枠組みである。

ここでの付加価値は，顧客やユーザーの満足度や商品の実用性が高まるものでなければならない。そして，バリュー・チェーン分析は企業の強みや弱みを認識する手助けともなる。

2. マーケティング・チャネル設計

(1) 顧客ニーズとチャネル目的の明確化

　マーケティング・チャネルの設計では，顧客ニーズを分析し，チャネルの目的を明確にする必要がある。それでは，顧客のチャネルに対するニーズにはどのようなものがあるのだろうか。顧客には消費者と産業用使用者の場合がある。前者の場合，食品や日用品などは，近隣の店舗でいつでも手軽に，低価格で入手できることが主なニーズだろう。家電製品や家具などを購入する場合，店舗では商品が見やすく，豊富に品揃えされ，疑問があればすぐに的確な回答が得られ，さらに配送や据え付けなどのニーズがあるかもしれない。他方，後者の場合，購買単位や注文してから届くまでのリードタイム，さらに配送やメンテナンスのサービスの提供に対するニーズがあろう。

　一方，消費者や産業用使用者の顧客に対し，マーケティング・チャネルの構成メンバーが提供できるサービスとそれにかかる費用などを考慮すると，顧客のニーズとチャネル・メンバーが提供できるサービスには差がある。そこでメンバーは，顧客のチャネルに対するニーズを認識した上で，自らが提供できるサービスと費用を比較し，提供できるサービス水準を決定する。

　またマーケティング・チャネルの目的は，提供するサービス水準によって決定する必要がある。そこではチャネル・メンバーは，顧客のチャネル・ニーズを考慮しながらそれに要する費用を最小限にしようとする。もちろん，顧客が求めるサービス水準は一定ではなく，顧客によってニーズは異なっている。したがって，顧客ニーズの相違により，提供するサービスを差別化する必要もある。

　さらにマーケティング・チャネルでは，扱われる商品によっても対応が異なる。食料品を扱うチャネルと医薬品，あるいは重機を扱うチャネルでは，チャネルの目的は相違している。いずれにしても生産者がチャネルを自社で運営できない場合，流通業者の機能に依存することになる。その際には各流通業者の特徴を把握した上で委ねることになる。

(2) 流通業者の選択

　最終顧客が消費者の場合，食品や日用品と家電製品や家具の生産者では，介在させる流通業者の性格が異なる。また生産者にとって望ましい流通業者と顧客にとって望ましい流通業者は一致しないかもしれない。ただ，生産者は自社の商品の取扱いを委ねる流通業者を決定する必要がある。その際，利用できる流通業者のタイプ，必要な流通業者の数，チャネル・メンバーそれぞれの条件と責任という要素を中心に検討し，決定しなければならない（Kotler and Keller（2007））。

　流通業者には多様なタイプが存在する。卸売業者でも所有権を得ずに（買い取りをせずに），仲介をすることで手数料のみを徴する者，また買い取って自らの責任で販売をする者まで存在する。小売業者についてもわが国の百貨店のように委託販売制を取り入れている流通業者も存在する。したがって，生産者が流通業者を選択する際には，各々の流通業者の特徴を理解した上で選択する必要がある。

　生産者は，排他的マーケティング・チャネル（exclusive marketing channel），選択的マーケティング・チャネル（selective marketing channel），開放的マーケティング・チャネル（extensive marketing channel）について流通業者の数の決定をしなければならない。

1）排他的マーケティング・チャネル

　　生産者が独占的販売権を特定の流通業者に与え，自社以外の製品取り扱いを禁じるものである。専売店や専属店ネットワークを目指し，専売店化により，店舗内での他メーカーとの競争を抑制しようとする。ただ専売店同士の競争があり，販売地域の制限をする場合もある。

2）選択的マーケティング・チャネル

　　生産者の資格条件に適合した流通業者のみを取引相手とし，取引する方法である。これは開放的チャネル政策と排他的チャネル政策の中間であり，ある程度チャネルをコントロールでき，低コストで適度な市場カバレッジを得ることを目的に行われる。

3）開放的マーケティング・チャネル

　自社商品を幅広く販売するために，できるだけ多くの流通業者と取引し，市場カバレッジを最大化しようとするものである。これはチャネルの拡大で販売機会は増えるが，流通業者に主導権を握られやすく，生産者の支配力が弱くなる。日用品や食料品などで採り入れられることが多い。

3. マーケティング・チャネル管理

(1) マーケティング・チャネルの教育と動機づけ

　「管理」という言葉には，「処理する」「とりしきること」「とりしまり」などの意味がある。その語感は，強い者が弱い者を支配するようにも感じられる。しかし，経営やマーケティング活動における管理は，そのような言葉の意味とは異なり，「よい状態に維持すること」のような意味である。

　ここで注意しなければならないのは，誰にとってよい状態を維持するかである。果たして生産者，流通業者，消費者の誰にとってよい状態なのだろうか。3者すべてにとってよい状態であることが望ましいが，実際，3者にとって望ましい状態はなかなか実現しない。それは各々の意図（目的）が異なるためである。経営における管理は，経営者にとって望ましい状態を維持することである。それではマーケティング・チャネルでは，誰にとって望ましい状態となるのだろうか。一般的に生産者にとって望ましい状態としようとするのがマーケティング・チャネル管理である。

　マーケティング・チャネル管理では，マーケティング主体は選択したチャネル・メンバーの教育から始める。大規模企業であれば，流通業者に対する教育プログラムを計画し，実行する。そして，教育と同時にチャネル・メンバーに対する動機づけも行われる。とくにモチベーション・マネジメントでは，生産性向上のため，通常は社内の従業員に動機づけをし，モチベーションを上げ，行動へと移すようにする。チャネルにおいては，流通業者は自社

ではなく資本関係のない第三者であることが多い。そこでもチャネル全体を組織と見なした動機づけが行われる。

　臨床心理学者のハーズバーグ（Herzberg, F.）は，人事労務管理に必要な2つの要因をあげた。それが，①動機付け要因として達成，承認，仕事自体，責任，昇進などが満たされると満足感を覚えるが，欠けていても職務不満足を引き起こすわけではないことと，②衛生要因として会社の政策と管理方式，監督，給与，対人関係，作業条件などが不足すると職務不満足を引き起こすこと，また満たしたからといって満足感につながるわけではないことである。これら2つの要因で人の満足・不満足を分析するため，「二要因理論」と呼ばれる（Herzberg（1959））。マーケティング主体が行うモチベーション・マネジメントでは，メンバーの存在価値を認め，適切な配置をし，合意の上で目標を決定することが必要となる。

(2) チャネル・メンバーの評価

　生産者自らが出資して設立した販売会社（卸売企業）や直営店（小売企業組織）でない場合，介在する流通業者が自社のマーケティング方針に協力的であるかどうかを評価しなければならない。その視点は，販売割当の達成度，平均的な在庫レベル，顧客への配送時間，破損品や紛失商品の処理，販売促進や教育プログラムへの協力などの基準がある（Kotler and Keller（2007））。これらの基準のうち，どの基準を重視するかは生産者によって異なる。それはその生産者の商品特性で異なるためである。

　評価の結果，設定した基準を上回ったチャネル・メンバーには，より経済的支援を行うべきであり，反対に基準を下回ったメンバーには，再指導や再教育を行ったり，最悪の場合にはメンバーから外す判断をしなければならないこともある。

(3) マーケティング・チャネル管理の方法

　マーケティング・チャネル管理では，マーケティング主体の目標に沿う行

動が期待されるが，その手法にはいくつかある。価格維持政策は，マーケティング・チャネル管理の典型である。この政策の主なものには，建値制とリベートがある。

1）建値制

　生産者が自社商品の流通段階における標準的な価格を決め，小売価格（メーカー希望小売価格）を100とし，各卸売段階に遡り，各々の流通業者が受け取る粗利益率を引き算しながら決定し，それを基準に取引する方法である。建値制は生産者から各流通業者に一定の利益が分配されるため，生産者－流通業者という関係で捉えた場合，流通業者からの協力を得やすい。ただ消費者には，各流通業者が一定の利益を確保するため，競争による価格低下が期待できず，支払う価格が高止まりする短所もある。

2）リベート

　取引が行われたのち，生産者が販売価格を修正するかたちで生産者などの売り手が，買い手である流通業者にその代金を払い戻すものである。これは生産者のさまざまな目的により支払われてきた側面が強い。リベートの種類には，①基本リベート（仕入金額に応じて支給），②現金割引リベート（現金支払いに対して支給），③数量割引リベート（仕入量により累進的に支給），④目標達成リベート（販売目標達成に対して支給）などがある。

またマーケティング・チャネル管理には，協力によるものがある。価格維持政策は，生産者という売り手を中心に，販売価格の値崩れ防止やマーケティング目標に沿った協力を促す面が強かった。他方，チャネルにおいて流通業者，とくに小売業者の規模が大きくなると，大規模化した小売業者からの要請も増えてきた。このような状況になると，これまでのマーケティング・チャネル管理の主体は，（かなり以前は卸売業者中心の時代もあったが）生産者の場合が多かったが，次第に大規模小売業者への移行が見られ始めた。そこでは生産者による価格維持政策によるメーカー希望小売価格ではなく，小売業者が自ら小売価格を設定するオープン価格が中心となってきた。また，リベート支給により生産者のマーケティング活動に協力を仰ぐという

第8章

マーケティング・チャネル政策

ものではなく，小売業者のマーケティング活動に生産者が協力するものへと
チャネルにおける力関係が大きく変化している。

　とくに小売業者を中心とした流通業者は，生産者の商品ブランド（NB：
national brand）を仕入れて販売するかつての流通風景が変化した。大手の
小売業者は，自らの店舗で販売するための商品を生産者に委託し，自ら（流
通業者）のブランド（PB：private brand）を大量に販売する小売業者も現
れるようになった。これらを観察すると，生産者によるマーケティング・
チャネル管理は様変わりし，チャネル・メンバーの力関係の変化がわかる。

4. マーケティング・チャネルの力関係

（1）垂直的マーケティング・システム

　かつてのように生産者，卸売業者，（産業用使用者），小売業者，（消費者）
が各々独立し，個別の目標を持って行動したのは，伝統的なマーケティン
グ・チャネルであった。この中では，どのチャネル・メンバーも他のメン
バーを完全にコントロールできない。現在もこうしたチャネルは数多くある。
　一方，生産者，卸売業者，小売業者が統合されたシステムとして活動する
動きが次第に顕著となり，そのようなチャネルではチャネル・リーダー
（キャプテン）が強い力を有するのが一般的である。リーダーには，生産者，
卸売業者，小売業者のチャネル・メンバーが各々なる場合がある。そこでは
伝統的なマーケティング・チャネルにおいてしばしば起こった摩擦（コンフ
リクト）をリーダーが排除しようとする努力も見られる。
　垂直的マーケティング・システム（VMS：vertical marketing system）で
は，規模，交渉力，重複サービスを排除することで経済効果を達成しようと
する。これには3類型ある。①企業型VMSは，生産から小売までを自社で
すべて行う。自社の活動であるため，各流通段階を高い水準でコントロール
が可能である。②管理型VMSは，チャネル・リーダーのもとに協力企業が
集まり，流通段階において協力・調整するものである。市場シェアや知名度

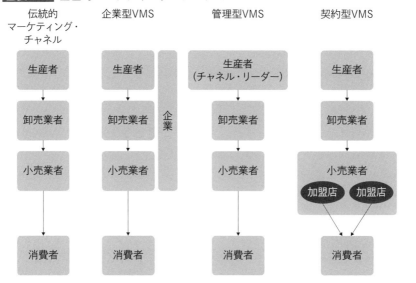

図表8-3 垂直的マーケティング・システム

伝統的 マーケティング・ チャネル	企業型VMS	管理型VMS	契約型VMS

の高いブランドを持つ企業がリーダーとなる場合が多く，そのコントロールが及ぶ。③契約型 VMS は，フランチャイズ契約やボランタリー・チェーンなどのように，独立した企業同士が契約で結び付き，単独で達成できない経済効果や販売成果を得るために契約により統合される。

　このように VMS には３類型あるが，その採用では自社の商品やブランドの特性，企業を取り巻く環境などにより，適合する場合としない場合がある。そのため，条件に合わせて採用できる VMS を検討する必要がある。

(2) 水平的マーケティング・システム

　一方，水平的マーケティング・システム（HMS：horizontal marketing system）といわれるものもある。これは小売段階において，顧客サービスを充実させるため，コンビニエンスストアと銀行との共同出店などがある。各企業には資本，ノウハウ，生産資源，マーケティング資源の不足やリスク回避などの意図がある。そこで一時期あるいは恒久的形態として，仕事を行

第**8**章

マーケティング・チャネル政策

135

い，ジョイント・ベンチャーを設立する動きもある（Kotler and Keller（2007））。

(3) マルチ・チャネルからオムニ・チャネルへ

　かつて生産者の規模が小規模で商品の生産量も少量であった時代には，特定の卸売業者を経由し，小売業者，消費者へと商品が流通していた。顧客が産業用使用者の場合には，少数の特定卸売業者を通して商品が流通した。しかし，生産者が大規模化し，さらに生産する商品の種類や数量も増加すると，これまでのような単一のマーケティング・チャネルに委ねていただけでは，商品流通が滞るようになった。一方，顧客も多様化し，多様な商品をより都合のよいチャネルにより入手することを望むようになった。

　そこでマルチ・チャネルという発想が誕生した。マルチ・チャネルを経由したマーケティングは，マルチ・チャネル・マーケティングと呼ばれる。売り手である企業が複数の顧客セグメントに到達する可能性を探ったところ，複数のチャネルを経由する方が単一のチャネルを経由するよりも大きな経済効果が得られることが推測された。つまり複数のチャネルを構築すると，異なる顧客セグメントに到達が可能となる。チャネルを複数利用する利点は，市場カバレッジの拡大とチャネル費用の低下，さらにより顧客に適合するマーケティングが可能となることである。したがって，マルチ・チャネルは複数のチャネルを顧客に提供する方法であり，有店舗だけでなくECサイトなども含めたチャネル展開である。またマルチ・チャネル間での在庫や顧客を統合的に管理するクロス・チャネルも注目される。

　他方で，オムニ・チャネル・マーケティングという言葉も使用され，マルチ・チャネル・マーケティングとの混同もある。言葉のイメージからは同様のものに感じられるが，異なる面が多い。オムニ・チャネルは，小売業を中心とし，企業が顧客に商品を届ける複数のチャネルを統合連携させ，顧客の利便性を向上させようとするものである。そのために有店舗，ECサイト，カタログ通販，ソーシャル・メディアなど複数チャネルをシームレスに連携させ，時間や場所を問わず同様に利用ができるように，顧客にとってより便

利で利用しやすいサービスの実現を目指すものである。

　マルチ・チャネルは，複数チャネルを設けるが，各チャネルは独立し，顧客情報の連携はない。クロス・チャネルは，マルチ・チャネルの短所である在庫管理や顧客管理などを背後で連携させ，複数のチャネル間の在庫情報を最適化しようとする。これにより顧客サービスが向上し，1つのブランドの複数接点と認識されるようになり，オムニ・チャネル化へと近づいていくことになる。

(4) ダイレクト・マーケティング

　ダイレクト・マーケティングは，仲介業者を経由せず，企業と顧客が双方向で直接コミュニケーションを取り，顧客の反応を獲得するマーケティング活動である。ダイレクト・マーケティングというと，ダイレクトメール（はがきや封書）により，顧客に直接情報を伝達する方法を思い浮かべる。これらの方法は現在も行われているが，最近はインターネットを介し，SNSなどを利用する企業が多い。

　最寄品では，健康食品や日用品，買回品といわれる衣料品などでもダイレクト・マーケティングが行われるが，カタログを送り，SNSでも発信をするようなクロス・チャネルがしばしば採用される。マーケティング主体である企業は，顧客を発見し，その情報を収集し，コミュニケーションにより信頼関係を構築する。それにより繰り返し購買を促し，リピーターとなってもらう点では，情報技術やきめ細かな物流技術により展開してきた面が強い。

図表8-4 **ダイレクト・マーケティング概念図**

(5) チャネル・コンフリクト・協調・競争

　マーケティング・チャネルでは，それをコントロールする力（パワー）とチャネル内で起こるメンバー間の衝突（コンフリクト）の発生も考えなければならない。これはパワー・コンフリクト論と呼ばれる（Stern et al. (1969)）。

　これまでの流通チャネルでは，生産者，卸売業者，小売業者が資本的に独立していても，生産者や卸売業者の意向に従うことがあった。それは現在でも見られる。なぜこのようなことが各チャネルでは起きるのであろうか。それは各チャネルにおいてあるチャネル・メンバーの力（パワー）の影響を受けるためである。

　パワーには，報酬，制裁，正統性，一体化，専門性，情報がある。①報酬には，リベート，アロワンス，テリトリーの付与による特定地域での独占的販売権などがある。②制裁は，マージンの縮小や出荷停止などがある。③正統性は，指図や統制を加える権利である。④一体化は，系列の流通業者の生産者に対するチャネル・メンバーとしての魅力である。⑤専門性は，生産者による店舗管理手法である。⑥情報は，商品情報や技術情報，顧客情報などの付与に関わる部分である（高橋（1995）（2014））。最近は，消費財分野では，情報価値の重要性が高まったことにより，経済的パワーの重要性が低下している。また，専門性のような非経済的パワーの重要性が高まっている。

　マーケティング・チャネルをパワーによって管理・統制する手法は，チャネル・リーダーがパワーを受容したチャネル・メンバーには報酬を与え，受容しないメンバーには制裁を加えるかたちで顕著となる。言い換えれば，リーダーの意向に従ったメンバーには，さまざまなメリットが生じるが，それに従わないメンバーには程度に応じてさまざまなデメリットが生じる。これまでチャネルは，パワーにより管理・統制しようとしてきた（現在もしている）面が強く，あらゆる場所で衝突が起こり，その解消に対してもさまざまなパワーが行使されてきた。

　一方，企業（生産者）がマーケティング・チャネルを設計し，管理をしていても，独立した流通業者との間では，利害が一致せず，さまざまな摩擦が

生じる。このような摩擦のことをチャネル・コンフリクトという。コンフリクトに関する行為者の組み合わせには 3 種類があり，それぞれに特徴的なコンフリクトが見られる。

1）**垂直的チャネル・コンフリクト**

　　同じチャネル内の段階が違うメンバー間で起こる。生産者と卸売業者では，価格設定や販売促進方針で起こることがある。

2）**水平的チャネル・コンフリクト**

　　チャネル内の同じ段階にあるメンバー間で起こるコンフリクトである。小売業ではフランチャイジー同士の関係に見られる。ここでは，同一地域において競合が起こったり，ある店舗が問題を起こしたりしたため，そのイメージが他店に伝播して全体のイメージダウンにつながることから発生する。

3）**マルチ・チャネル・コンフリクト**

　　生産者が同じ市場において複数のチャネルを利用した場合などに起こるコンフリクトである。有店舗での販売と生産者の自社のダイレクト・チャネルにより，同じ商品を販売する場合や価格設定から起こるコンフリクトがある。

　コンフリクトは，チャネルがうまく設計・構築され，管理・統制されていても，チャネル・メンバー間での利害が一致しなければ発生する。それは目標が一致せず，役割と権利が不明確であれば，起こる可能性はより高くなる。またタテ（垂直的）チャネルでは，目標が不一致となり起こることが多く，ヨコ（水平的）チャネルでは，役割と権利が不明確なために起こることが多い。

　コンフリクトの解消に関しては，チャネル・リーダーが果たす役割は大きい。チャネル全体の共通目標を達成するには，チャネルを効率的にコントロールし，内部での利害衝突を緩和させる必要がある。そこでは潜在的に相反する目標を持ったチャネル・メンバーが共通目標を達成するためにチャネル協調できる土壌を常に意識しなければならない。

本章のまとめ

　本章では，マーケティング・チャネルの意義やその設計にふれ，チャネルをいかに運営するかという管理・統制面を中心に取り上げた。とくにチャネルを構成する生産者，卸売業者，小売業者は1つの企業システムにおいて各機能を担当しない限り，個別の独立した事業者であることが多い。そのため，これら事業者（チャネル・メンバー）間では，さまざまなコンフリクトが生じる。これをうまく管理・統制するのがチャネル・リーダーの役割である。これまでさまざまなパワーの行使により，チャネルの統制が行われてきたが，社会の変化により，各メンバーの地位にも変化が起こった。それによりリーダーの交代もさまざまな商品分野では見られる。

　いずれにしても，マーケティング・チャネルを構成するメンバーが，独立した個別の事業者である限り，今後も各メンバー間ではコンフリクトが生じる。こうしたコンフリクトをうまく制御し，チャネル運営をしている企業がマーケティング活動においても優位性を保つことができる。

第 **9** 章

マーケティング・コミュニケーション政策

本章のポイント

　マーケティングといえば，「広告」「販売促進」がすぐに頭に浮かぶ。マーケティング＝「積極的に販売する」という図式があるからだろうか。ただこれは表面的な理解である。最近は，広告や販売促進という言葉は次第に使用されなくなり，マーケティング・コミュニケーションという言葉に置き換わりつつある。かつては売り手が一方的に情報を伝達し，あるいは何かしら販売を誘導させる要素を付け加え，早々に販売しようとしていた。しかし，こうした風景は一変した。また一度だけ販売できればよいのではなく，顧客には納得して商品を受容してもらい，繰り返して購入してもらおうという方向に変化している。

　本章では，顧客に情報を伝達する人的，非人的な多様な手段を取り上げる。どちらも情報を受容し，それに対しての反応，情報を伝達する側の準備，そして直接の販売は意図しないが，企業情報や商品情報を伝達する方法にふれる。またそれらを統合したマーケティング・コミュニケーションについても考える。

1. ヒトを介した販売促進

(1) 人的コミュニケーションと非人的コミュニケーション

　売り手である企業が顧客である消費者や産業用使用者に対して販売促進を行う場合，ヒトが直接情報伝達を行う人的コミュニケーションと，広告・販売促進，PR などヒトを介さずに行う非人的コミュニケーションがある。

　人的コミュニケーションは，消費者が小売店で商品を購入する際や，生産者の営業担当者が購入を検討している企業に対して商品を説明する際など，さまざまな場面で見られる。人的コミュニケーションは，顧客に直接接触し，口頭で販売促進を図る方法である。そのため，小売店での販売員や生産者・流通業者の営業担当者が顧客に対して行う双方向のコミュニケーションが中心となる。人的コミュニケーションは，顧客に対しては反応を見ながら丁寧に説明することができ，柔軟性がある。他方，小売店での販売員や生産者・流通業者の営業担当者を育成するには費用がかかり，企業によって異なるが，育成のための時間も非常にかかる。

　販売員には新規顧客の獲得を目指すオーダー・ゲッター（order getter），既存の取引関係の維持と強化を目指すオーダー・テイカー（order taker），受注活動よりも顧客支援や販売支援を中心として行うミッショナリー・セールスマン（missionary salesman）が存在し，各々役割が分かれている（恩藏（2006））。

　人的コミュニケーションによる販売促進では，販売する商品やその場の状況に影響される。通常，日用品や食料品などの最寄品は，次にあげる広告に多く予算を割くが，専門品や買回品などでは小売店の販売員が果たす役割はさらに大きい。顧客が産業用使用者である産業財取引では，営業担当者の役割は重要であり，これに多くの予算を割くことが多い。そのため，人的コミュニケーションは，購買頻度が低い高額商品や，その説明・説得に時間を要す産業財取引には適した販売促進手段である。わが国では高額商品や産業財の販売では，非正規雇用の人材教育に時間と費用をかけず，正規雇用の営

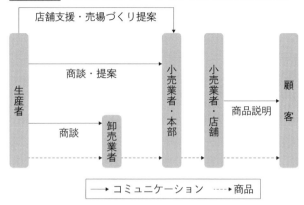

図表 9-1 人的コミュニケーションによる主な情報伝達

生産者

卸売業者

小売業者・本部

小売業者・店舗

顧客

店舗支援・売場づくり提案

商談・提案

商談

商品説明

⟶ コミュニケーション　·····▶ 商品

業担当者育成のために時間や費用をかける傾向にある（石川（2004））。図表9-1は，人的コミュニケーションによる情報伝達を示したものである。情報の送り手と受け手により異なる情報が伝達されることがわかるだろう。

(2) 口コミ・マーケティング

　生産者の営業担当者や小売店の販売員が，顧客に対して口頭でコミュニケーションを行う目的は，商品販売や利益増加という主に経済的なものが中心である。他方，ヒトを介して口頭で行うコミュニケーションには他にも目的がある。コミュニケーションの結果，商品の販売につながることもある。したがって，前者は直接商品販売を目的とするが，後者は結果的に商品販売につながるということになるかもしれない。

　家族や友人との会話で商品の話題が出ることがある。それはその話題となった商品を購買した経験もあるかもしれない。またある飲食店で外食をし，その食事がおいしかったということを，他人に伝えることもあるだろう（逆の場合もあるが）。この場合，ヒトからヒトへ口頭で情報が伝達されるコミュニケーションを口コミ（word-of mouth communication）という。

　口コミにより商品を購入したり，外食店を訪れたりということは以前からあった。どちらかといえば，自然に発生した口コミといえる。かつての口コ

ミの多くは，自然に発生したが，近年は有効なマーケティング活動の手段として人為的に発生させる場合もある。したがって，前者は人的コミュニケーションの手段であるが，後者は非人的な媒体を使用するため，その範疇に入れることができない。

　非人的媒体を使用した口コミは，Facebook，Twitter，Instagram などSNS（social networking service）を活用し，顧客とコミュニケーションをとりながら行う。これは人為的なものであり，人的媒体を経由したものでもない。そこではインフルエンサー（influencer：発信力のあるブロガーなど）と連携して，商品情報を伝達し，自社のウェブサイトへの誘導も行われる。こうしたマーケティング活動は，口コミ・マーケティング（バイラル・マーケティング，バズ・マーケティング）と呼ばれる。したがって，人を介した販売促進である人的コミュニケーションとは区別しなければならない。

2. 広告

(1) 広告と広告計画

　広告（advertising）とは，「明示された広告主による，アイデア，財，サービスに関する非人的な提示とプロモーションであり，しかも有料形態のもの（Kotler and Armstrong（2012））」とされる。つまり広告は誰が発しているかが明確であり，それを非人的媒体（テレビ，ラジオ，新聞，雑誌，インターネットなど）を使用し，その実施には料金が発生する，つまり有料のものである。

　こうした広告計画を作成する際には，標的市場と顧客の動機を見極めるところから開始する。これは①mission（広告の目的），②money（使用可能な予算），③message（発するメッセージ），④media（媒体選択），⑤measurement（広告結果の評価）の5Mにまとめられている。

　広告目標（目的）とは，それによって達成したい成果である。成果には情報提供，説得，再購買の促進（remind：リマインド），強化などがあげられ

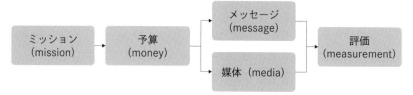

図表 9-2 広告の5M

ミッション
(mission) → 予算
(money) → メッセージ
(message)

媒体 (media) → 評価
(measurement)

（出所）Kotler and Keller（2007）翻訳（2008）363頁を簡略化

る。広告目標は数値で表すことが望ましい。広告予算の設定は，商品ライフサイクルの段階，市場シェア，様相状況，広告を出す頻度などを考慮して算定される。ただ広告には多額の費用がかかるため，目標を明確にした上で設定する必要がある。

広告メッセージと広告媒体の決定は，前者は商品の価値を言葉とイメージで伝達できるものでなければならない。またそのメッセージを明確に伝えられる媒体を選択する必要がある。そして，これら一連の活動を行った後には，当初目標とした広告効果が得られたかを検証する必要がある。

(2) 広告の訴求内容と広告分類

そもそも広告では，そのメッセージの受け手に対し，何を訴求したいかが重要である。訴求内容により，いくつかに分類できる。

まず，広告の内容は商品と企業に分かれる。前者は商品広告あるいは製品広告，後者は企業広告と呼ばれる。商品広告は商品自体を広告しようとするものである。他方，企業広告は，その事業内容や活動，企業哲学や理念などの伝達により，企業全体の評価やイメージを向上させるためである。それによって受け手に好意や好感を持ってもらい，親密度や信頼度を高めようとする。商品広告ではなかなか差別化できなくなっているため，企業全体での差別化を試みようとする企業広告は増えている。

また訴求内容による分類では，①情報提供型広告は，主に新商品の導入時に行われ，1次需要の創造を目的とする。その内容は，商品の長所や使用方法，価格など基本的な情報が中心である。直接，販売につながらないことも

多いが，顧客の認知や理解につなげる目的がある。②説得型広告は，市場導入後，商品ライフサイクルの成長期とされる時期に行う広告である。商品が市場に導入され，その後多くの後発商品が市場に導入された場合，競争が激化する。この時点において，その商品の優れている点を改めて訴求することにより，2次需要を創造することが目的である。③リマインダー型広告は，顧客に商品を忘れないようにさせるための広告である。PLCの時期では，成熟期に見られる広告である。忘れられないようにするために既に構築されたブランド・ロイヤルティを維持し，商品や企業イメージが残るように，よりインパクトが強い広告を打ち出す必要がある。

(3) 広告媒体選択と広告効果の測定

　かつての広告は，その広告を伝達したい標的を明確に設定せず，実施すれば何かしらの効果が得られると期待された。しかし，このような風潮は過去のものとなった。伝えたい相手に伝えたいことがきちんと伝わる仕組みを整備することが当然となった。

　伝達内容が明確になると，利用する媒体，時間や頻度なども検討しなければならない。そのため，媒体選択では，ターゲットに対しての理想的な頻度を考えなければならない。そこで広告の到達範囲，露出頻度（frequency：フリークエンシー），媒体タイプと媒体ビークル，タイミングの決定をしなければならない。

　到達範囲は，広告がある期間に一度でも届く個人や世帯数を表すものである。またフリークエンシーは平均的な個人や世帯が特定期間内に広告メッセージに接する回数である。これらが効果的に達成される媒体を選択することになる。媒体タイプには，テレビ，新聞，ラジオ，雑誌，インターネット，交通機関などがある。各媒体には長所と短所がある。そのため，それらと広告予算を考慮し，媒体選択を行う。また，新聞や雑誌は，通常の媒体であるが，特定の新聞や雑誌名を媒体ビークルという。当然，これらの媒体ビークルは発行部数により，到達範囲や露出頻度が異なる。

　広告効果の測定は，広告を行う事前と事後に評価を行う必要がある。事前

評価には想起，認知，説得力などの尺度がある。事後評価にはコミュニケーションや売上に与えた評価などがある。ただ広告を出すことにより，売上が上昇したという単純なものではなく，広告を出したことにより，売上が上昇したとはいえない場合もある。さらに商品や企業イメージの向上を広告目的とする場合，長期的な効果測定が必要となる。

3. コミュニケーション過程

(1) コミュニケーション過程の概要

　コミュニケーション活動では，広告に限らず，情報の送り手（企業）は，その受け手である顧客に伝達したい情報を準備する。生産者の広告の場合，商品の特徴を簡潔に表すメッセージであり，流通業者の場合は商品の品揃えや価格情報が中心となる。送り手は，これらの情報をエンコード（encode）する。エンコードは記号化（意味づけ）である。また送り手はエンコード化した情報を伝達する媒体を選択する。メディアを介して情報を伝達する過程では，それを邪魔しようとするノイズが発生する。広告の場合，テレビからメッセージが流れている瞬間に話しかけられたり，注意力を抜かれたりすることである。さらに，受け手はメディアを介して伝達された情報を自分なりにディコーディング（decoding）する。ディコーディングとは解読である。これは受け手なりに受け止め，理解することである。

　こうしたコミュニケーション過程では，送り手が意図したように受け手に情報が伝わることが期待されるが，必ずしもそうはならないこともある。しばしば，意図しないかたちで伝達された広告が問題となるのはその表れである。また，受け手は受け取った情報に対して，送り手に対してフィードバックする。広告における送り手にとってのフィードバックは，受け手である顧客の購買という行動になって現れることが望ましい。しかし，購買しないという結果も当然あり得る。

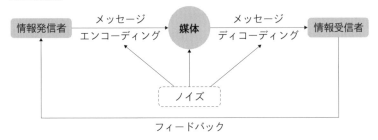

図表9-3 コミュニケーション過程の基本モデル

情報発信者 → メッセージ エンコーディング → 媒体 → メッセージ ディコーディング → 情報受信者

ノイズ

フィードバック

(2) コミュニケーションの反応過程

　送り手（企業）が，受け手である顧客にコミュニケーションをする場合，果たして何を意図するのだろうか。広告であれば，先にもあげたように商品広告は，その情報を提供したり，説得をしたり，忘れないようにすることを意図する。企業広告は，企業の知名度やブランドなど企業イメージの向上を意図し，コミュニケーションを行う。どの場合も，送り手は自らの商品を顧客に購買してもらうことを究極の目的とすることが多い。一方，顧客（消費者）は情報を受け取り，どのような反応（行動）をするのだろうか。

　これまで消費者が情報を受容し，その後の反応過程については，いくつかのモデルが提示されてきた。ここではその代表的なものを取り上げる。

1）AIDA モデル

　AIDA モデルは，注目（attention）→ 関心（interest）→ 欲求（desire）→購買（action）の頭文字をとったモデルである。消費者が情報（商品広告）を受け取り，その情報に対して関心を持ち，それに対する欲求が湧き，購買という行動になって表れる（反応する）。このモデルは，広告主の願望が反映されている。それは広告を提示すれば，顧客は関心を持ち，購買欲求が湧き起こり，すぐに購買行動を起こすというものである。しかし，このようなモデルの通りに消費者が行動を起こすことはほとんどない。

2）AIDMA モデル

　AIDMA モデルは，AIDA モデルの欲求と行動の間に記憶（memory）

が入る。これは実際の購買行動が AIDA モデルに比べ，やや反映されている。それは欲求を持っても，すぐに購買行動には移さず，記憶という過程が間に入るということである。

3）AISAS モデル

AIDA モデル，AIDMA モデルにしてもどちらもかなり古い広告（情報）に対する反応モデルであり，現在ではこのような企業の理想や願望に近い消費者の反応過程は見られない。また，消費者の反応は常に受動的な面が強調されている。そこでより現在の消費者に合致し，能動的な面を取り入れた反応モデルが AISAS モデルである。

AISAS とは，注目（attention）→関心（interest）→検索（search）→購買（action）→共有（share）の頭文字をとったものである。これは株式会社電通が 2005 年に提唱し，商標登録もしている。とくに現在の消費者を反映しているのは，情報を受容しただけでなく，その情報について調べ，検証する行動と，購入後その情報を他者に伝達す行動が含められる。

どのモデルも消費者の反応過程を単純化し，購買を見据えたモデルである。ただ，消費者が情報を受容しても，関心を抱いたり，検索したりしないままのことの方が多い。それは広告の送り手（企業）が適切な媒体により，ターゲットに到達せず，うまく解読できなかった可能性があるなど，原因は多様であろう。

いずれにしてもコミュニケーションにおいては，伝えたい相手だけに伝えたい情報が正確に伝わればよいが，現実にはそうはならないことの方が多い。それは伝えたい相手は明確でも，その行動がわかりづらいためである。それゆえにマーケティングでは消費者行動の解明を早くから行おうとしてきたといえる。

4. マーケティング・プロモーション（販売促進）

(1) マーケティング・プロモーションの概要

　マーケティング活動では，広告と販売促進（SP：sales promotion）はしばしば区別して考えられる。それは広告は長期的な効果を目的とし，販売促進は短期的な効果を目的とするためかもしれない。喩えるならば前者は漢方薬で，後者は西洋医薬かもしれない。

　販売促進は，その相手（対象）により，その方法が異なる。その相手は，生産者を主体として考えると，消費者，流通業者・販売員（営業担当者）に分かれる。

1) 消費者向けの販売促進

　　①ポイント・プログラム（point program：購買に応じてポイントを付与し，プレゼントや割引などを提供），②サンプル（sample：無料での商品提供），③クーポン（coupon：特定商品の購入に際して一部返金される証書），④値引き（商品の通常価格から値引きすること），⑤現金払い戻し（リベート，購入後の値引き），⑥POP（point of purchase：販売時点広告），⑦プレミアム（premium：景品），⑧賞品（懸賞，コンテスト，購入者に賞品を与えるチャンスの提供），⑨実演販売（demonstration：実演で商品の利点を訴求），⑩無料トライアル（無料での試用）などがある。またこれらは単独で行うのではなく，複数を組み合わせることにより，販売促進効果が得られる（Totten and Block（1990））。

2) 流通業者・販売員向けの販売促進

　　流通業者に対しては，①値引き（特定期間内の購入に対して，定価から直接値引きすること），②アロワンス（小売業者が商品広告を出したり，商品の手に取りやすい棚などに陳列したりすることに対する報酬），③無料商品（商品を余分に無料で提供すること），④販売コンテスト（販売店の販売量に応じた報酬），⑤販売方法の指導（陳列法の指導や宣材の提供など）がある。また，個別に流通業者の店舗内での販売員に対

し，ノベルティ商品を配布したり，展示会（trade show）などへ招待したり，売上コンテスト（一定期間の売上を競い，優秀者には賞品などを提供）なども販売促進に入れられよう。

(2) イベントと経験

1990 年代後半頃から「経験経済」や「経験価値マーケティング」という言葉が聞かれるようになった。これまでのマーケティング活動では，商品特性や便益性を訴求し，差別化を図ってきた。しかし，顧客ニーズには対応できなくなり，顧客に対して商品の機能や便益以外の「プラス α の魅力」を訴求する必要が出てきた。そこで楽しさ，快適さ，余韻など，心地よい経験が顧客を惹きつけるとし，経験価値マーケティングによる心地よい経験の創造に焦点を当て，それを追求する必要性が指摘された（Schmitt（1999））。

イベントを利用した販売促進の長所は，①リアルな体験が提供できることである。自社商品を顧客が実際に手に取って使うことで，広告などを利用した場合よりも多くの情報が得られる。体験により相違が理解できる商品であればより高い効果が期待できる。また②短時間で到達可能なことである。顧客に早く到達できるのは，イベント会場に足を運ぶ顧客は，商品自体に関心が高い。そのような顧客に短時間で到達できる可能性が高い。さらに③販売促進効果が高いことである。イベント開催には多額の費用が発生するが，その場に顧客が足を運ぶイベントは拡散力が高く，大きな販売促進効果が期待できる。とくに記憶に残り，拡散しやすい。

一方，イベントを利用した販売促進には短所もある。それは，①広報・宣伝活動が必要になることである。集客は顕著に効果につながるが，イベント開催を告知する必要がある。また②費用と労力がかかることである。イベント開催では，場所の手配や顧客への告知，備品設置や空間デザイン，運営スタッフの準備・管理など準備にかなりの費用と労力を要する。近年は SNS などで告知をすることが増えたが，相変わらず，メディア露出や広報・宣伝活動を行わなければならない。さらに③投資収益率が集客に左右されることである。イベント開催では，開催に伴う費用に対してどの程度のリターンが

得られるかという投資収益率（ROI：return on investment）に注意する必要がある。単にイベントへの来場者数を気にするのではなく，イベントによりどのようなインパクトを与えられたかも重要である。

　また顧客に実際に体験（経験）してもらう活動も盛んである。イベントと経験は区別して考えず，イベント会場に来場した顧客に対し，商品を経験してもらうということがある。店舗でも，かつては新車購入では，顧客は「試乗会」といわれても，単に座席に座り，せいぜいエンジンをかける程度で，一般道を走行することはなかった。現在では，試乗会イベントでは，顧客は新車に乗り，実際に一般道でハンドルを握り，運転する経験ができる。自動車は一般道を走行すれば，新車ではなくなってしまう。それゆえに試乗車を準備して実際に運転すると試乗車は中古車となる。したがって，販売側には試乗車を準備すること自体に費用がかかる。ただ実際に運転するという価値提供を受けた顧客は，以前のように運転座席に座ったり，エンジンをかけたりするだけではなく，一般道の運転というリアルな体験ができる。

　目に見える商品の体験だけではなく，いわゆるサービス業では，体験がそのサービス利用の入り口となることが多い。スポーツジムや学習塾など，体験の提供が販売促進につながっていることが多々ある。そのため，このような分野では既にイベントや体験による販売促進が行われている。

　これらイベントや経験という販売促進手段を利用する際にも，明確にそのプログラムを設計し，さらにイベントの内容を用意し，単に毎年開催しているから今年も同じというイベントではなく，内容は常に試行錯誤を重ねなければならない。実際にイベントなどを開催した際には，その活動に対しての効果を測定し，評価しなければならない。

（3）販売促進プログラムの作成と管理・評価

　マーケティング主体には，広告と同様，販売促進においても特定の誘因（incentive）について決定しなければならない事項がいくつかある。

　まず，販売促進による目標が達成できるように，インセンティブの規模を決定する必要がある。規模が決定すると，インセンティブを与える対象が不

特定多数か，条件付きの参加者であるかを決定する。次に，販売促進は短期的な成果を目標とすることが多いため，常に行わず，特定期間を設定する必要がある。そして配布方法の決定が必要になる。消費者向けの販売促進方法は複数あるが，各特性に合わせた，効果的な方法により配布しなければならない。またそれが最も効果を発揮する時機を決定する必要もある。最後に予算決定では予算により，販売促進方法は影響を受けるが，インセンティブ費用に予測販売量を掛けて算出することになる。

　販売促進プログラムは，多くの企業ではこれまで新製品の発売時期や，特定期間により販売されるような商品は，その少し前の時期に行われている。他方，若干販売量が減少したため，その減少を食い止めるために行うこともある。そのため，多くはこれまでの経験によりプログラムが実施されている面が強い。ただ，新しい販売促進を行う際には，新商品発売と同様，事前テストを行うこともある。事前テストの実施により，顧客の反応やプログラムの提供の仕方が適切であるかどうかを確認することもある。

　そして，広告と同様，販売促進活動も実行しただけで終わらせるべきではない。多くの費用をかけて行うため，かかった費用に対する効果を検証しなければならない。評価には多様な視角がある。販売促進により競合他社から自社に顧客を受け入れることができたり，顧客の商品に対する態度が変容したりすることなど，さまざまな視点から評価することもできる。

5. パブリック・リレーションズ

(1) パブリック・リレーションズの概要

　企業によるマーケティング・コミュニケーションには，人的コミュニケーション，広告・販売促進に加えて，パブリック・リレーションズ（PR：public relations）も含まれる。一般に PR は，企業イメージや商品を販売促進し，保護するように企画されたさまざまなプログラムを指す（Kotler and Keller（2007））。

PR は 20 世紀初頭に米国で発展した組織とその環境との望ましい関係をつくり出すための考え方および行動のあり方である。わが国には，1940 年代後半に米国から導入された。行政では「広報」と訳され，民間企業では「PR」という略語が使われてきた。その後「PR」は「宣伝」とほぼ同じ意味で使われ，本来の意味から乖離した。そのため多くの組織は，その職務を「広報」と呼ぶことが多い（日本パブリックリレーションズ協会ウェブサイト）。

　通常，PR には，①報道対策（企業をよく見せるためにニュースや情報を公表すること），②商品パブリシティ（publicity：特定商品のパブリシティを支援すること），③コーポレート・コミュニケーション（corporate communication：社内外のコミュニケーションを通して，企業への理解を促進すること），④ロビー活動（lobbying：法規制の推進あるいは廃止を目的として議員や官僚と交渉すること），⑤コンサルティング（consulting：平常時および逆境時のパブリックの問題や企業のポジションとイメージに関して，経営陣にアドバイスすること）がある。

　これらの活動を通して，マーケティング PR（MPR）は，パブリシティを一歩進め，①新商品発売の支援，②成熟商品のリポジショニングの支援，③商品カテゴリーに対する関心の構築，④特定の標的集団への影響，⑤社会問題に直面した商品の弁護，⑥自社商品に好意的に反映されるような企業イメージの構築という役割がある（Kotler and Keller（2007））。

(2) マーケティング・パブリック・リレーションズ

　MPR で使用される道具は，広告や販売促進において使用されるものと情報伝達という側面において重なるものがある。一方，直接販売に結び付くことを目的とせず，企業を取り巻く関係者など環境とのよい関係を構築していくことを目的とするため，異なる道具を使用することもある。

　MPR で使用される主な道具には，①刊行物（年次報告書，パンフレット，記事，ニューズレター，雑誌，視聴覚資料など），②イベント（記者会見，セミナー，屋外イベント，見本市，展示会，コンテスト，協議会，特別イベントなど），③スポンサーシップ（sponsorship：スポーツや文化イベント，

評価が高く社会的意義のある活動の後援)，④ニュース（企業，商品，従業員の好意的なニュースを発見したり，生み出したり，報道関係者にプレス・リリースを採用してもらったり会見に出席してもらうこと），⑤スピーチ（企業がマスコミからの質問に対応，業界団体や販売会議で講演する機会を通しての発言），⑥社会貢献活動（企業が良質な社会的運動に費用や時間を割くこと），⑦アイデンティティ媒体（企業ロゴ，文房具，パンフレット，看板，名刺，建物，ユニフォームなど視角に訴求するアイデンティティ）が取り上げられている（Kotler and Keller（2007））。

　前節まで広告，販売促進を取り上げてきたが，最近は広告効果が弱くなり，企業の多くがPRをマーケティング活動と連動させるようになった。MPRは企業や商品のプロモーション等を支援する活動であるが，かつてはパブリシティと呼ばれていた。パブリシティは，企業が商品情報などを積極的にマスコミに発信することにより，そのニュースに価値があると認められるとその情報がメディアで伝達されるというものである。広告よりも低費用で効果をあげられ，広告よりも信頼性が高い長所が指摘されてきた。

　またPRは，企業から社会への一方向的なコミュニケーションではなく，企業が情報発信することで，社会から理解されたり，協力関係が構築できたりという双方向的なコミュニケーションを目指す面もある。そこで発信した情報のフィードバックにより，より公共の利益に資する企業活動へと展開することが必要となってきた。そのため，MPRにおいても明確に目的を設定し，メッセージをつくり上げ，媒体や媒体ビークルを選択し，さらにその活動を計画通りに実施し，活動後には結果を評価する必要がある。

6. マーケティング・コミュニケーションの統合化

(1) マーケティング・コミュニケーション・ミックス

　マーケティング・コミュニケーションの手段として，人的コミュニケーション，口コミ，広告，SP，PRの5つを取り上げた。顧客に対して最適な

コミュニケーションを行うための組み合わせをマーケティング・コミュニケーション・ミックスという。

　本章では、コミュニケーションの手段を5つに分類したが、これにダイレクト・マーケティングを加えて6つとする場合もある。企業が選択可能なコミュニケーション手段は多数存在する。選択の際に考慮しなければならないのは、マーケティング・コミュニケーションの目的は何かである。PLCの導入期にある商品と成長期にある商品、成熟期にある商品では、選択すべきコミュニケーション手段は異なる。各段階において、コミュニケーションの目的も異なることから最適なコミュニケーション手段、あるいはその組み合わせをしなければならない。

　コミュニケーション・ミックスを決定する際、大きな壁となるのが費用である。多くのコミュニケーションには費用が発生する。その費用にもかなりの幅がある。多くの費用をかけたコミュニケーション手段であるからといって、最大の利益をもたらすわけではない。企業の予算に余裕のあるときには、コミュニケーション費用というのは割合支出しやすい。いざ企業を取り巻く内外の経済状況が厳しくなると、一気に削減されるのがコミュニケーション関連予算である。この制限された予算の中でも効果的なコミュニケーションを行うには、各コミュニケーション手段の長所や短所などの特徴を十分に踏まえた上でのベスト・ミックスとしなければならない。

　古くからマーケティング活動における販売促進では、プッシュ戦略とプル戦略が指摘されてきた。プッシュ戦略は、企業から顧客に積極的に商品を訴求し、購買を促すものである。一方、プル戦略は、顧客の需要を引き出すために、自然にその商品を欲しいと思わせるようなものである。前者はとくに生産者から流通業者を経由し、商品が顧客に届く過程において、マーケティング・チャネルに対し働きかけることが多い。後者は、生産者が広告や消費者向けの販売促進を行うことによって顧客に直接働きかけ、その商品を指名買いしてもらえるようにする。これらの特徴から、プッシュ戦略とプル戦略をうまく適合させることにより、より多くの顧客の支持が得ようとする。したがって、2つの戦略は相反するものではなく補完するものである。

(2) 統合型マーケティング・コミュニケーション（IMC）

統合型マーケティング・コミュニケーション（IMC：integrated marketing communication）は，1980年以降，米国において提唱された。そこでは企業のマーケティング活動が顧客から分断されていたため，企業と顧客との関係が損なわれているという問題意識があった。そこで成熟市場でのマーケティング・コミュニケーション活動における潜在価値を再認識し，コミュニケーション活動の戦略的統合により，さまざまなマーケティング目的の達成を図ろうとしている。具体的には，①顧客視点からマーケティング・コミュニケーションの再構築，②顧客だけでなく，企業内部を含めたあらゆる利害関係者（stakeholder）をコミュニケーション対象と把握し，③ステークホルダーとの多様な接点の活用，④接点を活用する際には企業とターゲットにおける双方向のコミュニケーションの確保，⑤ターゲットに伝達されるメッセージにおける一貫性の保持，である（熊倉（2008））。

とくに先にあげたコミュニケーション・ミックスは，企業視点から自らの商品の売上に寄与するようにコミュニケーション手段を組み合わせる視点が強い。そのような企業視点のコミュニケーション・ミックスでは，顧客にとってそれらの関係がつながらず，時には過剰なコミュニケーション・ミックスとなることもある。そのため，企業とは別視点を導入し，顧客視点によるベスト・ミックスが模索されることになったといえる。

そのため，企業内に多様なコミュニケーション対応を管理・調整する責任者を配置するなど，顧客からバラバラに見えたコミュニケーション手段を単に融合させるだけではなく，新しい価値を発見することも目指されるようになった。IMCは，顧客とブランドや企業とのすべての接点をメッセージ伝達のチャネルとし，顧客の購買行動に直接影響を与えることを目的とするため，顧客から出発し，あらゆる手法を駆使し，説得力あるコミュニケーションを実践する過程である（Schltz et. al（1993））。

顧客を中心としてさまざまなコミュニケーション手段が組み合わされるが，そこで顧客が各コミュニケーション手段を融合化して，これまでのコミュニケーション・ミックスとは異なるものとして受容することが求められ

る。そこで共感できる鍵となるのはブランドであり，ここではブランド・コ
ミュニケーションが中心となる。

本章のまとめ

　本章では，マーケティング・コミュニケーションについて，人的・
非人的コミュニケーションに分けて取り上げた。まず人的コミュニ
ケーションが非人的コミュニケーションと比較してより効果的に作用
する場面などに言及した。非人的コミュニケーションとして，広告に
ついて一般的な流れを説明した。そもそもコミュニケーションはどの
ような仕組みで行われるかについて改めて考えた。その上で，販売促
進を取り上げ，広告と販売促進の違いを長期的効果と短期的効果で説
明したが，各々の長所を組み合わせた販売促進が必要になる。
　コミュニケーション・ミックスは，多様なコミュニケーション手段
を組み合わせることにより，顧客に商品を訴求する。これは企業側の
視点が強いため，受け手である顧客には理解できず，期待した販売効
果が上げられないことが多い。そのため，顧客視点により，コミュニ
ケーション手段を統合化し，新たな価値を生み出そうとする IMC に
ついても取り上げた。

第 **10** 章

マーケティング・リサーチ

本章のポイント

　マーケティング主体（企業）が，ターゲットに設定したマーケティング対象（顧客）にマーケティング活動を行うには，単に企業の主観で行うと，そもそも対象が間違ったり，対象のニーズとはずれてしまう可能性がある。かつてのような供給量＜需要量の状況では，このようなことは考慮しなくても，顧客は入手できるものを多少の我慢をしながら消費・使用していた。しかし，供給量＞需要量の状況となると，顧客や市場について多様な情報を収集しなければ，企業の存続が危ぶまれるようになった。

　そこでさまざまな情報を収集し，その情報によって顧客（市場）を理解する必要が生じた。マーケティング・リサーチには企業にとって有意義な情報を収集し，それに基づいて商品に反映し，顧客満足を向上させる一助としての役割がある。本章では，収集する情報の種類を取り上げた後，その収集方法，収集したデータの分析方法について考える。

1. データの種類

(1) 1次データと2次データ

　しばしばマーケット・リサーチとマーケティング・リサーチは，同義と考えられることが多い。しかし，前者は供給者から需要者の手中に商品がわたり，使用・消費されるまでの流通過程を調査対象とする。またその質的側面と量的側面を調査研究するものであり，その変化も研究対象である（出牛(1990)）。後者は AMA の定義でもわかる通り，商品のマーケティングに関する諸問題について資料を組織的に収集，記録し，分析することである。これはマーケティングの諸問題を解決するため，外部の第三者機関，企業，またはその代理店によって行われることが多い。したがって，前者はある商品の市場全体が対象であるが，後者は個別企業のある商品（ブランド）などが対象であり，その焦点が異なる。

　マーケティング・リサーチによって収集しようとするものはデータである。データというと数字や記号が並んでいる状態を思い浮かべがちだが，文字，映像などを含めたすべての情報がデータであり，マーケティングでは後者のデータも重要である。

　データ収集は，企業において利用したいデータが既に官公庁や民間の調査機関などが調査し，存在している場合，そのデータが信頼に足り，企業が入手したいデータであれば，改めて調査を行う必要はない。そのようなデータの利用の際に経済的負担（費用）がかかっても，新たに調査を行い，データを得るよりも負担は軽くなる。こうした既に官公庁や調査機関が調査を行い，存在するデータを2次データ（secondary data）という。2次データは，内部データとして企業内にあるデータを指す場合もある。販売データや顧客データなどである。外部データは官公庁や調査機関が調査したデータ以外にも，新聞・雑誌などで公開している統計や刊行物などがある。ただし，それらを採用し，利用する際には，正確性，信憑性，適格性，適時性には十分注意を要する（柏木(1993)）。

他方，企業（マーケティング主体）が必要な2次データが存在しない場合，新たにデータを取得する必要がある。こうして新たに特別な目的で調査し，取得するデータを1次データ（primary data）という。つまり，1次データは，マーケティング主体が直面した問題を解決するために必要な直接関係するデータである。特定目的のために新たに収集されるデータのため，目的に応じたデータを収集できるが，1から集める必要があるため，収集，分析に時間と費用を要する。

（2）定量データと定性データ

　データは前項で取り上げた1次データ，2次データの区分の他，定量データ（quantitative data）と定性データ（qualitative data）というデータ自体の性質による区分がある。

　定量データは，明確な数値やデータなど数字で表現できる要素を持つデータである。企業においては，売上高や販売数量，従業員数，顧客数，価格，割合，さまざまな経営指標の変化率などである。定量データとして表現することで，数値的事実に基づいた誰が見ても共通の認識を得られる要素を明確にできる面がある。また，企業の経営活動やマーケティング活動の改善を行う際には，こうした実際の定量データに基づき，改善点とその程度を意識しながら行動することができる。売上高5％増加，販売数量10％増加というのは，元となる定量データが基準となり，設定される目標である。

　一方，定性データは文章や音声，画像などで表される数値化できないデータである。定性という意味は，数字では表現することのできない性質に関する要素を表現したものである。ものごとを質的に考えると，その目的やねらい，原因，関係性，意味，文脈などを明確にできる場合もある。食品メーカーが，販売している商品の味を消費者に質問し，「まろやか」「もっちりしている」という表現で返答された際には，こうした表現は数値化できない，まさに性質を表現したデータとなる。

　したがって，アンケート調査などを実施した場合，前者は数値で回答でき，後者は文字などの記述によって回答するものであり，単純に「はい・い

いえ」「1か0か」という回答ができない調査データとなる。

　これら定量データと定性データは，表現方法が異なっているが，最近では統計学やパターン認識など情報処理手法や情報技術の発展により，データ・マイニング（data mining）と呼ばれる技術により，定性的データでも定量的に解釈することが可能となった面もある。また企業は，定量データと定性データのどちらかを好んで使用する場合もあるが，どちらかのデータが優れているかという問題ではなく，各々の特徴をきちんと認識した上で，使い分け，両方とも取り込んで考える必要もある。

2. データ収集方法

(1) 調査対象

　マーケティング・リサーチでは，後からあげる種類によらず，調査対象を全部あるいは一部を調査対象として区分する。調査対象すべてを対象とする場合を悉皆調査（complete enumeration）という。一方，調査対象の一部を対象として調査する場合を標本調査（sample survey）という。

　1）悉皆調査（全数調査・全部調査）

　　調査対象すべてを対象に調査する方法である。調査対象全体を漏れなく，重複なく調査する方法である。この方法は，統計的手段による大量観察であるため，量的に把握できるものに限定される。全部を調査するため，その結果は非常に信頼度が高い。一方，統計調査機関の発達を前提条件にし，多額の費用が発生する短所もある。

　2）標本調査（サンプル調査）

　　調査対象全体（母集団）の中から一部の対象を抽出（サンプリング）して調査をする方法である。標本調査の長所は，全数調査の短所を補完する特徴があり，全数調査に比べ調査費用，時間，手間がかからない。一方，調査対象全部ではなく，一部分を抽出して調査するため，全数調査に比べ，結果に誤差が生じる場合がある。

したがって，全数調査と標本調査の各々の長所と短所を考え，短所を最小限に抑えるために有効な調査方法を選択することになる。

(2) 質問法によるデータ収集

データ収集方法には，一般的に質問法，観察法，実験法がある。質問法と観察法は，実態を可能な限りありのまま把握しようとするデータ収集方法である。実験法は，マーケティング変数（価格，広告媒体，広告表現，販売促進など）を意図的に操作し，商品の販売高・販売数量や認知率の変化などを明確にしようとする能動的なデータ収集方法である（恩藏（2006））。

質問法は，被調査者に対して用意した質問をし，データを収集する。その方法には面接調査法，電話調査法，郵送調査法，留置調査法，インターネット調査などがある。

1）面接法

個人面接（individual in-depth interview：デプス・インタビュー）と集団面接（group interview：グループ・インタビュー）がある。前者は調査員が被調査者に対面で質問し，後者は調査者が複数に質問する方法である。長所は，被調査者本人を確実に捉えられ，他人が代わって回答することはない。また回答に対する情報量が多く，被調査者の反応を見ながら質問順序を変更でき，複雑な質問もできる。言葉だけで説明が難しい内容には，視覚に訴えることもできる。調査者が優秀であれば，調査票の不備を調査過程で指摘することもでき，重要な情報を引き出せる可能性がある。短所は，調査員により得られる情報量，被調査者の回答内容にもバラツキが出ることである。さらに費用がかかり，地域が限定される問題もある。とくに集団面接では他の被調査者の影響を受けることもある。

2）電話調査法

電話によって被調査者に質問し，回答を得る調査方法である。世論調査などの社会調査でよく行われる。長所は，非常に広範囲の調査が可能であり，回答の回収が早く，面接調査ほど調査費用がかからないことで

ある。調査者を一ヵ所に集めて調査をすることもでき，その管理が容易な面もある。短所は，固定電話で実施する場合，近年は使用しない世帯が増加し，とくに若年世帯では少ないため，幅広い年齢に対して調査を行おうとすると偏りが生じる。簡単に答えられる単純な質問しかできず，視覚的な資料が使用できず踏み込むことができない。また被調査者には勧誘の電話と勘違いされ，調査協力が得られない場合がある。

3）郵送調査法

　被調査者に質問票を郵送し，回答，返送してもらう方法である。長所は，費用が比較的安価であり，調査対象地域を広範に設定でき，調査員が不必要で簡単な手順で調査ができることである。また質問内容にバラツキがなく，被調査者が本音を回答しやすい面もある。さらに回答をマークシート形式にするなどすれば，低費用での処理がしやすい。短所は，近年は送付先リストの入手が難しく，回収に時間を要し，返送（回答）率も低い。回答漏れが発生しやすく，調査内容が表面的，形式的なものとなる面もある。とくに被調査者が回答を始めても，質問数が多く，記述式の回答が多ければ最後まで辿り着かず，途中で回答をやめ，返送しない場合もある。返送はインセンティブ（謝礼）次第の面もある。

4）留置調査法

　予め調査者が被調査者の家庭や職場などに質問票を配布し，記入方法を指示した後，回答してもらい，後日指定日時に回収する方法である。長所は，面接法では回答しにくい質問でも回答を得やすい面があり，回収率が非常に高く，調査員が記入漏れなどのミスをその場で点検できる。短所は，被調査者以外が回答する可能性もあり，特定の個人対象に調査しようとしても実際は他者と相談しながら回答し，他者の影響を受けやすい面もある。さらに調査者が個別に家庭や職場を訪問するため，調査費用がかかる。

5）インターネット調査

　インターネットを介して被調査者に対して質問し，回答してもらう方法である。最近はよく利用される調査方法である。長所は，費用が非常に安く，ある程度自由度があり，調査対象地域が広範囲に及ぶことであ

る。被調査者は時間を問わず回答でき，結果を早く回収でき，処理の手間もかからない。視覚的な資料を提示することも可能である。一度きりの調査ではなく，間隔を置き，定点で調査することも可能である。短所は，被調査者の偏りが生じやすく，幅広い年代を対象に調査したい際には，カバーしきれない層も存在する。とくに調査会社に登録している会員が，回答する場合が多く，インセンティブ目当ての回答もある。調査会社は回答の信頼性を向上させようとしているが完全ではない。さらにパソコンだけでなく，スマートフォン（スマホ）を利用した質問調査が増え，それに飽きていたり，プライバシー上の問題を気にしたりして回答しない場合もある。

(3) 観察法によるデータ収集

　観察法は，被調査者を観察し，データを収集する方法である。これは，建設機械の使用状況など産業財分野でよく行われる方法である。また消費者が被調査者となる場合には，小売店舗内での行動調査などがある。

　店舗内での顧客の動線や行動，視線の動きなどを調査員が店舗に入り，被調査者に張り付き，入店から退店までの行動を観察し，記録する。これらを複数名に実施することにより，店舗内での顧客行動データとして収集し，分析できる。他方，小売業では，ある小売業の店員が他店舗（競合店舗）を訪れ，商品価格や品揃えなどを調査する場合がある。通常，他店調査というが，最近は外部人材が行う場合もある。さらに自社のサービスを調査する「覆面調査（mystery shopper）」もある。チェーン展開をする小売業やサービス業は定期的に実施し，サービス品質の向上や改善に活かしている。

　近年は，質問法などでは，消費者自身が気付いていないことをデータとして収集することが難しいため，個人家庭に入り，1週間生活を共にして，消費者の動きを観察し，情報を収集することもある。とくに家電メーカーや日用品・食品メーカーなどは，より消費（者）の内面にまで入り込み，コンシューマー・インサイト（consumer insight）を探ろうとしている。

　調査は調査者（ヒト）が行うだけではなく，さまざまな機械や装置も利活

用される。アイトラッキング（eye tracking）装置を使用し，被調査者の目の動きを追い，棚の商品のパッケージやPOPで対象者が注目する箇所，操作画面で目的のボタンを探す動きなど，目の動きを機械で観察し，情報を収集することもある。また顧客の店内行動も，調査員が観察せず，画像解析技術を使い，大量の調査対象者の行動を処理している場合もある。さらに店内に入った調査対象者の携帯端末の電波をセンサーで取得し，一度に多数の行動も記録できる。

（4）実験法によるデータ収集

　実験法は，独立変数（要因，因子，原因となる変数，原因となる要因）と呼ばれるいくつかの要因を操作し，従属変数（測定される成分，その結果現れること）と呼ばれる別の要因への影響を測定し，要因間の因果関係を探る方法である（恩藏（2006））。とくにマーケティングの戦略策定や実施計画の策定段階において，顧客の嗜好や購買の意思決定などに影響を与えている要因を探るために行われる。

　実験法では価格，パッケージ，広告媒体，広告表現，販売促進などの変数を操作し，それによって売上や認知率，購買意欲などの変化を観察する。小売業では，店舗内で複数の陳列方法を試し，その売上の相違を測定したり，複数の価格を試したりして，価格の相違による顧客の反応率を測定する。広告では同じ広告で一部分を変えた広告を掲出し，相違部分の認知率の相違を測定（split run：スプリット・ラン）したり，異なる表現を用いた複数の広告で顧客の反応がわかる項目を入れ，その反応人数の相違で広告効果を測定したりする方法（buried offer：ベリード・オファー）もある。つまり，試験的なマーケティング施策をエリアや販路などのサンプルを決めて実施し，実施しなかったサンプルと比較し，成果を測定するものである。

　また実験法は，商品のスペックなどを変更することにより，その評価を確認するため，商品開発の際には適している方法である。商品コンセプトを直接的に被調査者に評価させるのではなく，考えられる具体的なスペックの組み合わせを実験的に作成し，比較評価させ，被調査者の重視点・優先順位を

明確にし，スペックごとの効用値が算出できる。これをコンジョイント分析（conjoint analysis）という。

実験法の長所は，得られたデータは数値により統計学的に評価でき，売上や認知率などとの因果関係を探る際に用いることができる。また観察された解釈について対立する解釈を排除できる面もある。短所は，科学的な裏付けのある調査方法であるために信頼性は高いが，外部要因の影響を受けやすい。それは実験店であるブランドの値引き効果を測定しようとしても同一商圏内にある別の店舗が平常とは異なる価格設定をすると，その影響を受けてしまい，値引き効果を測定することができない（恩藏（2006））。

(5) フォーカス・グループと行動データによるデータ収集

1次データを収集するには，先にあげた3つ以外にもフォーカス・グループ（focus group），行動データなどがある。

1）フォーカス・グループ

定性調査の1つであり，商品や商品コンセプト，広告，アイデア，パッケージなどを集団に対して質問する方法である。基本的にはテーマを決め，被調査者に自由に発言をしてもらう。この様子を調査者はマジック・ミラーを通したり，録画して見たりする。

長所は，個人面接よりもフォーカス・グループの方がより自然な意見を収集でき，調査場所を選択することでさまざまな集団にアクセスでき，思わぬ問題提起をもたらすことがある。フォーカス・グループの考え方は単純で理解しやすいため，その結果も役立てやすい（信用されやすい）。また，個人面接を重ねるよりも費用はかからない。短所は，個人面接よりも議論の流れを制御できず，主題とは無関係の話題で時間が浪費されることもある。議論は集団内での発言に対する反応の繰り返しやある人の意見に流される面もある。そのため，司会役には特別な訓練が必要である。さらに，フォーカス・グループの人数は母集団を代表する標本数としては少ない。

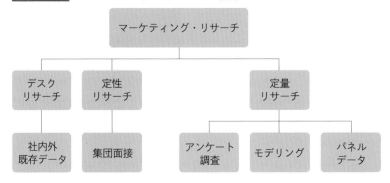

マーケティング・リサーチの種類

マーケティング・リサーチ

デスク
リサーチ

定性
リサーチ

定量
リサーチ

社内外
既存データ

集団面接

アンケート
調査

モデリング

パネル
データ

2) 行動データ

　被調査者の購買記録や購買行動のデータから情報を収集する方法である。代表的なものに POS データがある。POS データ分析により，購入商品，購入時間，一緒に購入した商品，数量，購入金額，購入場所などがわかる。ポイント・カードなど会員カードと組み合わせると，購入者のプロフィールがわかる。こうしたデータを集計，分析することにより，実際の顧客行動が把握できる。さらに別の調査結果と比較・参照し，調査結果間の差違も確認できる。ただこうしたデータ収集は，プライバシーの問題とも関わり，その利活用は慎重に行う必要がある。

3. マーケティング・リサーチ過程

(1) マーケティング・リサーチの目的

　マーケティング活動は何らかのデータに基づいて行われることが多い。食品ではそのパッケージや大きさや量，価格など，なぜそれに決定したのか，その根拠が求められる。そこでマーケティング・リサーチの結果，そうした商品になったといわれると，何かしらの手続きにより，マーケティング活動が行われているようにも思える。一方，そうした調査結果を持たず，いきな

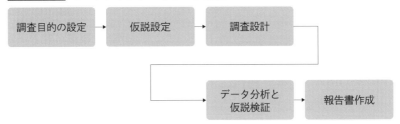

図表 10-2 マーケティング・リサーチ過程

調査目的の設定 → 仮説設定 → 調査設計

→ データ分析と仮説検証 → 報告書作成

り顧客の前に商品を提示し，その販売について期待した成果を得られなければ，調査をせずに市場に出したことを責められる。ただマーケティング・リサーチは，こうした言い訳のために行われるものなのであろうか。

　もちろん，マーケティング・リサーチをせずに，市場に出した商品が期待以上に売れることはよくある。世界的大メーカーの中には，マーケティング・リサーチを実施していないことを明言するメーカーもある。しかし，多くのメーカーは何かしらの確信，理由に基づき商品を市場に送り出したいだろう。そこで，マーケティング・リサーチを実施する際には，なぜ調査をする必要があるかを明確にしなければならない。そうしなければ，期待通りに販売できなかったことの単なる言い訳に使われるだけである。

(2) 仮説の設定

　マーケティング・リサーチ目的を明確にすると，仮説（hypothesis）の構築という作業に入る。日常のヒトの行動もそうであるが，無鉄砲に行動すると多くの無駄が生じる。そこで，おそらくこうした行動をすれば，こういう結果が得られるだろうということを予め想定して（考えて）おくことにより，無駄の発生を回避することができる。とくに企業がマーケティング活動に割く予算の中でリサーチに充てることのできる予算はごくわずかである。したがって，効率よくこの予算を使い，的確なデータが得られるようにしなければならない。そのために仮説を構築する必要がある。

(3) リサーチの設計

　仮説を構築した後は，調査設計を行う。ここでも目的を念頭に置き，具体的な作業を進めていく。主な調査設計では，サンプル設定，質問設計，調査方法の選択がある。これらを決定した後，実際の調査を行う。

1）サンプル設定

　　無作為に質問を行う調査もあるが，マーケティング・リサーチは目的が明確なため，サンプル設定もより適切な対象とする必要がある。この過程をサンプリングといい，これが適切に行われると，調査精度が向上する。他方，被調査者に最適なアプローチできるかどうかも，サンプル設定により変化する。そのため，被調査者数も考慮する必要がある。それはデータの信頼性の向上のためである。ただ，サンプル数が多くなればなるほど信頼性は高まるが，調査費用も嵩む。

　　対象全体のことを母集団（population）といい，それを構成する単位数を母集団の大きさという。この中から対象の集団を標本と呼び，母集団の構成単位の一部を抽出することを標本抽出という。標本に含まれる構成単位の数をサンプルサイズという（星野（2018））。

　　標本抽出方法には，①単純無作為抽出法が基本であるが，母集団から完全に無作為に調査対象を抽出するには時間と手間がかかる。そこで母集団の特徴を考慮する方法として，②層化抽出法（母集団を予めいくつかのグループに分け，各層から必要数の調査対象を無作為抽出），③クラスター抽出法（母集団をクラスターに分け，各クラスターからいくつかのクラスターを無作為抽出し，各クラスターで全数調査），④多段階抽出法（母集団を複数グループに分け，その中からランダムにグループを抽出し，そこからさらにグループに分け，ランダムにグループを抽出する作業を何度か行い，最後に抽出されたグループからランダムに抽出する方法），⑤系統抽出法（通し番号をつけた名簿を作成し，1番目の被調査者を無作為に選び，2番目以降の被調査者を一定間隔で抽出する方法）などがある（福井（2013））。

2）質問設計

　　内容だけでなく，その形式にも注意を払う必要がある。それはわれわれが被調査者となるとき，こうしてくれるともっと回答がしやすいのにと思うことと同様である。単に二者択一がよい場合やより詳細に質問した方がよい場合もある。とくに質問の流れでは，いきなり難しい質問をせず，回答しやすい質問から入る必要がある。したがって，質問の順序に配慮しなければならない。また企業や業界内では，日常使われる言葉には専門用語が多い。それは企業や業界では常識でも，被調査者が十分理解できない，全く理解していない言葉も多い。このような用語に関してはわかりやすい言葉に置き換えるか，説明を加える必要がある。さらに最後までアンケートに回答してもらうには，回答することに対するストレスを排除することが求められる。

　　質問設計は，作成者にとってはわかりやすく，うまく流れるものを作成したつもりでも，実際に行うと，調査目的に適合していないこともしばしばある。そのため，小規模なプレテストを実施し，質問の流れや質問項目，記述などでの問題などを発見する機会を設ける方がよい。これにより，調査実施で発生する問題を回避できる可能性もある。

3）調査方法の選択

　　前節で面接調査法などを取り上げたように，さまざまな調査方法がある中で，マーケティング・リサーチの目的に適い，調査のために割ける予算との関係で決定することになる。

（4）データ分析と仮説の検証

　調査後，そこから得られたデータを分析し，仮説を検証する必要がある。仮説とは「未知の事象に対して，ある程度の根拠をもって，確からしいと思われる洞察（https://cyber-synapse.com/dictionary/ja-ka/hypothesis-thinking-and-verification.html）」である。マーケティング・リサーチを単にデータ収集をすることと勘違いすることが多いが，仮説に対してどのような結果が得られたか，仮説が支持されなかった理由なども含めてその原因を追求する必

要がある。データ分析と仮説の検証は，報告書として整理し，マーケティング活動だけでなく，企業活動における意思決定に利用される。

　データ分析は，①検定（testing：回答スコアにおける差の判断），②因子分析（factor analysis：複数存在する項目を要約した上で特徴を把握），③クラスター分析（cluster analysis：サンプルや項目をグループ分けして特徴を把握），④コレスポンデンス分析（correspondence analysis：商品や企業などをマッピングし，各ポジションを把握），⑤回帰分析（regression analysis：要因と結果の因果関係を把握），⑥ディシジョンツリー分析（decision tree analysis：結果に対して効果的な組み合わせを把握），⑦一対比較分析（paired comparison：複数商品などの順位づけ（優先度）を把握），⑧コンジョイント分析（商品における最善の組み合わせを把握），⑨PSM分析（商品に対する価格帯を把握）などの方法がある。これらのうち，使いやすい分析手法を使うのではなく，あくまでも調査目的に合った，分析手法を選択すべきである。

　またマーケティング・リサーチでは，①探索型調査（現状を把握して仮説を立て，とくに課題がない状態で何か気付きを得たい場合），②因果型調査（仮説の因果関係の正しさを明確にする調査する場合），③記述型調査（実験などにより実際にどれくらい売れるかなど数量を知りたい場合）がある。とくに因果型調査では仮説の検証が重要である。

(5) 報告書作成

　調査報告書の概要は，図表10-3の通りであるが，報告書であるため，調査者本人や組織が理解できればよいわけでなく，第三者に対する報告という意義を明確にしなければならない。調査会社が依頼者（client：クライアント）へ納品する場合，クライアントにわかりやすく，かつ依頼内容に即して報告書を作成する必要がある。そこで①表紙・目次作成，②調査概要の詳細記述，③調査結果の概要提示，④調査結果を記載する。とくに調査結果は，調査目的，調査設計など，それまでの流れ，実際の調査実施の詳細を明記する必要がある。その上で調査目的に沿った形で，マーケティング・リサーチ

図表 10-3 報告書の概要

構　成	要　点
表紙・目次	
調査概要	調査の詳細について記述・結果解釈のための情報網羅・後日の調査の再現性
調査結果概要	調査の要約を構造的に整理・調査課題結果の明快さ・全体像の把握・マーケティング活動への示唆
調査結果	調査項目ごとに図表・コメントの記載・報告書全体のストーリー性・網羅性・資料的価値
資料	調査票・提示資料調査で使用した資料添付

（出所）鈴木敦詞：https://www.research-clinic.com/iv_suzuki_br_04/（2020.3.20）

の結果として，マーケティング活動への示唆を与える内容を記載する必要がある。⑤資料の添付は，調査のために作成したアンケートなどの質問票なども添付する必要がある。

4. マーケティング情報システム

(1) マーケティングに活用するデータ

　マーケティング情報とは，「新商品開発や市場シェアを高める，あるいは売上高を増加させるといったマーケティング戦略を立案する上で，必要不可欠なものであり，また，マーケティング活動展開の中で収集（日本リサーチセンター（2000））」される。こうして収集される情報は，先にあげたように1次情報と2次情報に分けられる。これらは独立したものではなく，企業がマーケティング活動を行うためには，各々をうまく活用する必要がある。

　企業の活動では，さまざまなデータ（情報）が収集される。これらの情報には，会計情報のように直接マーケティング活動には影響しない情報もある。他方，かつては販売情報などを収集し，それを集計する必要があったが，現在では情報技術の発達により，特段の努力をしなくてもシステムさえ

組んでおけば，自然に集まり，集計される。また小売店などのPOS（販売時点情報管理システム）情報により，時間や場所，数量，さらに他の情報と組み合わせることにより，「誰が」までが特定可能な時代となった。この情報により，企業はマーケティング活動を変更することも容易になった。まさに情報によりマーケティング活動が影響を受けている側面である。

　とくに星野・上田（2018）は，マーケティング情報を「集まるデータ」と「集めるデータ」に分け，企業のマーケティング活動の立案や評価について示唆している。つまり，これまで取り上げてきたマーケティング・リサーチで収集するデータは「集めるデータ」であり，それに加え企業活動の結果によって「集まるデータ」をうまく利用することが現在のマーケティング活動には必要である。

　昨今は，データを用い新たな科学的および社会に有益な知見を引き出そうとするデータ・サイエンス分野に注目が集まっている。そこではこれまで縦割りで扱われてきたデータを情報科学，統計学，アルゴリズムなど横断的に扱うことが志向される。そしてこのような業務に携わるスペシャリストである人材（data scientist：データ・サイエンティスト）へのニーズが高まっている。こうした人材は「膨大なデータ（ビッグデータ）から，ビジネスに活用する知見を引き出す中核人材（データサイエンティスト協会）」とされている。したがって，データ・サイエンティストは，ビッグデータを分析し，その結果から導かれた手法を活用し，企業や社会に貢献することになる。つまり，ビッグデータの分析により，そこで得られた結果をさまざまな事業に活用する使命がある。

　図表10-4からわかるようにビッグデータは，さまざまな機関や組織，個人から発せられた「集まる情報」である。マーケティング活動でこれらのデータを活用するには，情報の選別などきちんと情報の重み付けをし，適切に利用する必要がある。

図表10-4 ビッグデータ

ソーシャル・メディア SNSなど	マルチメディア 音声・動画など	センサーデータ GPS、ICカード など
オフィスデータ 文書、eメール など	ビッグデータ	webサイトデータ 購入履歴・ブログエントリー など
カスタマーデータ 顧客データ・投資データなど	オペレーションデータ POSデータ 取引明細データなど	ログデータ アクセスログ・エラーログなど

（出所）総務省（2012）（一部改）

（2）マーケティング情報システムの構成

　マーケティング情報システム（MIS：marketing information system）は，マーケティング意思決定者のために情報を収集，選別，分析，評価，伝達するための人員，装置，手順とされている。これは企業の内部データ・外部データ，マーケティング・インテリジェンス活動などを活用してつくられる（Kotler and Keller（2007））。

　マーケティング情報システムでは，①企業の内部データ（売上高，販売予測，予算，財務情報，在庫記録，顧客情報など）は企業内で生成されるデータである。②企業の外部データ（業界，出版物，政府刊行物・競合他社の分析など）は主に企業外で生成されるが，企業自身が関わっていることもある。そして③マーケティング情報データは主にマーケティング・リサーチにより収集したデータである。企業ではこれらの情報を蓄積し，分析するが，ここではSAS（statistical analysis system）やSPSS（statistical package for the social science），Excelなどが利用される。これらによりマーケティング情報システムは構成されるが，企業内外には多様データが集まり，集められ，情報の洪水状態である。この状態の中で，真に企業のマーケティング活動において必要な情報を選別，更新し，活用できるかが重要である。

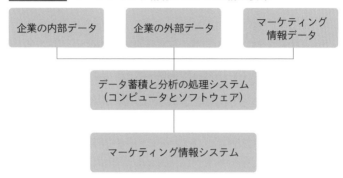

図表 10-5 マーケティング情報システムの構成要素

```
企業の内部データ     企業の外部データ     マーケティング
                                          情報データ

         データ蓄積と分析の処理システム
         （コンピュータとソフトウェア）

            マーケティング情報システム
```

（出所）奥本（2004）74頁（一部改）

本章のまとめ

　本章では，企業のマーケティング活動において，さまざまな影響を及ぼす情報の収集を中心に取り上げた。まずデータの種類についてマーケティング活動で使われる区分に言及した。データ取得方法も取り上げたが，重要なのはマーケティング主体にとって，必要な情報はどの方法によると取得できるかである。したがって，さまざまな要素を考慮し，データ取得の方法について決定しなければならない。またマーケティング・リサーチの一般的な手順について取り上げた。もちろん，この手続きは一般的なものであり，企業によってはこの間に別の手続きを踏む必要もある。

　かつてのように情報が枯渇していた時代とは一変し，膨大な情報で溢れるビッグデータの社会となった。これらの膨大な情報の中から有益なデータを抽出し，それを自社のマーケティング活動に活用していくことができるデータ・サイエンティストの役割の重要性にもふれた。

第11章

グローバル・マーケティング

本章のポイント

　世界中の国は政治，経済，文化だけでなく，他国とさまざまな関係を持っている。ただ，国というと国境を意識しなければならず，この境が多方面に影響する。現在，マーケティング主体である企業も，海外市場を視野に入れなければ，ある限度を超えて成長することができなくなった。とくに先進国では人口増加が止まり，わが国をはじめ人口減少時代に突入した。そのため海外市場を視野に入れることが必要となった。

　通常，企業が海外市場と関係を持ち始めるのは，輸出や輸入からであり，現地法人の設立・工場建設・店舗設置や現地市場の開拓などへと展開する。他方，わが国は開国以来，企業がどのように海外市場に対応するべきかという課題が議論されてきた。これまでマーケティング主体は，生産者（製造業）が中心であった。そのため生産者を中心としたグローバル・マーケティングが前提とされてきた面があった。しかし実際には，それ以外の業種も多く海外進出している。本章では，その他の業種のグローバル・マーケティングについても考える。

1. グローバル・マーケティングへの動因

(1) 経済のグローバル化

　現在の社会では，国際化やグローバル化がわれわれの日常生活の末端まで浸透している。食生活では，わが国のカロリーベースの食糧自給率は40％に満たず，60％以上を海外から輸入している。日頃身につける衣料品もほぼ国内産ではなく，わが国以外の国名が記されている。つまり，われわれの生活は，輸入された商品でほぼ成立している。

　一方，わが国から海外へ輸出されている商品には何があるだろうか。すぐ思い付くのが自動車やカメラ・家電製品である。かつては，これらの生産拠点は国内にあり，大規模港にはそれらが並べられ，輸出している光景を見ることができた。また港へ運ぶために大きなトレーラーが往来する風景も身近であった。しかし，1980年代の半ば以降，急速に円高が進み，次第に生産者の製造拠点は海外へと移転し，産業の空洞化が叫ばれるようになった。他方，モノの輸出は変化しているが，コトであるいわゆるサービスの輸出も実感できる。アニメなどは広く世界中で支持され，わが国からの一番の輸入品はアニメなどサブカルチャーと思っている外国人も多くいる。

　モノの輸出が変化した背景には，貿易摩擦だけではなく，安価な人件費や原材料調達の利便性など海外における生産優位性が強調され，多くの企業が海外進出を果たしたことがあろう。1990年代には多くの生産者が中国に製造拠点を建設し，大企業だけでなく，地方の中小企業に至るまで「中国（進出）ブーム」が起こった。しかし，海外に生産拠点を移すと，国内では経験しなかった多様な課題に直面した。言葉の問題や労働慣習，さらに国内ではあまり気にすることのなかった宗教や政治問題など，多くの問題にぶつかった。したがって，グローバル・マーケティング活動では，国内だけの活動では経験したことがなかったことにも向き合わなければならない。

　わが国の生産者は，生産だけでなく，国内から商品を輸出していた時期にも海外の顧客と接点を有していた。しかし，生産拠点が海外に拡大すると，

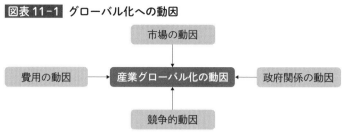

図表 11-1 グローバル化への動因

市場の動因

費用の動因　→　産業グローバル化の動因　←　政府関係の動因

競争的動因

(出所) Kotabe and Helsen (2001) p.126

現地で雇用する人材や市場拡大などの課題に直面した。雇用する人材は，直接企業のマーケティング活動とは関係がないように見えるが，工場などで働く従業者との関係づくりはマーケティングの課題である。また，わが国の消費者とは異なる市場の問題がある。わが国の気候は，北海道と沖縄を比較すると大きな差があるが，消費生活はそれほど大きな相違はないかもしれない。それは情報がほぼ均一であるからである。しかし，世界を見渡すとわが国とは全く異なる気候，人種，宗教，収入，職業，嗜好，気質など比較水準は異なるが，多くの相違が観察できる。したがって，グローバル・マーケティングが対応しなければならない市場は，国内市場とは大きく異なるものである。

　こうした国や地域における市場の相違は，わが国の企業だけでなく，グローバル企業と呼ばれる海外企業も直面する課題である。現在，世界を市場としている企業の活動は，グローバル・マーケティングに取り組んできた歴史と重なる。それでは，国内マーケティングとグローバル・マーケティングとの決定的な相違はどこにあるのだろうか。

　マーケティング主体によってその認識は異なるかもしれないが，マーケティングが生産者を中心として展開してきた経緯を考えると，まず生産者（製造業）のマーケティング活動について考えなければならない。そこで国内から海外市場を標的とする理由を考えると，企業が成長するためには市場拡大が避けては通れない。その背景には，先進国では人口増加が頭打ちとなり，急速に高齢社会へと突入していることがある。単に人口が減少しているだけでなく，人口構成がピラミッド型から，壺型，さらには逆三角形へと推

移すると，さまざまな面で消費力が低下する。とくに生産者にとっては市場が縮小の一途を辿ることは最も大きな脅威である。人口の変化だけでなく，企業が海外市場を目指そうとする際には，さまざまな動因について分析しなければならない。そのため，産業（企業）のグローバル化は，図表11-1にあげているようにさまざまな動因が働いている。

(2) 企業を取り巻く環境

　現在，本国以外に工場（生産拠点）を持ち，世界市場を対象にマーケティング活動を行っている企業は多く存在する。自動車メーカーや電化製品メーカーだけでなく，食品メーカーやアパレルメーカーなど多種多様である。生産拠点は本国を中心としているが，その商品の販売先である市場は全世界へと広がっている企業も多く存在する。果たしてこれらの企業は，どのようにグローバル市場を捉えているだろうか。

　一方的にある国やある企業の輸出量が増加していくと，その商品の輸入国との間で貿易摩擦が次第に大きくなる。その摩擦がさらに大きくなると，経済問題を超え，国と国との対立になることもある。これまでの歴史を振り返ると，これらの問題に端を発して紛争・戦争に至ったこともあった。そのため，さまざまな商品の貿易交渉が国家や地域間で行われ，貿易の枠組みが検討され，現在も継続して行われている。したがって，輸出マーケティングを行うようになると，国内マーケティングでは直面しなかった問題にぶつかってしまう。

　多くの企業は，貿易摩擦を回避するため，輸出先国での生産を検討し始めるようになる。現地生産では，まずその国や地域での人材雇用が期待され，原材料や部品などでも現地調達が行われると，進出国のさまざまな経済にも貢献する。ただこのような期待や貢献には，多くの犠牲も伴い，課題も発生する。生産については，本国で生産する商品の品質と同等品質の生産を達成する必要がある。生産者は，本国での生産水準よりも低下させることを嫌う企業も多い。しかし，同等の品質を達成できる人材を雇用し，訓練するには長い時間がかかる。

また多くの部品が必要な生産者の場合，当初は必要な部品のほとんどを本国から輸入し，現地で組み立てることから開始する。そして次第に現地での部品調達に切り替えていく。これらの部品は本国と同品質であることが必要であり，そのために部品を生産するサプライヤーも海外に進出してきた。とくに自動車のような裾野産業が広い産業の場合，海外進出は組立メーカー（自動車メーカー）1社だけではなく，ガソリン車であれば3万点近くの部品を生産するサプライヤーなどが何社も進出することは当然となり，大がかりなものとなる。図表11-2に示しているように企業を取り巻くグローバル環境は何層にも分かれ，さまざまなものがある。

図表11-2 企業を取り巻くグローバル環境

経済 ・金融不安・経済力 ・サービス業による 経済の牽引 ・個人へのプレッシャー	グローバル化と地政学 ・一極化の終焉 ・国境なきビジネス	規制と政策 ・政府による規制強化 ・財政難
自然と資源 ・環境問題 ・エネルギー供給の 多角化 エネルギー効率・ 資源の枯渇	企　業	社会と人口動態 ・加速する人口動態の 変化 ・次の10億の消費者 ・人材市場の変化 ・開かれた／接続され た社会

技術とイノベーション
・always-on・集団の力・カスタマイゼーション
・インテリジェントシステム
・ビッグデータの可能性と脅威・先端領域

（出所）松尾（2015）より作成

　他方，製品を海外で生産する場合，それを現地市場で販売しようとすると現地顧客の嗜好を取り込むなどしなければならない。国によっては商品（製品）規格を細かく規定している場合もあり，その際にはそれに従う必要がある。さらに本国では，顧客の嗜好に適合（市場適合）している商品でも，進

出国では適合せず，微調整あるいは大きな変更を強いられることもある。こうした市場において法律や規則などで定められ，市場情報として当然考慮しなければならないような情報の取得には，10章で取り上げたようなマーケティング・リサーチを行わなければならない。

　とくに企業が海外進出を検討する場合，進出を予定している国のマーケティング環境について，十分な環境分析を行わなければならない。外部環境分析だけでなく，生産をはじめとする事業活動の可能性について考える際には，自社の経営資源の内部分析も同時に進める必要がある。したがって，図表11-2にあるように，進出予定国の外部環境分析・自社の内部環境分析を十分に行った上で，進出を判断すべきである。

　先にあげたように1990年代はわが国の生産者間で，「中国ブーム」が起こった。それは製造業だけでなく，その後小売業やいわゆるサービス業などでも同様に起こり，多くの企業が中国市場に進出した。それからかなりの年月が経過したが，現在も現地に根を下ろし，事業を継続し，利益を出し続けている企業はどれだけあるだろうか。ブームの際には，競争企業が海外進出するため，バスに乗り遅れないようにという意識から「バンドワゴン（bandwagon）」現象が起こった。出遅れない，ついて行くことだけを念頭に置いた行動であった海外進出は自社で判断して行うべきであり，乗り遅れてしまうという判断では，海外事業を拡大し，継続することはできない。

2. グローバル市場への進出

（1）海外市場との取引関係

　海外との商品取引は貿易という。貿易では，売り手と買い手の間に国境がある。中間業者が介在しない場合を直接貿易，介在する場合を間接貿易という。売り手が買い手の市場に不案内な場合，貿易商社（単に商社あるいは商事会社）を介在させ，取引するのが一般的である。その後，直接貿易を行うメリットが大きくなり，直接投資（現地生産）へと発展し，今日に至る（林

田（2004））。ここでは海外との取引に当たってその形態を取り上げる。

　海外との取引は，これまであげてきたように輸出や輸入がある。単にモノの取引だけではなく，権利のやりとりや金銭の投入までさまざまなものがある。企業にとってどのような方法を選択し，取引を行うかはその企業の重要な意思決定事項となる。選択した方法により企業の成長が見られたり，またその逆の方向も見られたりするためである。

(2) 輸出

　売り手が海外に商品を販売する輸出の形態には，間接輸出，協同輸出，直接輸出がある。①間接輸出は，企業が自社製品を本国の中間業者を通して海外市場に販売する場合をいう。中間業者には，輸出管理会社（EMC），商社やブローカーが多い。②協同輸出は，一般的形態がピギーバック方式（piggyback：鉄道の台車にトレーラーやコンテナまたはトラック自体を積載して輸送する方式）による輸出である。これは企業が海外市場で商品を販売するため，現地や海外の他企業の流通ネットワークを利用する形態である。③直接輸出は，企業が自前の輸出部門を創設，自社商品を海外市場の中間業者を介して販売する形態である（Kotabe and Helsen（2001））。どれを採用しても，輸出しようとする企業には，発生する費用が異なる。そのため採用にあたって，短期的な戦術対応ではなく，長期的な戦略が必要である。

(3) ライセンシング

　ライセンシング（licensing）は，ライセンサー（licenser：ライセンスを許諾する側）である企業がロイヤルティと交換にライセンシー（licensee：許諾される側）である海外企業に所有資産の一部を提供する契約による取引である。ライセンス契約では，製造技術，特許，商標，デザインなどの使用に関する権利を提供する。ライセンシングは，生産者（製造業）だけでなく，いわゆるサービス業でも行われる。これは海外市場に浸透する1つの方法であり，経営資源をあまり必要とせず，海外市場の不安定性に晒されるリスク

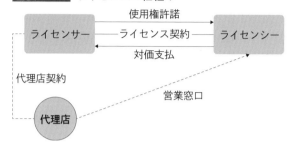

図表11-3 ライセンスの仕組み

も少ないとされる。ただ，ライセンシングから得られる収入は，輸出が生み出す潜在的収入よりも少なく，ライセンシーがライセンサーの商品や技術に完全に責任を持たないという短所もある（Kotabe and Helsen（2001））。

(4) 直接投資

直接投資の方法には，ジョイント・ベンチャー（JV），買収，完全所有子会社設立などがある。

1）ジョイント・ベンチャー（JV）

海外市場，とくに開発途上国など新興市場への参入でしばしば採用される。企業が参入しようとする国で新会社を設立するため，現地のパートナーと株式やその他の経営資源などの共有に合意する必要がある。通常，パートナーとなる企業は，現地企業の場合が多いが，現地の政府当局や他の国の海外企業，現地企業と海外企業の組み合わせなどもある。また商品について JV を形成することもある。

JV は，出資比率で過半数所有，半数所有，少数所有に分類される。JV の長所は，進出しようとする企業には，現地企業はその進出を検討しようとしている市場でのノウハウを有しているため，海外市場への進出が容易となることである。短所は，パートナー企業が当初から競争相手となる可能性もあり，利益配分や経営管理上，問題が起こる可能性があることである。いずれにしてもパートナー企業の選択と JV を形成した後も，その運営上課題に直面することもあるため慎重にパートナー企

業を選択しなければならない。

2) 買収 (acquisition)

　企業の海外進出に当たり，資金的に余裕がある場合，既存の現地企業を買収することも選択肢となる。これは，既存会社が既に現地で経営を行っているため，取引先など現地市場へのアクセスが他の場合に比べて容易となる。つまり新規に立ち上げる企業の場合，とくに販売先（マーケティング・チャネル）の開拓には苦労があるが，買収の場合はそのような苦労を考慮しなくてもよい。ただ，買収会社と被買収会社の間で企業文化において相違がある場合，乗り越えるのが難しい面がある。とくに人材管理については，国内企業であっても買収をし，1つの企業となった場合にはそれまでの各々の企業文化が影響し，すぐに融合することが難しい面がある。そのため，買収，被買収企業との間に国境がある場合，国内企業同士の買収以上に大きな課題があることは想像に難くないだろう。

3) 完全所有子会社

　100％出資し，海外市場に進出する場合である。海外市場での所有戦略には，先にあげた買収と新会社を設立し，事業を行う方法がある。企業はその事業を完全にコントロールでき，共同事業の場合に発生するリスクや不安を排除できる面がある。ただ，親会社は子会社において起こりうる損失のすべてを負担しなければならない面がある。したがって，そのような事態になると，本国の親会社の経済的負担は大きくなる可能性がある。

　企業が直接投資をする際，どの方法を採用しても，海外市場への進出は国内での取引やJV，さらに買収や完全所有子会社化の苦労以上に困難なことが多い。また，企業におけるグローバル市場への進出は大きな意思決定である。

3. グローバル市場での標準化戦略と適応化戦略 ————

(1) グローバル市場との適合性課題

　1960年代，米国の大規模生産者は，市場拡大のため，海外市場において
マーケティング活動を活発化させた。そこで「標準化−適応化問題」が浮上
した。企業が海外進出を検討する際，本国と同じ商品やマーケティング方法
を採用すべきか，それとも進出市場の特性に適合させ，商品やマーケティン
グ手法を変更すべきかが課題となる。前者のように本国と同様の方法で商品
やマーケティング活動を行うことを標準化戦略（standardization strategy：
グローバル化戦略）という。この長所は，本国市場と同じ商品や手法で進出
するため，効率的で費用が削減できることである。一方後者は，適応化戦略
（adaptive strategy：ローカル化戦略）と呼ばれ，進出先市場の特性に適応
させるために受容されやすいが，そのための費用や時間が必要となる（川端
（2017））。図表11-4にもあげている通り，各々長所短所があり，とくに短所
を各々がいかに克服するかが課題である。
　標準化戦略は，マーケティングの延長戦略，適用戦略ともいわれ，適応化
戦略は調整（adjustment）ともいわれる。こうした国際的な標準化か，現地
適応化あるいはそれらのバランスをとることに対しては，その限界が次第に
露呈してきた。また標準化／適応化に目を奪われると，企業の経営戦略全体
が見えにくくなる。その上で，「グローバル調整」という企業によるグロー
バル視点での競争優位の維持や強化戦略，組織の何らかの有機的な連結化に
よる調整や統合化の必要性も指摘されている（諸上（2004））。

(2) 現地市場における最適化戦略

　1980年代までは，企業が標準化戦略と適応化戦略のどちらを採用すれば，
長所が多いのか，あるいは短所が少なくなるのかという議論が中心であっ
た。これは企業が生産する商品や販売する商品，進出する市場などの環境要

図表11-4 標準化と適応化の長所と短所

	長　所	短　所
標準化	①規模の経済効果が得られる ②技術・ノウハウの蓄積 ③品質の向上 ④グローバル・ブランド効果	①現地企業の優位性 ②現地の法規制への対応 ③現地の文化への対応
適応化	①標準化に比べ、顧客満足度は高くなる ②顧客に合わせたマーケティング活動が可能	①規模の経済効果が得られない ②企業ブランドの低下

因によっても異なる。

　しかし，1990年代以降は，二者択一ではなく，両者を組み合わせた戦略が論じられるようになった。これはどの部分を標準化し，どの部分を適応化するのかという議論である。現在の企業は，標準化と適応化の組み合わせによる最適化を探求している。そのため，企業も研究者も現地適応化に軸足を移しつつあるが，費用がかかる行き過ぎた適応化をやめ，世界的に統一する部分を増やそうとする動きもある。その有効な手段として，グローバル・ブランドの確立が主張されている。背景には，世界的に有名なグローバル・ブランドは，商標やトレードマークだけでなく，商品名やデザイン，仕様を厳しく統一していることがある。つまり，世界標準の商品を統一したマーケティング手法で訴求することにより自社ブランドを確立している。それはブランド自体を訴求することで多くの市場に進出でき，顧客の商品価値に適合している面があるためである（川端（2017））。

　グローバル・マーケティングでは，標準化と適応化をマーケティング活動の両極とすれば，おそらく企業のマーケティング活動の最適解は，この間にある。ただ最適解は，時間の経過により，移動する可能性もある。それは進出国の環境や顧客変化に他ならない。したがって，国内マーケティングと同様，グローバル・マーケティングで考慮しなければならないのは，最適解と推測される位置の確定である。国内マーケティングにおける顧客反応は，グローバル・マーケティングでも同様に通用するものではない。その逆もしかりである。

　顧客（市場）は常に変化し，同じマーケティング方法により顧客対応を継

続していると，対応しきれなくなるだろう。標準化－適応化の議論は，これまで進出国の顧客対応の視点から，本国と同様あるいは進出市場に適合させようという議論であった。しかし，本国市場が標準と断定し，続けられるのだろうか。つまり，本国市場も急激な変化に晒されている。ここにおいてマーケティングの基本である「市場対応」を思い出すべきであろう。

　顧客が最終消費者である場合，標準的な顧客など存在しない。これはビジネス市場も同様である。しばしばマーケティング・リサーチでは，同じ都市でテスト・マーケティングが行われるが，それは平均的な顧客がその都市に多く居住していることを想定した上でのことである。したがって標準化を平均化と読み間違えている面もあろう。そこには固有のマーケティング・ミックスと新しいマーケティング・ミックスがある。さらに複数国に進出する場合には，そのバージョンが増える。世界的に使用するブランド（グローバル・ブランド）は同様のものを使用しても，提案価格，提供場所，提供方法がすべて同じではない。ほぼ同じ方法で提供しようとしている企業もあるが，多くは進出国によって調整しなければならない。したがって常に最適化を追求する姿勢を保持しなければならない。

4. 生産者のグローバル・マーケティング

(1) 商品政策

　企業のグローバル・マーケティングは，本国で生産した商品をそのまま輸出国で販売する段階から海外市場との関わりが生まれる。この段階は，輸出マーケティング段階であるが，進出先の販売代理店などに開拓を依頼し，これらを通して販売を行う。ただ商品によっては，進出先の規格に適合しない場合，調整（変更）しなければならない。自動車は，国によって多様な規制がある。そのために当初から輸出先国の事情により変更してきた。また輸出量が増加すると，輸出国先専用の製品ラインが構築された。食品や医薬品では，輸出先国の規制以外にも主要な宗教で摂取が禁じられている成分が入っ

ている場合，それらを除くような文化的対応とも呼ぶべきものが必要となる。輸出マーケティング段階でも，輸出先国の事情を考慮したマーケティングが行われてきた。これらは国内マーケティングとは大きく異なる商品次元における対応である。

　さらに進出先国の人口統計学的要素（年齢・性別・所得・職業・宗教・教育・人種など）や心理的要素（社会階層・ライフスタイル・パーソナリティ），地理的要素や行動要素（知識・態度など）により，商品を現地市場に対応させなければならない。わが国の企業は，国内市場でこれらの要素を理解した上で商品開発を行ってきたため，多くのノウハウが蓄積されている。一方，海外市場に対してはそのようなノウハウをあまり持っておらず，試行錯誤が繰り返されてきた。

　最近の商品政策ではブランドが重視される。そこで本国と同ブランドを使用するかしないかという判断が，グローバル・マーケティングにおける商品戦略でも意思決定が必要となる。本国と同ブランドを使用しようとしても，既に現地で登録されていたり，異なる意味で理解されたりするため，使用できない場合もある。そのため，ブランド調査をする必要もある。したがって，グローバル・マーケティングを行うために，商品は本国のマーケティング活動によるノウハウだけでは対応できず，新たなノウハウを取得し，開発するところから始めなければならない。

(2) 価格政策

　グローバル・マーケティングの第一目的は，新市場の拡大である。進出先市場が本国と似た経済状況であれば，価格政策は国内マーケティングとほぼ同様の手順により，設定すればよいかもしれない。しかし，経済水準が異なると腐心することになる。多くの場合，進出先市場は本国市場とは経済水準が異なるため，さまざまな要素を考慮した上での価格設定となる。

　本国市場よりも経済水準が低い場合，同様の商品を同様の価格で販売できない。その場合，品質を落とし費用を削減し，販売価格を下げる方法もある。家電製品では，機能の削減，材料変更により，販売価格を低下させるこ

とができる。さらに商品の量目を変更し，価格を下げることもある。

　他方，輸出の場合，海外市場へ販売するには関税の問題がある。近年は，協定等で関税がかからない場合もあるが，多くの場合は関税がかかる。そのため，生産拠点を海外市場やそこに近いところに移転してきた。またASEANのように一経済圏と考える場合は，近隣国で生産し，隣国で販売することでも販売価格が抑えられよう。

　したがって，グローバル・マーケティングにおける価格政策においても，国境が大きく影響し，これによって関税や経済的格差が発生し，顧客が価格から受容するメッセージも異なっている。8章で取り上げたが，価格も企業の1つのメッセージとすると，価格設定をする側（売り手）としても，進出国の状況を十分に考慮した上で価格設定を行う必要がある。

(3) マーケティング・チャネル政策

　生産者が自社商品を直接顧客に販売することは少ない。買い手が海外にいる場合，その可能性はより小さくなる。つまり，本国の生産者と海外の顧客間には，何段階かの流通段階（流通業者）が介在する。その際，流通業者をいかに選択するかが課題である。これは国内も同様であるが，自社で販売（流通）も手がけた方がよいのか，それとも他社に委ねるかは，企業の境界の問題である。さらに海外での販売を他社に委ねる場合，1社かそれとも複数企業とするかなどの意思決定もある。輸出マーケティングの時代は，輸入総代理店（exclusive import agent）にその販売を委ねることが多かった。その後，営業所や海外支店を設置した企業もある。どのような形でマーケティング・チャネルを構築するかは，国内と同様，すぐに変更ができないため，長期的な意思決定となる。

　さらに国や地域によっては，流通業が規制され，生産者の完全子会社が設立できない場合もある。こうした規制も商品規格上の規制と同様に考えなければならない。消費財の場合，消費者の購買習慣がマーケティング・チャネルの構築に影響することもある。わが国では，食品は多頻度小口で購買されてきた。そのため，消費者の身近な場所に小売店があった。他方，少頻度大

口購買を購買習慣とする国もある。この場合，近隣の小規模零細小売店に配荷する必要はほとんどなく，大規模大型店向けのチャネル構築が必要となる。そのため，流通政策でも進出国や販売先国の流通状況を考慮し対応する必要がある。わが国の場合，道路網が整備され，トラック輸送が一般的である。しかし，道路網整備が遅れ，温度管理ができるトラックが普及していない国では，物流における課題も大きい。したがってこれらの物流環境にも配慮しなければならない。

(4) マーケティング・コミュニケーション政策

　消費財の場合，マーケティング・コミュニケーション政策は，顧客が消費者であるため，その反応は国や地域によって異なる。テレビなどで消費財CMを流す場合，本国では問題のない表現でも，海外では表現規制の対象となっている場合もある。わが国では，比較広告はそれほど盛んではないが，商品機能の優位性強調のため，競合商品の具体的なブランドをあげ，積極的に行われる国もある。とくにマーケティング・コミュニケーションの相手が消費者の場合，その消費者の生活環境が反応に影響する。

　広告は，文化的要素が強く，その形成背景にも配慮する必要がある。また宗教的表現や人種差別など，本国ではあまり考慮する必要がない要素にも配慮しなければならない。さらにプロモーション手段として通常使われるものが，海外では規制されていることもある。懸賞の場合，提供できる賞品の上限金額は，国によって異なる場合もある。その上，本国とは異なる通信環境により，実施可能なコミュニケーション手段も異なる。

　これまで生産者の4Ps中心に国内マーケティングとグローバル・マーケティングの相違点を取り上げた。国内と海外，その距離を問わず，その間に国境があると，法律や制度，民族や人種，所得や職業，国の経済体制などの面で異なることが多い。マーケティング主体は，これらの相違を認識し，市場を世界に求める覚悟が必要だろう。そこでは，国内マーケティングではほとんど考慮しなくてもよい要素に注意を払わなければならない。

5. 小売・サービス業のグローバル・マーケティング ──────

(1) 小売業におけるグローバル・マーケティング課題

　前節では，生産者のグローバル・マーケティングの4Psを中心に取り上げた。現在は，生産者だけでなく，小売業やいわゆるサービス業も海外市場に進出し，事業活動を行っている。生産者が生産拠点を国内から海外へ移転するという段階では，直接マーケティングと関わらないこともある。それでは小売業やいわゆるサービス業の場合はどうだろうか。

　マーケティング主体が生産者を想定していた時代は過ぎ，わが国の小売業が海外市場へ進出し，他方で逆の動きもある。小売業のマーケティング活動は，小売マーケティングとして扱われている。そこでは生産者のマーケティング・ミックスと同様，小売ミックスとして，商品品揃え，店舗立地・面積，販売価格，営業時間，顧客サービスなどを適合させてきた。

　小売業の中心機能である商品品揃えは，わが国の国内では，卸売業者がそれをきめ細かく支援しているため，依存する場合が多い。しかし，海外市場では，卸売業が発達していないと，生産者との価格交渉など煩雑な業務が発生する。これを乗り越えなければ，顧客に多様な品揃えを提供することはできない。店舗立地や面積も，進出国や地域で制限されることもある。本国とは異なる売場面積の場合，品揃えや店舗内の運営でも異なった対応が必要となる。通常，小売業の販売価格は，仕入原価に粗利益を加えた価格であるが，本国と経済状況が異なる国では，販売価格の提示方法にも配慮しなければならない。また営業時間は，国によって規制される場合が多く，営業時間だけではなく，休日日数についても規則がある国がある。さらに顧客サービスは，わが国の場合非常に丁寧とされるが，国によっては袋詰めや包装サービスの概念がない国，配送サービスは有料が当然の国もある。

　小売マーケティングの視点から，小売ミックスの国内と海外市場での主な相違点をあげたが，海外市場で消費者に直接接する点でも相違がある。これらは業種による相違である。他方，消費者自身の相違は，商品陳列はわが国

では丁寧に陳列され，営業時間内にも整理されるが，国や地域によっては陳列に対して無頓着な消費者も多い。また国内では野菜や果物は，パッケージ陳列が多いが，海外ではそのままむき出しで山積することもある。店内のプロモーションでは，「2 buy 1 free（get）」など，わが国でも最近浸透してきている面もあるが，受容されるプロモーション活動にも相違がある。このような相違を理解した上で，現地店舗に適合させるか，それとも本国と同様に標準化を貫き通すかは企業の意思決定による。

（2）いわゆるサービス業におけるグローバル・マーケティング課題

　いわゆるサービス業は，国内では海外のサービス業者が，近隣の東アジアや東南アジアでは，わが国の外食チェーンが多く進出している。サービス業でも生産者とは異なるマーケティング対応が必要になる。サービス業には，対消費者だけではなく，対事業者，さらに対ヒトだけではなく，対物財サービスがあり，小売業よりも対応が複雑である。ここでは対消費者のサービスを中心に考える。

　わが国の対消費者サービスは，諸外国と比較すると一般に丁寧といわれる。サービス業が提供する商品には，無形性，消滅性，不可分性，変動性という有形財とは異なる特徴がある。これらの特徴は，サービス品質のバラツキともなる（犬飼（2017））。そのためサービス業のマーケティングは，これにいかに対応するかが生産者のそれとは異なる。これは国内，海外を問わずサービスが持つ特徴であり，グローバル・マーケティング特有の問題でもない。ただ，しばしば指摘される「おもてなし」をする人材教育は，やはり国内マーケティングとグローバル・マーケティングでは異なる点が多い。

　サービス業では，企業が従業員に対して行うインターナル・マーケティング（internal marketing）が取り上げられる（図表11-5）。もちろん海外進出企業は，管理者は本国から派遣される場合も多いが，現地の店舗などで顧客にサービスを提供するのは現地の人材である。これらの人材は，国民気質や民族気質，人種などでインターナル・マーケティングによる対応は異なる。とくにサービス業は労働集約的な作業が多く，人材により顧客に提供す

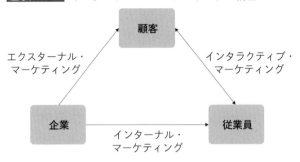

図表11-5 インターナル・マーケティングの構図

顧客

エクスターナル・
マーケティング

インタラクティブ・
マーケティング

企業

従業員

インターナル・
マーケティング

るサービスは均質ではない。そこで起こる品質のバラツキをいかに調整するかが，対消費者のサービス業の生産者とは異なる課題である。

本章のまとめ

　かつては「外国」「海外」といわれると，個人も企業も身構えていた。旅行や仕事でヒトの往来が増え，身近な商品が国境を越えて出入することが当然になると，「グローバル」は身近なものとなった。

　しかし，現在でも国境は厳然としてあり，貨幣の問題でもヒトの往来でもすべて自由ではない。また昨今の米国と中国のように経済摩擦が政治問題化するニュースを見ると，国境の壁は高くなっているのか，低くなっているのかさえもわからなくなる。本章では，国境を意識し，国境を越えた取引である貿易から取り上げ，さらにそれから進んだ企業との取引や提携，会社設立にも言及した。他方，国内の生産者が海外市場を視野に入れた際の標準化－適応化について，その長所と短所を中心に生産者，小売業者，いわゆるサービス業者におけるマーケティング活動の相違も考えた。ここではいかに現地の人材をマーケターとし，各国での顧客満足度を上げるかが鍵となろう。

第 **12** 章

ソーシャル・マーケティング

本章のポイント

　営利組織（企業）の目的は利益の追求である。それでは非営利組織の目的は何であろうか。それは多岐にわたっている。これまでマーケティングは，営利組織のものとされてきたが，1970 年前後に非営利組織のマーケティングの視角が明確になり，他方で営利組織における社会的活動にも注目が集まるようになった。そこで営利組織は，これまで射程に入れてこなかった社会責任や社会貢献についても対応が求められるようになってきた。この傾向は近年より強くなっている。

　本章では，営利組織の利益追求以外の別側面を取り上げた後，非営利組織におけるマーケティング・ノウハウの取り込みとその活動について取り上げる。そこでは急速に悪化する環境問題など世界で起こるさまざまな課題や問題に対し，マーケティングにどのような貢献ができるのかを考える。そして「誰 1 人取り残さない」をスローガンとして掲げ，全世界的な取り組みとなっている SDGs についても考える。

1. マーケティングの局面変化

(1) 企業の社会責任と社会貢献

　1970年代に入る直前まで，マーケティングはマッカーシーが提示した4Ps に代表されるように，営利組織（企業）の経営，経営者のためのものであった。つまり，企業が利益を得るためのマーケティングであった。

　第二次世界大戦後，米国の企業活動は戦前にも増して活発化した。それは企業経営にマーケティングを取り入れ，企業を動かす中核概念としてのマネジリアル・マーケティングが発展したことによる。しかし，これらの企業活動は，プラス面だけを生み出したのではなく，公害，環境汚染，エネルギーの枯渇問題，企業が立地する周辺居住者の生活環境の悪化，有害・有毒・危険な生産物などマイナス面ももたらすこととなった。

　このような状況に対し，市民運動家だけでなく，一般市民の声も大きくなり，企業における社会に対する責任，つまり企業の社会責任（CSR：corporate social responsibility）が次第に意識されるようになった。さらに企業による本業以外での社会に対する貢献も期待されるようになった。この2つの方向は，企業の「社会責任のマーケティング」と「社会貢献のマーケティング」として捉えられるようになった。

　他方，1970年代中頃から1980年代にかけ，社会変革運動も開始されるようになった。そこでは開発途上国における AIDS 予防や家族計画などの効率的遂行のため，多くのマーケティング学者もこの運動を支援した。こうした活動は，開発途上国におけるマーケティング手法を利用した経験が，これまでの企業におけるマネジリアル・マーケティングの発想や理論，方法にも影響し，その修正を促す動きともなった（Kotler and Roberto（1989））。

(2) マーケティング方法の非営利組織への拡大

　前節で取り上げたのは，営利組織が以前のような利益を追求するだけの活

動から，別の視角を企業経営に取り組む局面を指摘するものである。他方，マーケティング自体に着目すると，その活動は「市場対応」という言葉に集約できるように，いかに顧客に対応するかが中心である。その面から社会を見ると，マーケティングがさまざまな局面でも活かせることがわかり始めた。その1つが，マーケティング方法の非営利組織への拡大である。

　国や地方公共団体などに代表される非営利組織は，次第に公共サービスを強化し，その活動が注目されるようになった。これらの組織だけではなく，学校や大学，病院，美術館，神社や寺院の宗教団体など，営利組織の形態を一般にとらない非営利組織も効率的に運営することが期待されるようになった。ここで効率的という意味は，各組織が日常対応している人々にいかに対応できるかという意味である。そこで効率的な組織運営や事業運営のため，これまで営利組織の活動と捉えられてきたマーケティング方法を導入する動きが見られ始めた。これが非営利組織のマーケティングである。

2. 社会志向のマーケティング

(1) 社会責任のマーケティング

　1967年にレイザーは，営利組織（企業）が社会責任（CSR）を果たしていないこと，社会に積極的に貢献する視点に欠けている当時の米国社会の状況から，マーケティングが企業の社会的な責任領域に関与すべきことを示唆した。それより少し前にケネディー大統領の特別教書演説（1962年）では，「安全である権利」「知らされる権利」「選択する権利」「意見が聞かれる権利」という4つの消費者の権利が明確にされ，連邦議会に「消費者の利益保護に関する大統領特別教書」として提出していた。

　CSRに取り組む企業の考え方は多様であるが，1997年にエルキントン（Elkington, J.）は「トリプル・ボトムライン」を指摘した。これは図表12-1のように企業の事業活動において，①経済面（経済的業績，配当や内部留保，利益配分のあり方）だけでなく，②環境面（環境経営，環境に配慮した

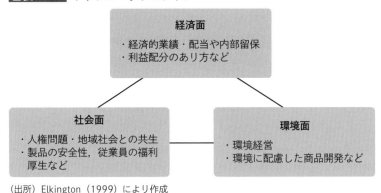

図表12-1 トリプル・ボトムライン

経済面
・経済的業績・配当や内部留保
・利益配分のあり方など

社会面
・人権問題・地域社会との共生
・製品の安全性，従業員の福利
厚生など

環境面
・環境経営
・環境に配慮した商品開発など

(出所) Elkington (1999) により作成

商品開発他），③社会面（人権問題，地域社会との共生，製品の安全性，従業員の福利厚生他）の3つに配慮し，自然環境や社会の持続可能性（sustainability：サステナビリティ）を高める経営を行うべきとするものである。

これまで企業は，法律を遵守し，利潤を上げることで株主に配当として還元し，経営者はその地位が保全されてきた。しかし，従業員，取引先，金融機関，顧客（消費者），地域などの企業の利害関係者（ステークホルダー）への対応も重視されるようになった。そこで現在の企業は，企業倫理の重視や情報公開を積極的に進めることにより，その影響に見合った社会の期待に応えるべき責任があることが明確になってきた。図表12-2にあるようにCSRは高次化していくものと捉えられている。

わが国でCSRが注目されるようになったのは，1960年代後半以降に各地で起こった企業と住民との訴訟が契機となった。4大公害による公害病（イタイイタイ病，新潟・熊本水俣病，四日市喘息），欠陥車問題やカラーテレビの二重価格問題などであった。石油危機の時代を迎えると，一部企業による買い占めや売り惜しみ事件などが起こり，企業に対する消費者の不信感は爆発した。その後，長い不況期などがあり，一時沈静化したが，1980年代終わりにはリクルート事件（リクルート社の関連会社リクルートコスモス社の未公開株を賄賂として政治家や官僚らに譲渡し，政界・官界・マスコミを

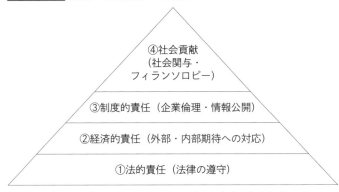

図表12-2 企業の社会責任の高次化

④社会貢献
（社会関与・
フィランソロピー）

③制度的責任（企業倫理・情報公開）

②経済的責任（外部・内部期待への対応）

①法的責任（法律の遵守）

(出所) 森本（1995）111-113頁、Carroll（1996）をもとに作成

巻き込んだ事件）を契機とし，再び CSR が問題となった。

　これに対し，経済団体連合会（経団連）は，「企業倫理に対する中間報告」を取りまとめ，企業倫理の確立を呼びかけた（宮田（2003））。1991年には，企業活動は人間性の尊重を維持し，全地球規模で環境保全が達成されるように「経団連地球環境憲章」を制定した。さらに経団連は，同年の証券・金融業界の一連の事件を契機として「経団連企業行動憲章」を制定し，①企業の社会的役割を果たす7原則，②公正なルールを守る5原則，③経営トップの責務3原則を盛り込んだ。1996年には21世紀の環境保全に向けた経済界の自主行動宣言として「経団連環境アピール」を行った。ただ，企業の不祥事は相次ぎ，1996年には「経団連企業行動憲章」を改定し，自己責任原則に則り，企業倫理を重視し，公正かつ自由な競争を指針とする憲章を制定した。

　その後も，食中毒事件，商品偽装事件，トラブル隠蔽事件など企業不祥事は次々に起こった。その他にも商品表示義務違反，産地偽装など生産者，流通業者など多くの業種・企業において，顧客の期待を裏切る事件が頻発した。そして，2002年に経団連と日経連が統合した日本経済団体連合会（日本経団連）は，同年に消費者の信頼獲得，政治，行政との健全な関係形成，情報公開など10原則からなる「企業行動憲章」を定めた。そこでは，①企業倫理に関する経営トップのイニシアティブ強化，②不祥事防止のための実効のある社内体制の整備促進，③不祥事が起きた場合の対応からの具体策実

施について，会員企業の自発的，積極的な取り組みを促した（日本経団連ウェブサイト）。

(2) 社会貢献のマーケティング

　前項では，企業の社会責任について取り上げた。ここでは企業の社会貢献のマーケティングを取り上げるが，CSR と社会貢献のマーケティングの関係は，企業が存在し活動することにより，マイナス面が発生する。そのマイナスをプラスマイナス0の状況までにするのがCSRである。他方，社会貢献のマーケティングは，企業が存在する意義について0からプラス部分を増やしていこうとするものである。

　企業の社会貢献活動の代表的なものが，フィランソロピー（philanthropy）とメセナ（mecenat）である。両方ともフランス語であるが，欧州の方が企業や個人も含めた社会への貢献への気付きは早かったといえる。

1）フィランソロピー

　　元来人類愛を意味し，個人や企業の見返りを求めない経済的支援である。米国においてフィランソロピーは，主に非営利組織に対する寄付の意味で使用される。営利組織が行うフィランソロピーは，①非営利組織（NPO：nonprofit organization）や財団など公益目的で活動を行う主体への寄付，②自主的プログラムの企画・運営，③ボランティア休暇制度やマッチング・ギフト制度などを通じ，従業員個人のフィランソロピー活動の支援，④助成や公益事業を行う財団設立，に区分できる。したがって，企業による活動分野は，環境や福祉，教育や文化・芸術，スポーツ，国際問題の解決支援など幅広い範囲として捉えられる（宮田（2003））。

　　わが国では，1980年代半ばに欧州のフィランソロピー事業の視察から始まり，1980年代終わりに海外事業活動関連協議会が発足した。1990年代には「1%クラブ（経常利益や可処分所得の1%以上を自主的に社会貢献活動に支出することを勧める企業や個人で組織された団体）」の発足により，次第に企業の社会貢献活動が顕在化した。1990年は

「フィランソロピー元年」とされ，企業の社会貢献だけではなく，個人を含めた貢献活動が活発化していった。とくに1995年1月に起きた阪神淡路大震災以降，個人のボランティア活動も活発化し，1998年には特定非営利活動促進法（NPO法）の成立により，多様な局面で社会貢献が隆盛し始めた。そして，2011年3月に起こった東日本大震災では，企業や個人によるボランティア活動へつながった。

2）メセナ

芸術文化の擁護・支援を意味する。古代ローマ皇帝アウグストゥス（Augustus）に仕えていたマエケナス（Maecenas）が詩人や芸術家を手厚く擁護・支援したことから，芸術や文化の擁護・支援をメセナと呼ぶようになった。企業におけるメセナは，企業のイメージアップ・企業文化の改善・社内での連帯感や顧客との新たなコミュニケーションなど，長期的かつ間接的なメリットを求める色彩が強い。わが国では，企業メセナ協議会（2011年に公益社団法人化）が1990年に設立された際，テレビ番組に協賛する意味のスポンサーではなく，協議会名にメセナを採用し，企業がパートナーシップの精神に基づいて行う芸術文化支援を意味するようになった（企業メセナ協議会ウェブサイト）。

他方，英語圏では芸術文化支援は，スポンサー（sponsor）を使用する。メセナは基本的に見返りを期待しない芸術文化の支援であるが，スポンサーシップは知名度向上や商品の販売量増加を期待する本業への副次的効果を期待した資金援助の色彩が強い（石川（2004））。

3. 非営利組織のマーケティング

（1）非営利組織の概要

非営利組織とは，狭義では特定非営利活動促進法（NPO法）に基づく，法人格を有する組織である。広義には営利組織以外を指しており，NPO法人格の有無によらず，地域問題や社会問題などに対し，不特定多数の利益の

ため市民らが自発的につくったNPOを含むボランティア団体や市民活動団体も含んでいる。組織形態では，公益社団・財団法人，一般社団・財団法人（非営利型），宗教法人，社会福祉法人，医療法人，特殊法人，NPO法人など公益法人からボランティア団体，市民活動団体，自治会，同窓会など法人格の有無を問わず，営利を目的としない組織である。これらの組織は，その名称からも活動は多岐にわたっている。

　非営利組織は，通常は政府とは別組織であるため，民間非営利組織という方が正確である。通常，非営利組織という場合には民間非営利組織を指している。またNGO（non-governmental organization）という言葉もよく耳にするが，これは非政府組織を意味している。国連での会議の正式な参加国以外の組織を指す言葉として，国境を越えて活動する組織に用いられる。わが国では，国際協力や環境分野の組織はNPOよりもNGOの方がよく用いられる。したがって，営利を目的としない点を重視したのがNPO，政府とは異なる民間の立場を重視したのがNGOである（日本NPOセンターウェブサイト）。

　このように非営利組織は，政府や地方自治体などを含まない，民間非営利組織が一般的であるが，本章では非営利組織に政府や地方自治体なども含めて考える。それは非営利組織のマーケティングという場合，これらを含めて考えるのが一般的だからである。つまり，株式会社など営利組織の目的は利益の追求である。しかし，それ以外を目的とする個人や組織の活動に対してマーケティング手法を取り入れ，それら組織のマーケティングを考えるため，広義の非営利組織よりも広く非営利組織を捉えている。

(2) 非営利組織のマーケティング特性

　非営利組織のマーケティングは，マーケティング境界論争と呼ばれる論争に発展した。非営利組織にもマーケティングを取り入れていくことは，コトラーやレヴィにより提唱された。そして，AMAによる1985年のマーケティングの定義は，非営利組織のマーケティングが含められたものに変更された（斉藤（2012））。ただ非営利組織が提供する商品や顧客は，営利組織のそれらと比較しても大きな違いがある。それを示したのが図表12-3である。非

図表 12-3 非営利組織の商品と顧客

非営利組織	提供する商品	顧客（対象）
博物館	文化鑑賞	一般大衆
全国安全協会	安全運転	自動車ドライバー
選挙の立候補者	正しい施策	被選挙権者
家族計画財団	産児制限	多産大衆
警察	安全	一般大衆
教会	宗教経験	教会の信者
大学	学問・教育	学生

（出所）Kotler（1972）を一部変更した石川（2004）178 頁をさらに一部改

営利組織では，その特性から複合的公衆，複合目的，いわゆるサービス中心，公開審査があげられる。これらは営利組織とは大きく異なる（Lovelock and Weinberg（1978））。

　①複合的公衆は，非営利組織では顧客・利用者と資金提供者の複数の公衆に対して活動をする。顧客は資源配分に関係し，資金提供者は資金吸引に関係する。②複合目的は，非営利組織では複数の目的を同時に追求する傾向にある。そのため，すべての目標を達成する事業策定は難しい。③いわゆるサービスが中心となるのは，ほとんどの非営利組織が生産するのはコトであり，モノとは異なる特性がある。そのため，マーケティング活動はより複雑になる。④公開審査は，公共サービスの提供や運営では助成金を得ていたり，税金を免除されていたりするためである。そのため，公開審査を受けることもある。これらの面は，通常の営利組織のマーケティング活動とは異なる。ただ提供する側と提供される側の関係が明確であり，それにより提供される側は満足などを得るという構図を考えると，通常のマーケティング活動の構図とほぼ同様となる。

　他方，非営利組織の商品提供を受ける対象者（顧客）についても考えなければならない。非営利組織の顧客の特徴は，営利組織では顧客に関するデータはこれまで多く蓄積されているが，非営利組織のそれは非常に少ない。また，非営利組織が顧客の満足度を向上させるために，営利組織のようなマーケティング・リサーチを行おうとしても，定性調査が多くなり，定量調査と組み合わせた有効なデータとなる可能性が少ない。それらは非営利組織における需要の特徴が関係するものと考えられる。

非営利組織における需要の特徴は，①負の需要（対象顧客の多くがその商品を嫌い，それを回避するために支出してもよい場合），②ゼロ需要（顧客が商品に無関心な場合），③潜在需要（相当数の顧客が既存の商品では満たされないものごとに強い意欲を持っている場合），④低迷需要（顧客の需要が期待したほど伸張しない場合），⑤不規則需要（季節，曜日，時間などで変化する需要に対応するが，それが生産能力を遊休状態や過重状態にする原因となる場合），⑥最適需要（組織が自らの事業の量に満足している場合），⑦過剰需要（組織が自ら扱える以上の需要を抱える場合），⑧不健全需要（不健全と考えられる商品は，組織的努力でその消費・使用を抑制する場合），などがある（Kotler（1989））。非営利組織では，このような需要が存在するため，これらを管理する必要がある。

(3) 非営利組織におけるマーケティング・ミックス

　これまで営利組織（企業）における4Psを中心としたマーケティング・ミックスを取り上げた。非営利組織に対して，マーケティング方法を援用するのであれば，マーケティング・ミックスも取り上げなければならない。ただ，非営利組織の目的は，企業のように1つではなく，多岐にわたっている。提供する商品はコトが圧倒的に多く，いわゆるサービス業のマーケティングとして捉える場合，モノ・マーケティングとの相違に注意しなければならない。さらに顧客には多様な需要があり，そのレベルも異なる。これらを念頭において，マーケティング・ミックスを考えなければならない。

1）非営利組織における商品

　　企業が提供する商品とは異なり，顧客によって変更が難しい。つまり企業では，顧客ニーズによりその仕様の変更，反応が悪ければブランド名変更や商品自体を変更するが，非営利組織では柔軟な変更はできない。また非営利組織の提供する商品は，企業以上にそのパフォーマンスを評価することが難しい（三浦（2006））。したがって，非営利組織の商品には柔軟性がなく，その商品による効用測定が難しい面がある。

2）非営利組織が提示する価格

　企業の場合，価格設定の下限は，生産費用であり，流通業者の場合は仕入費用である。一方，価格設定の上限は，顧客による「高過ぎる」という知覚による。われわれが美術館に入場しようとした際，非常に高いと感じたことがあるかもしれない。あるいは話題となった動物園に入場しようとした際，非常に安く感じたことがあるかもしれない。このように非営利組織では，営利組織とは異なった価格設定がされることが多い。ただ顧客が，美術館としては高いと感じる価格でも，それが鑑賞に対してのみ支払う価格ではなく，芸術作品を維持し，管理するため，またそのような文化芸術の保護に協力をしていると考えをめぐらせると，それまでの意識は変化するかもしれない。

3）非営利組織におけるコミュニケーション

　非営利組織の場合，ほとんどがコトを顧客に提供するため，その特徴を説明することは難しい。とくに販売促進には多額の費用がかかるため，営利組織のように多くの費用を割くことができない。またコミュニケーションは媒体を使ったものではなく，ヒトによるコミュニケーションが多い。国によっては，非営利組織の商品について広告・販売促進を禁止している場合もある。

4）非営利組織におけるチャネル

　非営利組織の提供する商品のほとんどがコトであるため，いわゆるサービスと同様，短いチャネルとなる場合が多い。営利組織が生産するモノであれば，流通業者などの仲介業者を経由することが多いが，コトの場合，その提供者が直接その対象者に提供する場合もあり，短いチャネルとなる。

　このように非営利組織のマーケティング・ミックスを描写すると，営利組織の商品とはかなり相違する面がある。ただマーケティングの根本である「市場対応」を考えると，商品，価格，コミュニケーション，チャネルはそのための道具に過ぎない。したがって，非営利組織では，企業よりも多くの制約があるが，その中で最大限努力することに大きな違いはない。

4. 個人や企業による社会貢献

(1) フェアトレードと社会的責任消費

　企業だけでなく，個人レベルでもできる社会貢献は何であろうか。それには1人ひとりが解決策を持っているかもしれない。また各々の解決策のレベルやそのインパクトは異なるかもしれない。それは企業でも同様である。

　企業レベルでは，フェアトレード（fair trade）商品の購入が取り上げられることが多い。フェアトレードの歴史は古いが，規模拡大は最近になってからである。これまで先進国の企業や消費者は，途上国や後進国といわれる，モノカルチャーの国の農産物を非常に低価格で入手し，それを加工し，商品として販売してきた。われわれが毎日飲んでいるコーヒーなどはその代表である。

　こうした農産物が現地でどのような状況で生産されているか，先進国の多くの消費者は知らない。またコーヒー豆やカカオという農産物が収穫されたときはどのような状態であるか，さらにはどのような木になっているかさえ知らないかもしれない。そして先進国の企業は，現地の農業生産者が過酷な生産現場で生産した農産物を低価格で買い叩き，原材料として生産過程に投入する。このような現実を受け止め，それを問題に思った先進国の買取業者や生産者が，農業生産者の労働に見合った価格で取引しようとするのがフェアトレードである。まさに公正な取引といえるが，ここでの公正は，搾取せず，その労働に見合った対価を支払うという意味である。フェアトレードにより取引された農産物は，当然であるが価格が高くなる。それを加工過程に投入すると販売価格（小売価格）も高くなる（石川（2017））。

　他方，消費者にはフェアトレードを謳い，販売価格も高い商品の購入が期待される。ただ同類商品で搾取され，販売価格が低価格に抑えられた商品とフェアトレード商品を比較して，どちらの商品を消費者は選択するだろうか。消費者が低価格の商品を求めるため，原材料を買い叩いているという理由が振りかざされる場合もある。他方で同じ人間同士であるため，自分たち

と同様に労働に見合った支払いがされるようにフェアトレードを支持する動きも拡大している。こうした自らの消費に責任を持ち，その源流に遡り，フェアトレードを支持する消費は，社会的責任消費といえよう。

(2) コーズ・リレイテッド・マーケティング

わが国の企業もグローバル化を進める中，海外企業との相違がクローズアップされるようになってきた。とくに海外の先進国企業が行っている活動は，単に営利追求だけでなく，それ以外のものの追求が明確になってきた。欧米の大企業に限らず，欧米の中小企業でもその活動は顕著となっている。

われわれが，しばしば驚かされるのは，億万長者といわれる個人による多額の寄付である。多くの所得があり，税金を支払うよりも寄付をした方が目立ち，それが企業のイメージアップにもつながるという単純なものではない。非常にきめ細かくどのように自らのお金を使えれば，社会が変えられるかを考慮したものとなっていることが多い。こうした1つの方向にコーズ（cause）・マーケティングあるいはコーズ・リレイテッド（cause related）・マーケティングと呼ばれるものがある。

コーズは「大義」を意味し，特定の社会課題を指す場合が多い。そこで企業が，その収益の一部を自身が社会課題と考える課題に取り組む非営利組織に寄付をする。あるいは商品の売上にかかわらず，さまざまな活動に支援する両方の活動を含めてコーズ・マーケティングという。こうした活動は，企業の売上の一部が特定目的に使用されることに代表される。米国では，企業によるコーズ・マーケティングは毎年増加している。また，コーズに関する意識や関心を高めるため，あるいはコーズのための資金調達，コーズへの参加，ボランティアの募集を支援する資金提供や物資の提供を行うコーズ・プロモーションも行われている（Kotler（2007））。

企業は通常の事業活動によって利益を得ているが，他方で社会的解決をしなければならない課題にも目を向ける。そのため，通常のマーケティング活動と社会課題への関心が重なる部分でコーズ・マーケティングが誕生したといえよう。したがって，売名行為ではなく，企業がこれまで見てきた市場に

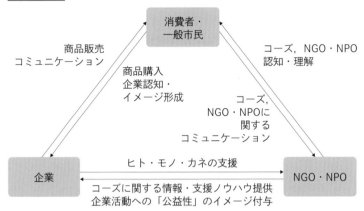

図表12-4 コーズ・マーケティングの仕組み

消費者・一般市民

商品販売
コミュニケーション

コーズ，NGO・NPO
認知・理解

商品購入
企業認知・
イメージ形成

コーズ，
NGO・NPOに
関する
コミュニケーション

企業

ヒト・モノ・カネの支援

コーズに関する情報・支援ノウハウ提供
企業活動への「公益性」のイメージ付与

NGO・NPO

(出所) 斉藤ひろ子 (2010)「企業とNGO／NPOの共同の視点から見るコーズ・マーケ
ティング」http://www.csr-magazine.com/archives/analysts/rep21_03.html
(一部改)

対する視野の拡大とその中で発見した課題に対する動きと捉えられる。

(3) 社会的責任投資

　社会的責任投資（SRI：socially responsible investment）は，投資家が資産運用上の投資基準として，財務的側面だけでなく，企業として社会責任（CSR）を果たしているかを考慮し，投資対象を選択することを意味する。倫理的投資，サステナブル（持続可能）投資といわれることもある。古くは，米国でキリスト教会が資産運用を行う際，タバコやアルコール，ギャンブルなどキリスト教の教えに反する内容の業種を投資対象から外したことがSRI の始まりとされる。わが国では，1999 年に設定された「エコ・ファンド」がSRI のスタンスで運用される投資信託（SRI ファンド）の最初といわれている（SMBC 日興証券ウェブサイト）。

　わが国では，2001 年8 月にSRI ガイドラインとして，倫理的側面から企業を選別する「R-BEC001」が公表された。企業倫理についても倫理法令遵守マネジメントシステム規格である「ECS2000」が公表されている。ほぼ同時期には，GRI（Global Reporting Initiative）というサステナビリティに関す

る国際基準の策定を使命とする非営利団体が，GRIガイドラインを出した。その後，改正を経て，2016年にはGRIスタンダードとして提示されている（サスティナビリティ日本フォーラムウェブサイト）。

さらにESG投資は，従来の財務情報だけでなく，環境（environment）・社会（social）・ガバナンス（governance）要素も考慮した投資が注目される。これは年金基金など大きな資産を超長期で運用する機関投資家を中心としている。そこで，企業経営のサステナビリティを評価する概念が普及し，気候変動などを念頭においた長期的リスク・マネジメントや，企業の新たな収益創出機会を評価するベンチマークとなってきた。わが国でも投資にESG視点を組み入れることを原則として掲げる国連責任投資原則（PRI）に対して，わが国の年金積立金管理運用独立行政法人（GPIF）が2015年に署名し，ESG投資が拡大している（経済産業省ウェブサイト）。

(4) 持続可能な開発目標 (SDGs)

前項では，投資家が企業への投資を検討する視点において，単に経営成績により，投資を判断するのではなく，企業の社会貢献や地球全体の大きな課題である環境問題への取り組みなど，多角的な視野により投資を決定する枠組みを取り上げた。

他方，持続可能な開発目標（SDGs：sustainable development goals）は，2001年に策定されたミレニアム開発目標（MDGs：Millennium Development Goals）の後継として，2015年9月の国連サミットで採択された「持続可能な開発のための2030アジェンダ」に記載された。この文書の中核である「持続可能な開発目標」がSDGsであり，2016年から2030年までの国際目標とされている（外務省ウェブサイト）。

SDGsは，MDGsに代わる新たな世界の目標として定められたが，MDGsでは，①極度の貧困と飢餓の撲滅，②初等教育の完全普及の達成，③ジェンダー平等推進と女性の地位向上，④乳幼児死亡率の削減，⑤妊産婦の健康改善，⑥HIV/エイズ・マラリア・その他疾病の蔓延防止，⑦環境の持続可能性確保，⑧開発のためのグローバルなパートナーシップの推進，という8つ

図表12-5 持続可能な開発目標

（出所）https://www.mofa.go.jp/mofaj/gaiko/oda/sdgs/index.html
（2020.4.20）

の目標を掲げていた（外務省ウェブサイト）。SDGs は，17 の目標を達成するために必要な具体目標（ターゲット）が，各々5〜10 程度，全部で 169 設定され，地球上の「誰 1 人取り残さない（Leave no one behind）」ために動いている（外務省ウェブサイト）。

　MDGs は大きな話題や動きとはならなかったが，SDGs は 1 つの潮流となりつつある。よく見かけるのは正方形の表示にピクトグラム（pictogram）で 17 の目標が表示されている（図表12-5）。企業では，これらの目標への取り組みを示すため，カラフルな 17 色の円形のバッジを社員が身に付けていることもある。これらは企業だけが取り組むのではなく，国や地方自治体，民間非営利組織なども取り組む必要がある。こうした動きを多くのヒトや組織に浸透させ，実行する際には，マーケティングの力が必要となる。

本章のまとめ

　本章では，マーケティングの局面が大きく変化し始めた1970年前後の動きから取り上げた。マーケティング研究では，マーケティング手法を非営利組織へと拡大する境界論争が大きな転換点であった。しかし，現実の社会では企業活動においてマーケティングの考え方や手法は既にさまざまな面に取り入れられてきたことがわかる。

　そこで，非営利組織を中心にその定義，その特異性などをさまざまな視角から取り上げた。そこでは非営利組織が顧客に対して提供する商品などの組み合わせによるマーケティング・ミックスについても考えた。またソーシャル・マーケティングといわれるが，実際には企業の社会責任と社会貢献分野，そして非営利組織のマーケティング活動について大きく分かれる。昨今のコーズ・マーケティングでは，両者の融合する部分，SDGsでは営利組織と非営利組織を線引きすることなく，「誰1人取り残さない」ためにはマーケティングに改めて大きな期待がある。

第**13**章

ビジネス・マーケティング

本章のポイント

　マーケティングは，これまで消費財生産者による最終消費者に対する活動が中心となってきた面がある。しかし，取引（売買）される商品には多様なものがある。生産財や産業財と呼ばれ，その市場規模が消費財市場をはるかに凌ぐ規模となる商品もある。ただこの大規模な市場について，市場や取引（交換）を鍵概念として扱うマーケティングには，長い間ほとんどふれられてこなかった。

　しかし，市場対応するというマーケティング活動の本質に立つならば，当然，取引される商品が生産財や産業財であり，顧客が最終消費者以外であってもその活動や研究の範疇とすべきであろう。これらのマーケティングは，生産財マーケティングやインダストリアル・マーケティング，BtoB マーケティングと呼ばれている。本章では，消費財以外の商品であり，顧客が消費者以外というビジネス・マーケティングについて考える。

1. ビジネス市場

(1) ビジネス市場研究の遅れ

　これまでマーケティングの主体として生産者（製造業者・メーカー）を取り上げてきた。しかし，生産者はゼロから商品を生産していることは少ない。その原材料を自社で生産（製造）している場合もあるが，通常は仕入先である供給業者（supplier：サプライヤー）から購入（購買）している。これまでこの部分の取引にはあまり光が当てられてこなかった。マーケティングではこうした原材料取引は置き忘れられたかのような面もあった。

　生産者が生産した商品（消費財）を直接最終消費者に対して販売することは直接流通と呼ばれたり，ダイレクト・マーケティングとも呼ばれたりする。こうした生産者が顧客である消費者に直接販売する場面は，これまでもマーケティングで扱われてきた。流通業者（小売業者）が消費者に販売する場面は，マーケティングでも取り上げられるが，生産者が流通業者に対して販売し，流通業者が他の流通業者や企業に販売（再販売）する場面はあまり取り上げられてこなかった。つまり，川上におけるマーケティング活動はあまりふれられない。

　他方，流通論では生産者と流通業者の取引や生産者と組織購買者（産業用使用者）との取引は，マクロ的視点からふれられる。なぜこのような状況になったのであろうか。それは研究も同様である。そのため，企業対企業における取引を専門として研究している研究者は少ない。

　本書では，5章で最終消費者であるその行動について1章分を割いている。本章では組織（企業）の行動を取り上げるが，これにふれているマーケティング関連の書籍は少ない。わが国で組織を購買者として全体が執筆されているものは，高嶋（1998），余田（2011）などわずかである。このような状況となった背景には何があるだろうか。

　企業が購買者となる場合，組織購買者として経営学や組織論で取り扱われてきた。そのため，マーケティングでは他分野に踏み込まない意識が働いた

かもしれない。また取引される商品について，マーケティングで扱われる商品は消費者を射程に入れるため，消費者にわかりやすい商品である。一方，生産財や産業財といわれる商品は，その組成や取扱方法など，日々の業務において何らかの係わりでもない限り，一般の消費者にはわからない。研究者はある特定分野の商品分野の専門家ではあるが，生産財や産業財一般を網羅できるような研究者はいないだろう。それゆえ，マーケティング研究や実践ではビジネス市場を対象とした研究が遅れたのかもしれない。

　ただビジネス・マーケティングの始まりは，コープランド（Copeland, M.T.）による製品類型論からとされる（余田（2004））。そこでは組織などが購買する財を，設備用機器，業務用消耗品，用度品，加工材料部品，原材料の5分類とし，各々の製品特性，購買方法，販売促進方法をあげている（Copeland（1924））。コープランドの分類は，消費者の購買行動の相違による最寄品，買回品，専門品はしばしば引用されるが，企業が購買する商品分類はあまり取り上げられてこなかった。

(2) 企業における購買

　それでは企業（組織）において，商品を購買，仕入れるとは何を意味するのだろうか。企業とくに生産者は，原材料，部品，工場設備や機械，消耗品，いわゆる企業向けサービスを購買している。消費者の日常のように食料品や日用品を購買するほど，頻繁ではないが，原材料や部品などは，生産を継続している限り，頻繁に購買している。

　こうした企業における購買を組織購買という。組織購買は，企業が購買対象となる商品のニーズを確立し，複数のブランドや供給業者を特定し，そこから選択する意思決定過程である（Webster and Wind（1972））。組織購買はビジネス市場で行われるため，消費者市場とは異なる点が多くある（Kotler and Keller（2007））。したがって，先の定義からは，購買を検討する商品を決定する際には，ブランドや供給業者を決定する必要があり，選択過程で意思決定しなければならない。この点は，消費者の購買意思決定過程（5章）と似ている。それ以上に消費者の購買意思決定過程とは異なる点も

第**13**章

ビジネス・マーケティング

多い。

　また消費者の購買意思決定過程でも，消費者自身が単独で決定しているのではなく，多くのヒトや情報が影響し，購買決定に至る。組織でも購買意思決定過程は，消費者の意思決定過程以上に複雑で時間を要する。わが国の企業における意思決定は，これまでボトムアップ型と指摘されてきた。一方，米国の企業における意思決定はトップダウン型であると，いささか紋切り型の説明がされてきた。そしてボトムアップ型の意思決定を象徴するものとして「稟議制（bottom-up decision making process）」がある。

　稟議制は，自身に決定権限がなく，上位者の決定が必要な重要な事項について，稟議書を作成し，回覧や持ち回りなどにより関係者の決裁（印鑑）をもらう制度である。こうした稟議制の中で，組織の中で自身に購買の意思決定権限がないものについて起案し，関係者に決裁を仰ぎ，最終的に決裁者（意思決定権限者）に購買の意思決定をしてもらう。つまり，形式的な手続きであるが，組織ではこうして組織購買について決定されることが多い。

　わが国ではこうしたボトムアップ型の意思決定が一般的であるが，もちろんすべての組織でこうした制度を取り入れているわけではなく，購買担当者のみが決定することもある。それも組織に属するヒトによる組織購買決定の1つである。したがって，組織購買といっても複数のパターンがある。

(3) ビジネス市場

　それでは組織購買の集合体であるビジネス市場とはどのような市場なのか。これまでマーケティングが対象としてきた市場は消費者市場であった。これは個人や家庭（世帯）の消費支出により形成される市場である。一方，ビジネス市場は企業や公的機関の購買で形成される市場である。基本的には事業者同士で形成される。これらの市場規模は，経済産業省により公表されている「産業連関表」では，前者が約1/3であり，後者が約2/3である。したがって，ビジネス市場の方が消費者市場の2倍の規模がある。

　また通常のマーケティングをB to C（Business to Consumer）と呼び，ビジネス市場をB to B（Business to Business）というときがある。元来はイ

図表13-1 ビジネス市場の特性

市場特性	概　要
①少数の大規模購買者	通常は，消費者市場と比べ，より少数の大規模購買者との取引が中心となる。
②供給業者と顧客の密接な関係	顧客基盤が小さく，大規模顧客の重要性や影響力が大きいため，供給業者は企業顧客の個々のニーズに合わせ商品を適合させる必要がある。
③専門的購買	購買は専門の訓練を受けた購買担当者が組織方針・制約・要件を勘案しながら行う。
④複数の購買影響者	組織購買では意思決定に影響を与える人が多く，重要商品の購買では，委員会が組織される場合もある。
⑤複数回における営業訪問	販売過程に関わる人が多いため，受注を得るために必要となる営業訪問回数も多い。
⑥派生需要	生産財需要は，消費財需要から派生したものであり，消費者の購買パターンも観察する必要がある。
⑦非弾力的需要	多くの商品の総需要は非弾力的な場合が多く，価格変動の影響をあまり受けない。
⑧変動需要	企業向け商品の需要は消費者向け商品の需要よりも変動幅が大きくなりやすい。消費者需要の僅かな増加が企業の大幅な振れとなる。
⑨購買者の地理的集中	企業立地あるいは購買担当部署が所在する立地が都市などに集中するため，販売コストの削減に役立つ。
⑩直接購買	企業購買者は仲介業者を通さず，生産者からの直接購買が多い。とくに複雑な技術を要するものや高額なものほど多い。

（出所）Kotler and Keller（2007）翻訳（2008）123頁を簡略化して整理

ンターネット上での各取引をこのように呼んでいたが，次第にリアルな取引もBtoCやBtoBと呼ぶようになった。

　ビジネス市場は，商品を他の商品生産に使用するために購入するすべての組織から形成される。そのため，ビジネス市場を形成する主要産業には，農業，林業，漁業，工業，製造業，建設業，運輸業，通信業，公益事業，銀行業，金融業，保険業，流通業，サービス業などがあり，これらは産業分類の大分類項目の業種でもある。わが国では大規模な農業生産者は少ないが，それでも農業法人などが農機具メーカーや卸売業者から購入する耕運機の価格と消費者が購入するジャガイモや人参の購入単位や1回の購入価格と比較すると，ビジネス市場の大きさがわかる。同様に自動車メーカーでの鉄鋼の購入量とその金額を思い浮かべるとその規模の大きさが想像できよう。

第**13**章

ビジネス・マーケティング

他方，ビジネス市場の定義にもあるが，ビジネス市場は営利企業だけで構成されるのではなく，公益機関や政府系機関も含まれる。ただこれらの機関における購買目的やニーズは，営利企業のそれらとは異なっている面も多い（Kotler and Keller（2007），図表 13-1 参照）。

2. 企業の購買行動

(1) サプライチェーン・マネジメント

　組織が購買する商品は，購買頻度，商品価格などにおいて，消費者が購買する商品とは大きく異なる。そこでビジネス・マーケティングの連鎖としてのサプライチェーン・マネジメント（SCM：supply-chain management）を考えたい。

　SCM は，物流分野でしばしば取り上げられるが，企業対企業の取引，つまりビジネス・マーケティングの重要な局面を示している。SCM ではモノの動きを強調してきたため，物流分野の管理手法のように理解されてきた面がある。SC（supply-chain）では，商品調達からその最終市場への販売を 1 つのチェーンと考える。物流視点では，在庫配分・移動を費用とサービスを基準として，情報を管理することが重要とされている。他方，こうした情報管理には経営レベルでの高度な管理も必要となる。

　モノの所有権移転は，取引が行われていることを示す。その取引は，最終段階で小売業者が消費者に販売する以外は企業間取引である。そのため，これらの企業間取引はビジネス・マーケティングの連鎖といえる。SCM の思想は，供給業者，顧客，関連業者が必要な情報を共有することにより，生産，販売，配送，在庫，情報処理などの計画を調整し，一貫したモノの流れを創り出すことである（矢作（1996））。

　これまで SCM は，企業間の物流機能統合の見方が強かったが，米国では 1990 年代中頃に SCM の見方が変化した。それはビジネス・システムの統合として，顧客サービスの向上を重視する傾向が強くなり，企業連鎖の共通認

識が形成されるようになった（塩見（2002））。つまり，SCM が物流分野を超え，企業の事業システムを変革させる1つの考え方として受容され始めたためである。言い換えれば，SCM の浸透はある商品の SC において，企業対企業という部分の結合から，全体の結合を志向したものといえる。ここで単に一企業内での購買の意思決定だけでなく，全体を見通した意思決定にも関心が持たれるようになってきた。

(2) 購買中枢

　企業組織が購買する商品は，かつてコープランドが整理したように消費者が日常購入するような業務用消耗品や用度品のように低価格の商品から，社運をかけて購入する高額な設備機器まで幅広い。こうした商品の購買（支払い）をするのは企業であるが，購入を決定するのは企業内のヒトやグループである。業務用消耗品や用度品であれば，組織内の個人が即決することもあるが，高額な設備機器では長い時間をかけ，担当部署で議論を重ね，最終的に経営者がその意思決定をすることもある。また，専門的商品の購買では，専門的知識を有したヒトやグループによって意思決定することもある。

　購買組織において購買意思決定をする単位を購買中枢と呼ぶ。購買中枢は，購買意思決定過程に参加するヒトやグループのすべてを指し，目的と決定に伴うリスクを共有している（Webster and Wind（1972））。

　また購買中枢の構成員は組織に属し，7つの役割を担っている。それは①発案者（購買を最初に要求し，本人が使用する場合もあれば組織内の他者が利用する場合もある），②使用者（商品を使用・利用し，使用者が発案，商品要件を決定する場合が多い），③影響者（技術者など，購買決定に影響力を持ち，商品仕様や候補対象を評価するための情報を提供する場合がある），④決定責任者（商品要件や供給業者を決定する），⑤承認者（決定責任者または購買担当者の提案を承認する），⑥購買担当者（供給業者を選択し，購買条件を決定する正式な権限を持ち，商品仕様の決定に意見を述べる場合もあるが，供給業者を選択し，交渉する役割もある），⑦窓口担当者（購買中枢に接触を求める販売者や情報を退ける力を持つ）などがいる（Webster and Wind（1972））。これらの役割は組織によって，特定のヒトやグループがその機能のみを行う場合や重複して行う場合もある。つまり，発案者が使用者であることや，使用者が影響者の場合もある。

　このように購買中枢の構成員には，多様な業務を担当するヒトやグループがあり，組織，あるいはそれぞれの構成員によって特徴もある。選択肢を供給業者に依存したり，単純な購買を繰り返したり（単純再購買），複数候補を比較して検討したり，専門的知識を導入して細かく分析・評価したり，複数の供給業者を競わせる場合もある。このような購買形態の相違は，消費者行動論における消費者個人の商品選択過程と似ている面もある。ただ個人の消費者行動では販売業者同士を競わせたりすることはあまりない。

　他方，これらの役割を持つヒトやグループでは意見が異なることもある。技術者などで構成される影響者と購買担当者間では，技術的に優れた商品として決定しても，購買担当者が考えている予算内に収まらないことがある。とくに購買活動は常に費用の問題が付きまとう。したがって，購買部（仕入部）と経理部・財務部などは，組織内において大げさにいえば対立することもある。ビジネス・マーケティングでは，こうした組織内部での部門間対立をいかに発生しないようにするか，抑制するかということも重要である。

(3) 組織購買過程

　組織における購買過程は，図表13-2に示しているように主に8段階で構成される。また組織では，商品を購買する際，新規に購入する場合と前回購買したものをわずかに変更する修正再購買や単純再購買がある。後者については，8段階をすべて経ず，スキップされることもある。

　1）問題認識

　　　企業において特定の個人や部署が具体的な商品が必要であるとそのニーズを認識したときに始まる。その認識は，事業活動を行う上で問題に直面して企業内部から起こる場合，競合他社の事業活動が刺激となる場合もある。したがって，供給業者はこのような問題認識を組織に気付かせることが必要である。そうした機会は，企業を営業担当者が訪問し

図表 13-2 組織購買過程

(出所) Robinson et al.（1967）p.14 を Kotler and Keller（2007）翻訳（2008）131-135 頁
　　　が掲載したものを簡略化

たり，展示会などに招待したりして，その場で具体的に説明することも
ある。営業担当者や展示会などの説明担当者も単に情報を伝達するだけ
でなく，情報のやりとりの中から企業（顧客）が気付かない問題を明確
化させる必要もある。

2）総合的ニーズのリスト化

　購買者の業務として組織内部で必要な製品特性や数量を見積る必要が
ある。ここでは技術者や使用者などとの共同作業において調整する必要
がある（Kotler and Keller（2007））。

3）商品仕様書

　組織購買者は技術面の商品仕様書を作成する。この段階では，部品の
設計変更，標準化，低価格化などを検討する。

4）供給業者の探索

　組織購買者は自社で購買しようとするおおよその商品が固まってか
ら，それらの商品を供給可能な業者を探索する。かつては購買担当者が
思い浮かぶ企業に連絡をしたり，中小企業では職業別電話帳で探した
り，業界団体に連絡をし，紹介を受けることもあった。しかし，現在は
消費者をターゲットとしない企業でもインターネット上にウェブサイト
を開設していることが多く，探索しやすくなった。また企業のマッチン
グサイトに必要な商品やその仕様をアップし，それに対して応需できそ
うな供給業者との間でのマッチングもしやすくなっている。

5）提案書の要請

　組織購買者は応需できそうな複数の供給業者に対して提案書の提出を求める。既製商品ではなく，企業に対して特別な仕様が求められたり，高額商品の場合には詳細な提案文書を要求したりする。企業では，提案書を検討・評価し，魅力的な提案を行った企業に対してプレゼンテーションの機会を設ける。こうして提案書の内容とプレゼンテーションの内容を吟味する。供給業者は，いかに要請された内容について提案が可能であるかということを提案書に明確に記入する必要があり，近年ではプレゼンテーションが重視される場合もある。

6）供給業者の選択

　企業の購買中枢の担当者が提案に対し，重み付けをした評価を行う。ここでは商品属性や価格，アフターサービス体制など多角的に企業が購買しようとする商品を評価する。わが国での「見積り」はほぼ価格だけの要素で決定する側面があるが，実際には価格は供給業者選択の1つの要素であり，すべてではない。また初めて取引を開始しようとする供給業者とこれまでにも取引経験のある供給業者では差があり，関係性を重視して供給業者を選択することもある。

7）発注手続き

　供給業者を選択し，購買者が最終的な注文内容を決め，技術的な仕様や数量，価格，納品場所，納品時期などを決めて文書化した商品売買契約書を取り交わす。契約書には先にあげた事項以外も記載されることがある。

8）パフォーマンスの検討

　購買過程の最終段階では，購買者が選定し，発注手続きをした供給業者のパフォーマンスについて定期的に評価する必要がある。この評価は購買者が最終ユーザーに評価してもらう方法，購買者自身が自社の評価システムにより評価する方法などがある（Kotler and Keller（2007））。

（4）公益機関や政府機関による購買

　前項では企業（組織）購買者における購買過程を取り上げた。公益機関や政府機関もビジネス・マーケティングの対象となるが，民間企業の購買とは異なる面がある。それはこれら機関の背後には，国民，県民，市民などさまざまに呼ばれるヒトが存在するためである。これら機関がこれらの人々の税金などで運営されている場合，その購買には，細心の注意を払わなければならない。

　公益機関とは，公益を目的とする事業を行う法人である。ここでは不特定多数の人々に対する利益の実現を目的としている。ここでの利益は経済的利益ではない。とくに学術・技芸・慈善など公益に関する事業を行う公益社団法人および公益財団法人が中心である。学校法人・社会福祉法人・宗教法人・医療法人・更生保護法人・特定非営利活動法人などソーシャル・マーケティングで取り上げた非営利組織である。これら機関においてサービスを受けるヒトは，児童・生徒・学生，信者，患者，入所者など多様に呼ばれる。他方，これら機関は行政からの監督を受ける。またこれら機関に経済的支援をしている組織も存在する。そのため，これら機関における購買は社会的に注目される。

　政府機関とは国や地方など政府の機関や部局を指すことが多い。あるいは政府から権限の一部を付与された一定の組織もある。これら機関は税金で運営され，その運営，とくにカネの出入りには透明性が要求される。

　このような公的機関や政府機関でも，通常の民間企業と同様，必要な商品が購買される。ただ一般の企業であれば，購買に際しては検討する商品のさまざまな属性を評価して決定することもあるが，これら機関ではいかに低価格（経済性）で購買するかが第一義となる。そのため，一定額以上の商品購買では入札制度を利用し，供給業者に価格での競争を求めることが多い。またこれまでは用度品や消耗品などは単純再購買されていたが，相見積りをとることが奨励され，いかにこれら機関で商品を購買する費用を削減するかに注力される。

第13章

ビジネス・マーケティング

3. 関係性マーケティング

（1）関係性のクローズアップ背景

　取引される財の相違によらず，近年は取引の長期的志向，つまり長期継続的，反復購買が志向される。そこで鍵概念となるのが「関係性」である。関係性の視角によるマーケティング研究やマーケティング活動は，1980年代から散見されるようになった。それ以前に組織需要，消費者需要ともに需要が頭打ちとなり，市場が拡大し続けるという時代は過去のものとなっていた。

　市場が右肩上がりに拡大している時代は，新しい取引相手（顧客）を見つけ，既存商品を販売することが可能であった。しかし，市場が拡大した時代は，産業分野により異なるが，次第に少なくなった。かつて高度経済成長時代に各家庭において，耐久消費財が普及し，所得の上昇とともに，家庭で必要なモノをドンドン買い揃えた時代とは異なる。いつしか見回してみると，ほぼ商品は揃い，モノに囲まれた生活となっていた。そのような消費生活の中で，新しい商品を買うという行為は，買い換え需要である。

　企業や公益機関・政府機関などでも，事業活動に必要な新しい機械や設備を揃えたり，新しい建物を建築した時期があった。しかし，こうした大きな費用が発生する需要は次第に縮小するようになった。新しいモノを取り入れる，購入するというニーズは，とくに先進国では縮小し，大きな費用の発生が見込まれる需要はほぼ更新（買い換え）需要となった。

　つまり，消費者や企業（組織）における需要が大きく変質する中，マーケティング主体としてもマーケティング活動の転換を迫られるようになった。とくにマーケティング主体は，新規顧客が獲得でき，市場が拡大する時代ではなくなったという認識を持たざるを得なくなった。4章で取り上げたように既存顧客に対し，既存商品でより深く入り込むという戦略は市場浸透戦略である。この戦略の中に「関係性」の重要性を見出すことができる。

(2) 市場取引と垂直統合

　消費者に対するマーケティングでは，関係性を構築し，リピーターとなり，繰り返し購買をしてもらえる状況とするため，これまでブランド戦略などを取り上げた。ここでは，組織における関係性を中心に取り上げる。

　顧客との長期継続的な関係性の構築は，ビジネス・マーケティングを行うマーケティング主体である企業だけの課題ではない。顧客である生産者を考えると，原材料がなければ，生産活動を継続できない。原材料が供給されても，その品質や価格が安定していなければならない。その都度，機会主義的な購買を行い，安価な価格で購買が可能であればよいが，原材料価格はしばしば変動し，その品質が一定でないことも多い。そのため，買い手としての組織は，多様な面で安定した原材料供給を望むことになる。したがって，売り手には安定して継続して販売したい欲求があり，逆に買い手である顧客組織にはさまざまな面で安定して原材料を調達したい欲求がある。そのため，とくにビジネス・マーケティングでは，長期継続性が志向される。

　そこで，企業は財を獲得するため，垂直統合と市場取引という2つの代替的方法を考慮する。1つは企業活動に必要なさまざまな業務を自社で行うか（内部調達），外部に依存（市場取引）をするかである（野中（1974），余田（2004））。自動車メーカーでは，自社で製造する部品と外部企業から調達する部品がある。それは自社で製造する方が安価に製造できるのか，それとも外部から購入した方が安価であるのかという判断である。単に価格という費用問題だけではなく，品質や継続的に部品が供給されるのかという問題もある。したがって，市場取引と垂直統合には，長所短所がある。

　市場と垂直統合のよいところを活かした組織が中間組織である。中間組織は市場と組織統合の中間的性格を持った取引様式であり，生産系列や流通系列といわれる（余田（2004））。自動車メーカーでは，組立に必要な部品を安定的に供給する生産系列と呼ばれる部品メーカーが多数存在する。他方，大規模生産者には，その生産者の商品を安定的に流通させる流通系列が存在してきた。ただこうした中間組織もその状況が常に安定的とは限らない。

(3) 関係性の管理

　組織が中間組織を形成し，安定的な取引を行っていても，その枠組みが突如として，あるいはゆっくりと崩れることもある。原材料メーカーと生産者の関係では，とくにわが国の自動車産業では生産系列が強固とされてきた。しかし，自動車の需要減少や生産者の財務体質の悪化により，これまでの生産系列が維持できなくなり，次第に生産系列に組み込まれていた部品メーカーが他者との取引を開始し，軸足を移す現象が見られた。また家電製品分野では市場が飽和し，これまで生産者がさまざまなインセンティブを供与し，維持してきた流通系列が崩壊した。ただこれは市場の飽和だけが原因ではなく，小売業者が大規模化し，単に流通系列に収められ，行動の自由を奪われていた状態からの脱却，さらには最終顧客である消費者からの厳しい目という圧力もある。

　そのため，中間組織を一旦構築しても，安定的運営にはかなりの費用が発生する。こうした運営上の苦労を多くのマーケティング主体も経験する。そこでどのような関係を築くことができれば，生産者は安定的に原材料などが調達でき，安定的に商品を販売することができるのだろうか。その鍵概念は「信頼」である。日々安定的に供給業者は原材料を供給する。またその品質や価格も一定で，安定したものとする。他方，それらの購入者は，安定した発注をし，期日にきちんと支払いをするビジネスにおいては当然のことを遂行するだけである。他方，コミュニケーションも重要であり，供給業者は自社の生産能力や設計技術，品質管理について訴求したり，自社の不利な情報でも開示したりすることにより，販売先である企業の利益を優先する態度を明確にしなければならない（余田（2004））。

　他方，流通では，これまで生産者と卸売業者，卸売業者同士，卸売業者と小売業者は，売り手－買い手という関係で捉えると，全く相反することを志向する関係であった。しかし，製販同盟という言葉が使用されるようになり，商品の共同開発や経営情報を共有化するなど，生産者と小売業者が戦略的提携関係が形成され始めた。これは流通チャネルでのリーダーシップをめぐる対立から，流通チャネルにおける各メンバーが協力することにより，顧

図表13-3 マーケティング主体と顧客との関係性

```
┌──────────────┐                    ┌──────────┐   継続的・長期的関係
│ マーケティング │ ←────────────→ │  顧 客   │   関係の双方向性
│    主体      │                    └──────────┘   関係の頻度・密度
└──────────────┘
              信頼向上
        顧客のマーケティング
        主体への理解深化
```

（出所）坂本（2014）（一部改）

客ニーズを満たし，相互の経営にとって最善の状況を目指すものである。米国の大手ディスカウントストアと消費財メーカーの取り組みが影響したともいえる。わが国でも大手小売業者と生産者がPB商品の開発を行うなど，その動きが浸透し始めている。

4. ビジネス・マーケティングの特異性

（1）対象顧客によるマーケティングの相違

　本章では組織（企業）におけるビジネスを取り上げてきたが，12章まで取り上げてきた最終消費者をターゲットとするマーケティングとはさまざまな面で相違していることがわかる。組織を対象とするマーケティングと消費者を対象とするマーケティングでは，各々の顧客ニーズや特性が異なるため，マーケティング主体によるアプローチの仕方や価格設定，顧客サービスなどの面にも影響する。

　企業向けと消費者向けが近似していると思われる商品でも，その事業における事業の仕組みが全く異なっていることがある。エア・コンディショナー（エアコン）を販売するにしても，企業向け商品と消費者（一般家庭）向け商品のマーケティングは，機能や顧客に対して届けるコトは同じでも，商品規格，価格，マーケティング・チャネル，マーケティング・コミュニケーションの方法は異なる。そのため，顧客に訴求するサービスは同様でも，マーケティング手法が異なると，相互に参入することは難しい。つまり，こ

れまで企業向け商品を販売していた生産者と消費者向け商品を販売していた
生産者が，顧客が受容する価値は同じと考えても，マーケティングが異なる
と，各市場にはなかなか参入できない。

　これまで企業向け商品を生産していた生産者が，消費者向け市場に参入し
たり，その逆として消費者向け商品を生産していた企業が，企業向け商品の
生産に参入したりすることが難しいのは，そのマーケティング活動が異なる
ためである。ここにビジネス・マーケティングの特異性が認識できる。

　これまで取り上げてきたように，企業という購買者が購入する過程と，消
費者が購入する過程を比較した場合，同様の点もあるが，異なる点も多い。
そのため，マーケティング主体は，仮に全く同様の商品をそれぞれに販売す
る際も，マーケティング・チャネルやコミュニケーションの方法を変更しな
ければならない。企業では，消費者や個人家庭で購入するよりも購入する量
が異なると，価格変更を迫られるかもしれない。したがって，マーケティン
グ主体は顧客が変わると異なったマーケティング活動が求められる。

　さらに購買の意思決定では，組織の中でも企業は営利活動を行う中で，経
営活動の一環として購買を行うため，商品や価格などの取引条件が収益に影
響するために重視される。ビジネス市場でも公益機関や行政機関が顧客の場
合，その機関の設立は税金や寄付などが主であるため，価格が優先される。
これは同じ組織購買でも，組織の性格で異なる場面である。

(2) 関係性の継続

　マーケティング主体が対消費者への販売を考える際には，これまで1回の
みの販売，つまり売れればよいと考えていた時期もあったが，対組織の場合
には当初から複数購買，つまりリピーターとなり，「お得意さん」となるた
めに長期継続的な販売を指向してきた面がある。それは買い手である組織が
安定的に商品の供給を受けるということを重視したためである。他方，マー
ケティング主体も顧客の新規獲得が重要であるのは当然であるが，長期的な
取引関係の構築により，自社の経営の安定を志向してきた面もある。このよ
うに組織購買では，経済合理性と当事者間の関係性の継続が重視される。

したがって，組織と個人の購買では，意思決定のシステムが異なる。個人の方が不確定要素が多い中，意思決定を行うため，個人にはさまざまなマーケティング・コミュニケーションを行う必要がある。ただ組織に対するマーケティング・コミュニケーションの重要性は変わらないが，そのコミュニケーション方法は異なる。

　マーケティング主体には，顧客である消費者も多様であるが，組織も多様なものとして映る。同じ業界と呼ばれる枠組みに入る企業でも，全く組織風土や企業文化が異なる。また消費者にも居住地域の特徴はあるが，企業においてもしばしば東京の会社，京都の会社といわれるように同業種でも，マーケティング主体はそのマーケティング・アプローチを変更していることが多い。それは取引条件でも異なったり，関係性の構築によったりもする。

　またメインの顧客が消費者という企業には多数の顧客が存在するが，組織をメインの顧客とする企業にとって，つまりビジネス市場を中心とする企業には，一顧客が顧客でなくなることのリスクには大きなものがある。しばしば取引を失ったとか，帳合が変更になったということが聞かれるが，ビジネス・マーケティング主体である企業にとって，顧客を失うことの衝撃は，売上減少や売上構成の変化にもつながる。図表13-4は，組織と消費者の取引上の相違をまとめたものである。取引上の重要性や特徴を抑えた上で，各々に対応するマーケティング活動をしなければならない。

図表 13-4 組織と最終消費者の取引上の相違

		組　　織	最終消費者
取引上の重要事項	意思決定要素	組織への寄与，取引先の信用 経済合理性	消費者満足
	時間概念	長期的志向	短期的志向
	取引属性	品質，取引の継続性，予算	知覚価値
取引上の特徴	意思決定者	組織の意思決定権者	最終消費者
	取引の重要事項	長期継続性，リスクヘッジ	リピート需要と衝動購買確保
	取引上の思考	論理的思考，情報重視	情緒的価値，知覚価値

本章のまとめ

　本章では，これまで取り上げてきた消費財生産者を中心としたマーケティング活動ではなく，生産財や産業財のマーケティング主体を中心とした対消費者以外のマーケティング活動を見てきた。そこでは購買を決定するのはヒトでも，個人としての消費者と組織のヒトの行動はその目的が異なるため一様ではない。そのため，ビジネス・マーケティングという一分野が誕生したのかもしれない。

　ビジネス市場は，市場を形成する多様な企業や，そこで商品を購買する一般の営利組織や公益機関，行政機関から構成される。こうした機関の目的は各々異なっているため，目的により購買手法やどこに重点をおいて購買するかに注意を払う必要がある。これまで売り手と買い手はそれぞれの意思が異なっていたが，ある目標が与えられると共同して行動できる関係についても見出すことができよう。

第 **14** 章

マーケティングの新視角

本章のポイント

　「○○マーケティング」のようにある名詞にマーケティングが付されることが多い。これを見ると，何でもマーケティングになると感じる人も多いだろう。これまでの章では，マーケティングが「市場対応」であることを明確にしてきた。おそらく新しく○○マーケティングを名称として付そうと考えている人たちにも，それぞれのマーケティングの定義があろう。したがって，○○マーケティングは，その視角から見た○○についてのマーケティングである。

　近年，○○の部分でよく上げられるようになったのが，本章で取り上げる事柄である。本書でほとんど事例をあげなかったことは，はしがきに書いた通り，10年の時間経過に耐えられる本を目指したためである。ここで取り上げる○○は，おそらくある程度の時間を超えることができるものばかりであろう。そこで，なぜ超えられるかを考える。

1. 価値共創マーケティング

(1) 伝統的マーケティングから現在のマーケティング

　経済活動では，既に価値が形成された，固定化されたものを生産者から消費者を代表とする顧客に移転する。流通論では基本的に所有権，モノそれ自体，情報などの移転を念頭においている。マーケティング論では，学問的新しさもあり，その中心概念は何かとしばしば問いかけられてきた。その中では「価値の交換」「価値交換（取引）」がよく指摘された。そこではモノと貨幣の交換が想定されていた。

　したがって，かつてのマーケティング活動では既に生産者が価値を形成した，固定化したモノを交換し，最終顧客に伝達することが前提とされてきた。このような認識が形成されたのは，マクロ・マーケティング，つまり流通論研究と重なる部分があるため，その影響であろう。また，ミクロ・マーケティング研究が開始され，個別企業の活動に焦点が集まっても，企業（生産者）が価値を形成し，固定化したものをマーケティング・チャネルにおける交換の繰り返しにより，顧客に届けられるとされてきた。

　現在では，消費者行動研究の深化だけでなく，情報技術の発達，顧客のニーズ，顧客の消費や使用に関する情報，あるいは顧客自身がマーケティング活動の過程に対してさまざまな情報発信をするようになった。この状況は，生産者が生産過程で価値を決定し，固定化した価値をマーケティング・チャネルを経由して伝達するだけではなくなったことを示しているといえよう。これはマーケティング主体が競争対応をする中，戦略的な取り込みを図ったものかもしれない。あるいは企業が真に新しいマーケティング活動を志向する中，これまでの価値形成とは全く異なる思考をするようになったからかもしれない。

　そこで登場した概念が「価値共創（co-creation value）」である。価値共創は，交換後の企業と消費者の世界を舞台とするものであり，これまでのマーケティング研究では扱われてこなかった領域である（村松（2015））。

(2) サービス・ドミナント・ロジック

　こうした価値共創が急速に議論されるようになったのは，Vargo and Lusch（2004）が提唱したサービス・ドミナント・ロジック（SDL：service dominant logic）の影響が大きい。SDL においてサービスは価値共創されるとし，価値共創がサービス研究では理論構築の重要な基盤とされる（Maglio et al.（2010））。また価値共創は，企業と顧客との間における人的な相互作用の側面を規定している（Grönroos and Ravald（2009））。したがってマーケティング主体を代表とし，それと顧客との相互作用に重心がおかれている。

　菊池（2017）は，SDL の変遷を4段階に区分している。それは，①SDL の提唱（2004～2007 年）が，これまでの製品（モノ）を中心とした4Ps を中心とした（GDL：goods dominant logic）から転換し，消費者を主体にした段階で価値が発現し，価値共創がなされる視点転換，②サービス・サイエンスとの連携（2008～2010 年）は，サービス・サイエンスでのサービス・システム概念，ネットワーク概念の導入により，消費者だけでなく，企業・国・地方公共団体などへの価値共創主体の拡張，③サービス・エコシステム（2011～2016 年）は，サービス交換レベルをミクロレベル・メゾレベル・メタレベルの3層とし，マクロレベルへの焦点，④中範囲理論の確立に向けて（2017年～）は，SDL を中範囲理論として確立し，確立後に一般理論の構築や事例研究に向かうことの示唆，である。

　SDL における価値共創は，価値と共創に区分でき，前者はモノと貨幣の交換比率を扱う交換価値ではなく，ある特定過程での消費者を主体とし，消費者が能動的に創造する文脈（使用）価値としている。後者は消費者が主要な文脈価値の創造者であるが，消費者だけでなく企業からの価値提案を受容した場合，消費者は企業と相互に協力しながら知識を統合し，主体的に問題解決をする。さらに価値共創は，価値の共創と共同生産に分けられ，前者は製品やサービスの使用状況において，企業と消費者が価値共創を行うものである。後者は製品開発，デザイン過程に消費者が参画することである（菊池（2017））。このように整理されているが，しばしば価値共創と混同されるのが消費者参加型の製品開発である。高校や大学などの生徒や学生の発想を企

図表14-1 価値共創と企業・顧客間関係

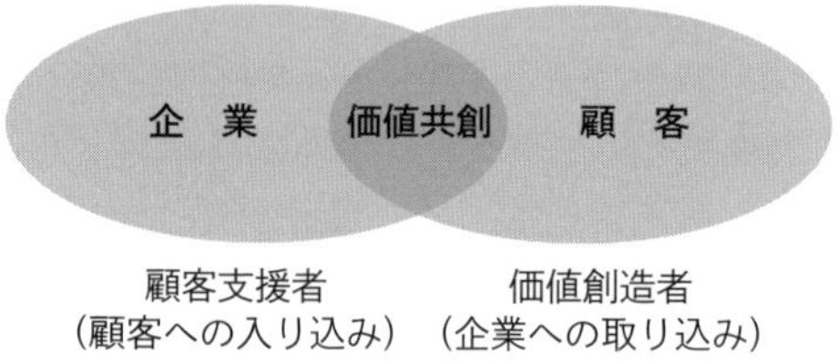

顧客支援者　　　　　価値創造者
（顧客への入り込み）（企業への取り込み）

（出所）村松（2015）136頁

業が製品化することが行われ，それがしばしばマスコミに取り上げられる。これは価値共創ではなく，共同生産である。あくまでも価値共創は，製品の消費・使用シーンにおいて，企業と顧客間で発生する相互作用である。図表14-1で示しているように，価値共創は企業と顧客との重なる部分（相互作用）で形成される。

　価値共創概念は，21世紀になって顕著になったのではなく，以前からも指摘されていた。急速に主張されるようになった背景には，モノ中心に行われていたマーケティング活動が，コトに軸足を置き始め，社会全体で見た場合にコトに支出する顧客が増え，その金額も増加の一途を辿っていることがある。またこれまで技術・知識は企業の中で生成・発展させることが前提とされてきた面もある。しかし，それらが企業と顧客のように企業外での創造も現実的となってきたからだろう。

2. デジタル・マーケティング

(1) インターネットの急速な浸透

　わが国では，1992年にインターネット・サービス・プロバイダ（ISP）が創業し，インターネットが商用化された（https://www.nic.ad.jp/timeline/）。1995年にwindows95が発売され，一気に個人や家庭が情報社会へと巻き込まれるようになった。まずダイヤルアップ回線（ナローバンド）の地域が拡

大し，個人に普及，さらに高速・大容量の通信回線（ブロードバンド）が登場し，2003年にはナローバンドとブロードバンドの比率が逆転し，多くの人がインターネットを手軽に利用できる時代になった。さらにスマホが普及し，多くの人がどこでもインターネットに接続できるデジタル社会となった（西川（2019））。

この背景には，インターネット端末として利用していたパーソナル・コンピュータ（PC）がデスクトップ型に加え，ラップトップ型が浸透し，ダウンサイジング化が図られ，持ち運びが可能なモビリティ（mobility）性が高まった。さらに1999年から携帯電話端末からインターネット接続を可能としたNTTドコモのi-modeサービスは，電子メールの送受信やウェブページ閲覧などが可能な世界初の携帯電話IP接続サービスとなった。

スマホの発売によってモビリティ性能がより向上し，それまで学校や自宅，会社など限られた場所のPC経由でしかインターネットに接続しなかった利用者層とは異なる利用層が開拓された。20世紀の携帯電話は，どこでも話せることが中心であった。それが携帯電話にカメラ機能が付随し，インターネットに接続できるようになると，どこでも話せる聴覚からの情報を取得するだけのツールではなく，視覚に訴求する情報をやりとりするツールへと変化した。さらにスマホの登場は，携帯性と接続可能性，それ以前の情報取得可能性を飛躍的に高め，消費者の日常の情報取得だけでなく，多様なコミュニケーション・ツールとなった。

また，スマホ・アプリ（smartphone application）を利用したサービス提供や，SNSの浸透により，個人でもリアルな生活世界だけではなく，バーチャルな世界がいくつも誕生した。そこではこれまで顔を知り，言葉を交わすリアルな関係から，実際に会わず，言葉を交わさない多くのヒトや企業とのバーチャルな関係が形成されるようになった。GAFA（Google, Amazon, Facebook, Apple）と一括りにされる企業群は，各々手がける事業は異なっているが，バーチャルな関係構築に貢献していることが共通している。GAFAだけではなく，現在は中国やインドをはじめ，世界中のいわゆる「ネット関連企業」が，バーチャルな関係を促進するために事業活動をする時代となった。

(2) デジタル・マーケティング

　インターネットというツールが，マーケティング活動に与えた影響は計り知れない。インターネットは，リアルな世界とバーチャルな世界を結びつける役割を果たしている。インターネットが商用化される以前の時代にも，遠隔地の売り手と買い手は出会えた。19世紀に米国で起こったとされる通信販売はその典型であった。最初は手紙（郵便）という手段で始まり，その後，カタログや電話という媒体も増えたが，実際に取引が成立するまでにはかなり時間がかかった。売り手と買い手の間に流通業者が介入すると，やや時間は節約されたが，現在では想像できないほど時間を要した。

　インターネットにより，市場概念も変化した。インターネット以前にも，卸売市場などリアルな市場以外にも，現物が取引されていない市場は存在していた。しかし，インターネットの登場により，グローバルでバーチャルな市場が形成された。消費者は，リアルな店舗へ買物に出向かなくても，自宅や職場，移動中でさえも，商品の選択や購入が可能となった。

　他方，流通業者は，リアルな小売店舗では店舗の広さという物理的制約から品揃えが可能な商品数や消費者が比較購買できる商品の数には限度がある。単に多いという意味ではないが，品揃えが小売業の生命線といわれる世界では，リアルな店舗のみでは限界があった。他方，インターネットの世界では，無限ではないがリアルな店舗よりも多くの商品を品揃えすることができ，顧客は比較購買可能となった。したがって，インターネットは流通業者の限界とされた壁も突破させたのである。図表14-2にあるように伝統的マーケティング（traditional marketing）とデジタル・マーケティング（digital marketing）ではさまざまな面において相違がある。

　インターネット以前の時代は，消費者が購入を検討する商品情報を取得する場合，誰かに聞いたり，実際に店舗に出向いたり，カタログを取り寄せたりするなどのアナログ的行動が中心であった。しかし，インターネットやスマホの普及により，商品情報の収集はウェブ検索などのデジタル世界へ移行している。そのため，これまでは有店舗小売業のスーパーやドラッグストアは，毎週新聞に折込広告を入れていたが，その回数を減らしたり，廃止した

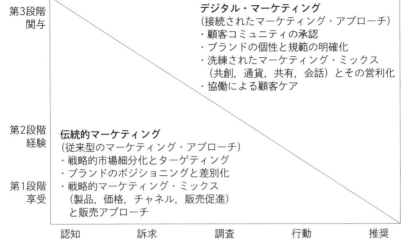

図表 14-2 伝統的マーケティングとデジタル・マーケティング

第3段階
関与

デジタル・マーケティング
（接続されたマーケティング・アプローチ）
・顧客コミュニティの承認
・ブランドの個性と規範の明確化
・洗練されたマーケティング・ミックス
　（共創，通貨，共有，会話）とその営利化
・協働による顧客ケア

第2段階
経験

伝統的マーケティング
（従来型のマーケティング・アプローチ）
・戦略的市場細分化とターゲティング
・ブランドのポジショニングと差別化

第1段階
享受

・戦略的マーケティング・ミックス
　（製品，価格，チャネル，販売促進）
　と販売アプローチ

|認知|訴求|調査|行動|推奨|

（出所）Kotler et al.（2017）p.86 を田端（2019）11 頁で訳語変更したものを一部改

りする企業も増えている。その代わり，インターネットを使い販売促進をするようになった。多くの場合，デジタル社会に移行するに従い，販売促進費用は減少した企業もあるだろう。他方，これまでとは異なる手段により，販売促進を行うようになり，反対に増加した企業もあるかもしれない。

　これらの場面だけを見ると，情報は売り手が提供する側面が相変わらず強そうである。企業（売り手）のウェブサイトを見ると，情報提供手段がアナログよりも費用がかからないデジタル手段に変更しただけという見方もあるかもしれない。これまでのテレビ CM や新聞の折込広告は，一方的に売り手が買い手と思われる層に情報提供をしてきた。しかし，インターネット専業企業といわれるバーチャル・モールでは，情報は一方向にのみ，つまり売り手から買い手に伝達されるだけではない。実際の購買者からの情報である「レビュー」が掲載され，これまでは売り手の情報提供だけであったが，同じ買物をしようとする（した）消費者同士の情報取得もできる。つまり，情報の流れがさまざまに発生したといえるだろう。

　商品購入によって満足した顧客からの情報だけであれば，「やらせ」感がある。しかし，時には不満を抱く顧客からの情報も掲載されるため，「リア

ル」な情報提供となる。こうした売り手と買い手双方向の情報伝達をデジタル・マーケティングは可能にしているといえる。さらに取引に関して顧客の「評価」が付けられ，これからその商品を購買しようとする顕在的顧客や，単に眺めているだけで購買意欲が十分湧いていない潜在的顧客の購買行動にも影響を与える可能性もある。したがって，単に見ているだけの顧客を取り込むこともできるだろう。これは小売店の前を通りかかった顧客が，店に入り，購入したというデジタル・バージョンである。

(3) デジタル社会の消費者行動

　デジタル・マーケティングの時代となり，消費者行動も変化してきた。かつての消費者反応は，受動的に素直に反応する消費者が想定されていた。AIDA や AIDMA モデルはその典型であった。しかし，5 章で取り上げたように，AISAS モデルは，デジタル・マーケティングが浸透する中，自ら情報探索を行う能動的な消費者の姿を描き出している。

　また顧客経験は，消費者の購買意思決定過程の各段階で企業が提供するさまざまな情報との接点（タッチポイント）の集合で構成される。これにはブランドと消費者との接点もしくは接触場面の総称としてコンタクト・ポイント（contact point）といういい方もされる（四元（2011））。そして個々の消費者の購買意思決定過程におけるタッチポイント（touch point）を位置づけたもの（customer journey：カスタマー・ジャーニー）が，顧客に対し，どのタイミングでどのコミュニケーションについて働きかけるかにより，どのような顧客の態度変容が起こるかを考慮する必要もある（澁谷（2019））。

　今後，これまでのような老舗の（といっても 21 世紀になってからであるが）SNS の伸張・拡大だけでなく，新たな SNS が誕生・台頭してくると，さらにコミュニケーション方法が変化することも予想される。そこで 2011 年に電通モダン・コミュニケーション・ラボが，SNS が主流となる時代の消費者行動として SIPS モデルを提唱している。それは，Sympathize（共感）→ Identify（確認）→ Participate（参加）→ Share & Spread（共有・拡散）というものである（電通コーポレートコミュニケーション局（2011））。

約1世紀前にAIDAモデルが提唱されて以降，多くのモデルが提唱されてきたが，現在の消費者行動の説明では，デジタル（技術）抜きに考えることができない。それはデジタル技術が，消費者に与えてきた（今後与える）影響と言い換えられるかもしれない。アナログ主流の時代には，消費者はどちらかといえば受動的な消費者像が想定されていた。しかし，デジタル時代になると，自ら情報取得に動き，その情報に共感し，リアルな場面に積極的に関わり，その情報を拡散する能動的な消費者像が想定される。そのような消費者は，一面では危ない面もある。そこではリスク・マネジメントをしっかり行った上で，使いこなせる消費者でなければならない。またマーケティング主体である企業も，とくに生まれたときからデジタルが生活の中にあったデジタル・ネイティブとうまく相互作用し，新たな舞台でのマーケティングを志向しなければならない。

　他方，デジタル化の時代について行けない，ついて行こうとしない消費者はどのように行動するだろうか。デジタル化時代の消費者行動は，情報取得に積極的であり，さらにつながりを増やし，それを強固にしていこうとする消費者が想定されている。しかし，そのようなことには関心がない，できればつながりたくない消費者も一定数存在している。そのような消費者に対して，デジタル・マーケティングはいかに対応するかが課題である。そこでは伝統的なマーケティングとデジタル・マーケティングの接合を考慮する必要がある（田端（2019））。

3. 地域マーケティング

(1) 地域マーケティングの概要

　地域マーケティングという言葉をよく耳にするようになった。これも○○マーケティングの一分野と捉えられる。しかし，その定義も一様ではなく，大切にすべき地域に対し，マーケティングという言葉を付しただけという面もある。地域を英語にするとさまざまな言葉がある。これだけを見ても地域

マーケティングの意味するところは異なるようである。

　地域は「地表の広狭さまざまな部分（『地理学辞典』（1973）二宮書店）」や「周囲の地区とは異なるものとして判別できる，自然的あるいは人工的な特徴をもった地表の任意の区域（『オックスフォード地理学辞典』（2003）朝倉書店）」とされる。地域は，辞書的な意味では単に区切られた土地である。また地形の相似や同じ性質を有する理由で一括りにされる土地とされる。

　地域を「エリア（area）」と捉えると，エリア・マーケティングは，多くはマス・マーケティングではなく，市場細分としてのエリアを意味している。その中心は，地域特性に応じたマーケティング活動を行うことである。また「ゾーン（zone）」という捉え方もある。そこでは，topos（場），constellation（まとまりによる意味），actors network（人とのつながり）と合わせて，デザイン構築の舞台としている。そして，多くは地域を region とし，都市と地方を区分し，人口減少，高齢化，経済縮小など多くの問題を抱える地方に対し，何らかの施策を打たなければならない地域政策のような把握が多い。

　したがって，地域の把握が異なると，そのマーケティングについての認識も異なる。とくにエリア・マーケティングは，現在の地域マーケティングといわれているものとはかなり認識が異なる。それゆえ，地域マーケティングは各々把握の仕方が異なり，その提示内容を見ないと，何を意味しているのかさえもわからないことが多い。そのような用語でも，頻繁に使用され，最近は大学の授業科目名としてカリキュラムの一部ともなっている。

　そこで本章での地域マーケティングの定義をしたい。それは，「特定の場所あるいはその場の集積を中心に，ある程度のまとまりを持った場所における住民の満足向上を目的として行う活動である地域を対象としたマーケティング（地域へのマーケティング）と，その地域を居住者以外の顧客に訴求するため，その地域のモノやコト（商品）を発信する，地域を起点としたマーケティング（地域からのマーケティング）」である。したがって，地域マーケティングは，全体ではなく，ある特定の住民の満足度向上を目的とする活動と，ある部分に対して主に経済価値をもたらすため，そこを起点としたマーケティングであるといえよう。

　ただ全体ではなくある部分といった際の部分定義は難しい。日本は全体と

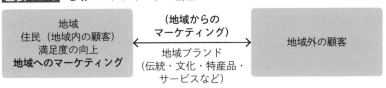

図表14-3 地域マーケティングの構図

| 地域
住民（地域内の顧客）
満足度の向上
地域へのマーケティング | （地域からの
マーケティング）
地域ブランド
（伝統・文化・特産品・
サービスなど） | 地域外の顧客 |

いえるが，東京や大阪はある部分となる。東京の中でも世田谷区や八王子市という行政区分の場合や，下町という場合の昔ながらの呼び方でどのような区切り（境）があるのか明確ではない場合もある。こうした明確な境がある場合，ない場合もあるがそれぞれ地域と捉えたい。

(2) 地域を対象としたマーケティング

わが国の人口は2008年を頂点に減少に転じた。今後移民を受け入れなければ，2060年にはわが国の人口は8,674万人になるとされる（国立社会保障・人口問題研究所）。とくに地方と呼ばれる地域での人口減少は著しい。中には基本的な生活を維持するのが難しい限界集落となった地域もある。また高齢化が進み，65歳以上の人口が2/3を超えている地域もある。このような地域を多方面から支援する動きは以前からあったが，特効薬と呼べるような政策は打ち出されず，現在に至っている。

地域を対象としたマーケティング（地域へのマーケティング）は，少子高齢化，人口減少の進む地域をいかに現状維持，活性化させるかが課題である。最近では活性化は難しく，現状維持から緩やかな縮小へと政策の方向性も変化しているようである。ただ，居住している人たちの生活レベルを下げず，満足度を上げられる方策はあるだろうか。地域マーケティングに求められているのは，こうした生活レベルの低下に対し，そのレベルを維持し，できればそのレベルを向上させられるようなマーケティング政策である。

それでは人口減少の進む地域において，住民が満足するようなマーケティング施策には，どのようなものがあるだろうか。それはソーシャル・マーケティングとも重なるところがある。顧客を地域住民とし，通常のマーケティ

ング・ミックスで対応できることには何があるだろうか。行政機関など公的機関が、地域住民に対して提供できる商品は、いわゆるサービス（コト）が中心である。それらのコトに価格をつけ、提供チャネル、さらにそのコミュニケーションを考えなければならない。

　しばしば「住みやすいまち」「暮らしやすいまち」とされるのは、その地域内外からいわれる。地域内からそのような言葉が発せられる場合は、近隣の地域との比較や行政区域の境目などに居住し、明確な比較ができる地域の居住者からのものであろう。他方、ランキングされ定期的に発表されるが、ランキングには指標があり、その指標の得点が高いまちが、客観的にランキング上位となる。これらの指標には、医療機関数や医療費の助成、水道料金や公園数、気候などがある。したがって、利用する指標によってこうしたランキングは変動することになる。

　果たしてこうしたランキングで上位に位置づけられた地域では、本当に住民の満足度は高いのだろうか。行政機関は、指標に対してそれをターゲットに施策を立案し、クリアすると、短期的には厳しいが、長期的にはランキングが上がる可能性はある。他方、それで住民の満足度は上がるのだろうか。住民の満足度を高めるには、医療、教育、福祉、文化という生活に密着する公共サービスの水準を高めることを目標とし、そこに公共機関だけではなく、民間のノウハウを取り込む必要がある。官民一体となり、知恵を出し合う場を形成し、官民のシナジーを生み出すことが重要である（小松（2015））。したがって、地域住民の満足度を高めるには、官民一体が鍵概念となる。

　地域住民の満足度を高めるため、補助金や助成金獲得を第一目標とした動きがある。これはモデル事業が提示され、それを地域に適合させ、地域外から公的資金を引き出そうとすることが多い。こうした考え方は起点が間違っている。まず地域内で必要な事業を実行したい、ただ財政的に厳しいという時、補助金や助成金のメニューで適合するものがあれば申請というのが本筋だろう。したがって、地域へのマーケティングは、いかに地域住民の満足度を向上させるかに尽きる。ただそれには財政的な裏付けが必要となるため、施策を決めた上で利用できる補助金や助成を受けるという手順となる。

(3) 地域を起点としたマーケティング

　おそらく現在，地域マーケティングとして多くの人が思い浮かべるのは，その地域を起点としたマーケティングである。とくに第一次産業による生産物を加工し，販売（提供）したり，地域の特産物を地域外に販売したり，地域の観光資源を顧客に訴求したり，土地利用を促進させ，工場を誘致したりすることは主に地域が経済的効果を期待するものである。

　こうした地域におけるさまざまな資源に対し，ブランドを付与することを地域ブランディングという。また付与されたブランドを地域ブランドという。地域ブランドは，広義には地域が持つイメージとされ，既存の地域資源を活用し，組み合わせることで構築される無形の資産とされる。狭義にはある地域から生じている財・サービスという有形の資産とされ，地域名と商品名を組み合わせた地域団体商標（regional collective trademarks）制度が代表とされる（牧瀬・板谷（2008））。

　ブランドは，通常の商品ブランディングでも重要であるが，とくに地域ブランドにはさまざまなストーリーを埋め込む必要もある。その地域の居住者や出身者でなければ，多くのその地域の商品（特産品）はその地域の人しか知らない。ただ地域にはさまざまな地域資源があり，その地域の人は価値を認知できなくても，他地域の人には価値があるかもしれない。あるいは価値を発現できるかもしれない。

　単純にありきたりなストーリーをつくり，ブランドを付しただけではうまくいかない。地域資源と社会文化の文脈を擦り合わせ，コンセプトをつくり上げ，ストーリーをつくる。このようにして地域や商品をブランディングし，経済的な効果が得られた地域は多い。また時間経過により，次第に経済効果が薄れることもある。一時はもてはやされた地域ブランドでも，常にメンテナンスをしなければ衰退する。さらに地域ブランドと関係が深いのは，顧客の経験価値である（原田ら（2019））。その地域を訪問した，あるいはその地域の特産品を購買した顧客の経験価値に訴求され，再訪したり，再購買したりするだけでなく，さまざまな情報ツールにより多くの人を巻き込めるような起点としての地域の明確性も求められる。

4. マーケティング4.0

(1) Society 5.0が目指す社会

　第5期科学技術基本計画は，これまでの社会発展を，狩猟社会（Society 1.0），農耕社会（Society 2.0），工業社会（Society 3.0），情報社会（Society 4.0）とし，それに続く新たな社会として，目指すべき未来社会の姿として「Society 5.0」を提唱した。Society 4.0では知識や情報が共有されず，分野横断的連携が不十分であった。またヒトの能力には限界があるため，溢れる情報から必要な情報を見つけ分析する作業が負担であり，年齢や障害などによる労働や行動範囲に制約があった。さらに少子高齢化や地方の過疎化などに対して制約があり，十分に対応できなかった。そこで，Society 5.0で実現しようとするのは，IoT（Internet of Things）によりすべてのヒトとモノがつながり，さまざまな知識や情報が共有され，新たな価値を生み出し，課題や困難を克服しようとする社会である。人工知能（AI）により，必要な情報が必要なときに提供され，ロボットや自動走行車などの技術でさまざまな課題を克服しようとする。そこでは社会の変革を通じ，閉塞感を打破し，希望の持てる社会，世代を超えて互いに尊重し合あえる社会，1人ひとりが快適で活躍できる社会を目指している（内閣府ウェブサイト）。

　狩猟社会から始まるこれまでの社会発展段階では，Society 5.0は人類社会発展の歴史における5番目の新しい社会の姿である。こうした未来社会では，健康・医療，農業・食料，環境・気候変動，エネルギー，安全・防災，ヒトやジェンダーの平等などさまざまな社会的課題の解決とともに，国や人種，年齢，性別を超え，必要なヒトに必要な商品が必要なだけ届く快適な暮らしを実現しようとする。ただ，AIやロボットに支配され，監視される将来ではない。また一部先進国だけが成果を享受する社会でもなく，世界のあらゆるところで実現でき，誰もが快適で活力に満ちた質の高い生活を送ることができる新たな人間中心の社会ともされる（経団連ウェブサイト）。

　図表14-4からわかるようにSociety 3.0から4.0，そして5.0への変化が早

いことである。1.0から2.0そして3.0までの変化は長い時間の中で起こってきたが，3.0以降はそれまでよりも急速である。われわれの中には3.0から5.0までの変化を経験している者もいるだろう。こうした社会の変化の中で，マーケティングも当然変化してゆかざるを得ない。そこで示されているのがマーケティング4.0である。

(2) マーケティング4.0の段階

マーケティングの発展については，2章において取り上げたが，ここではKotler et al.（2017）によるマーケティングの発展段階（4段階）をみる。

マーケティング1.0は，費用抑制によるマス・マーケティングの時代である。これは1950年代から1970年代にかけて米国における製品中心のマーケティング手法であり，よい製品を生産して販売する思想が中心であった。

マーケティング2.0は，マーケティング1.0の時代とは180度転換し，消費者志向のマーケティング時代である。そのため，顧客参加型の商品開発や販売を行うマーケティング手法が採用された。1990年代頃から始まったとされるマーケティング2.0は，いかに顧客を満足させ，消費・使用頻度を上げるかに傾注され，ターゲットを絞った商品が生み出された時代であった。

マーケティング3.0は，マーケティング2.0の時代に続き，1990年代から2000年代においてどのような社会を形成すべきか，世界の環境をよりよいものとするかを問う価値主導型のマーケティングが形成されるようになった。そこでは企業が，社会問題や環境問題解決を企業活動に結びつけるようになった。また21世紀になるとソーシャル・メディアが生まれ，それらを介した企業と消費者のコミュニケーションも生まれるようになった。

マーケティング4.0は，自己実現を目指す時代である。顧客の自己実現欲に則するだけでなく，社員1人ひとりが何をしたいか考え，会社全体で必要な商品の開発を目指す。マーケティング4.0の時代の顧客購買過程（カスタマー・ジャーニー）は，「5A」とされる。つまり，aware（認識）→ appeal（印象）→ ask（調査）→ act（購買）→ advocate（推奨），である。

コトラーらによって提示されたマーケティング4.0は，カスタマー・ジャーニーが鍵概念である。かつてのように顧客（消費者）が，単に商品を

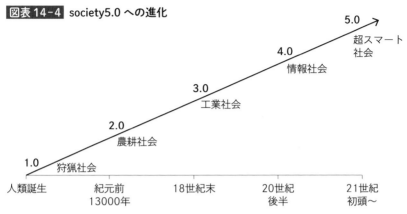

図表14-4 society5.0 への進化

(出所) 経団連ウェブサイト：https://www.keidanrensdgs.com/society-5-0-jp （2020.5.1）
　　　（一部改）

受け入れ，消費・使用する時代は過去のものとなり，顧客の消費・使用する
人生において，自ら主体的にニーズを認識し，調べ，購入する，その経験を
広く拡散する時代となりつつある。その中でスマホに代表されるデジタル機
器によるコミュニケーションが，顧客の自己実現には必須の道具となってい
ることを示すものである。ただこうしたデジタル機器により自己実現や人類
の幸福がもたらされるのかどうかについては，常に問い続けなければならな
い。

本章のまとめ

　本章は，マーケティングの新視角として，マーケティング，あるいはマーケティング活動をさまざまなレベルで捉えた。マーケティング主体，これまではとくに生産者が価値を創造し，それを顧客に伝達していた時代から，価値実現は顧客のレベルで行われるとする価値共創，それを学問的に裏付けようとする SDL や最近のサービス研究を取り上げた。また 20 世紀の後半に突如として登場し，消費者の個人生活の中にも深く入り込むこととなったインターネットに代表されるデジタル技術によるマーケティング方法の変化をみた。

　他方，マーケティングは多くの社会問題や課題にも目を向けている。わが国では地方の衰退がさまざまな要因で起こっているが，そこで地域マーケティングという地域を対象とした 2 つの側面を有するマーケティングについて，各々区分して考えた。また社会の発展段階にもふれ，現在のマーケティングの発展段階を顧客である消費者，そして技術変化を考えながら取り上げた。

第**14**章

マーケティングの新視角

【参考文献】

第 1 章

Baudrillard, J. (1970), *The Consumer Society: Myths and Structures*, Published in association with Theory, Culture & Society (今村仁司・塚原史訳 (1979)『消費社会の神話と構造 (La société de consommation)』紀伊國屋書店)

Kotler, P. (1991), *Marketing Management*, 7th ed., Englewood Cliffs: Prentice-Hall (村田昭治監修 (1996)『マーケティング・マネジメント』プレジデント社)

Levitt, T. (1960), "Marketing Myopia," *Harvard Business Review*, 38 (4), pp.45-56 (土岐坤訳 (1993)「マーケティング近視眼」『DIAMOND ハーバード・ビジネス』第 18 巻第 2 号, 40-56 頁)

McCarthy, E.J. (1960), *Basic Marketing*, Richard D. Irwin, Inc. (浦郷義郎・粟屋義純訳 (1978)『ベーシック・マーケティング』東京教学社)

Vargo, S.L. and R.F. Lusch (2004), "Evolving to a New Dominant Logic for Marketing," *Journal of Marketing*, 68 (1), pp.1-17

和田充夫 (2004)「マーケティング概念とマーケティング・マネジメント」慶應義塾大学ビジネス・スクール編『マーケティング戦略』有斐閣, 3-20 頁

第 2 章

Bartels, R. (1962), *The Development of Marketing Thought*, Richard D. Irwin, Inc.

Bartels, R. (1988), *The History of Marketing Thought*, 3rd ed., Horizons (山中豊国訳 (1993)『マーケティング学説史の発展』ミネルヴァ書房)

Chandler, A.D. Jr. (1978), *The United States: Evolution of Enterprise*, Cambridge University Press (丸山恵也訳 (1986)『アメリカ経営史』亜紀書房)

Converse, P.D. (1959), *Fifty Years of Marketing in Retrospect*, Austin, Texas: Bureau of Business Research, University of Texas (梶原勝美・村崎英彦・三浦俊彦訳 (1986)『アメリカマーケティング史概論』白桃書房)

Faulkner, H.U. (1960), *American Economic History* (小原敬士訳 (1968)『アメリカ経済史』至誠堂)

Fullerton, R.A. (1985), "Was There a 'Production Era' in Marketing History? A Multinational Study," in S.C. Hollander and T.R. Nevett, eds., *Marketing in the Long Run*, East Lansing: Department of Marketing and Transportation, Michigan State University

Ketith, R.J. (1960), "The Marketing Revolution," *Journal of Marketing*, 24, pp.35-38

King, R.L. (1965), "The Marketing Concept," *Science in Marketing*, Wiley, pp.90-97

Kotler, P. (1991), *Marketing Management*, 7th ed., Englewood Cliffs: Prentice-Hall

Krooss, H.E. (1966), *American Economic Development*, Englewood Cliffs: Prentice-Hall

Lazer, W. and E.J. Kelly (1973), *Social Marketing*, Irwin

Mallen, B. (1964), "Conflict and Cooperate in Marketing Channels," in L.G. Smith ed., *Reflections on Progress in Marketing*, American Marketing Association, pp.65-85

Packard, V. (1961), The Waste Marketer, *Southern Economic Journal*, 28 (1), pp.53-67

Rassuli, K.M. and S.C. Hollander (1986), "Desire – induced, innate, insatiable?," *Journal of Macromarketing*, 6 (2), pp. 4-24

Schoell, W.F. and J.P. Guiltian (1995), *Marketing: Contemporary Concepts and Practices*, Ally and Bacon

石井淳蔵・奥村昭博・加護野忠男・野中郁次郎（1985）『経営戦略論』有斐閣

石川和男（2004）「マーケティングの生成と展開」奥本勝彦・林田博光編著『マーケティング概論』中央大学出版部, 1-18 頁

市川貢（1997）『次世代マーケティング』中央経済社

岡本喜裕（1975）「ニューディール期におけるマーケティング」『和光経済』第 8 巻第 1/2 号, 101-108 頁

尾崎久仁博（1993）「マーケティングの発展段階をめぐって－通説と最近の議論の動向」『同志社商学』第 45 巻第 2 号, 667-691 頁

木綿良行（1989）『現代マーケティング論』有斐閣ブックス

佐藤肇（1971）『流通産業革命』有斐閣

白髭武（1962）『現代のマーケティング』税務経理協会

白髭武（1978）『アメリカマーケティング発達史』実教出版

白髭武（1969）「マーケティングの発生（1）」『経営論集』明治大学経営学研究所, 第 16 巻第 2 号, 1-38 頁

白髭武（1970）「マーケティングの発生（2）」『経営論集』明治大学経営研究所, 第 17 巻第 3/4 号, 15-69 頁

出牛正芳（1997）『マーケティング概論 [三訂版]』税務経理協会

徳永豊（1990）『アメリカ流通業の歴史に学ぶ』中央経済社

堀越比呂志（1996）「マーケティングの史的展開と現代的マーケティングの意味」『青山経営論集』第 31 巻第 2 号, 39-62 頁

三上富三郎（1976）『現代マーケティングの理論』実教出版

村田昭治（1981）『現代マーケティングの基礎理論』同文舘

第 3 章

Drucker, P.F. (1974), *Management: Tasks, Responsibilities, Practices*, Butterworth-Heinemann（上田惇生訳（2001）『マネジメント：基本と原則』ダイヤモンド社）

Galbraith, J.K. (1958), *The Affluent Society*, Boston: Houghton Mifflin（鈴木哲太郎訳（1960）『ゆたかな社会』岩波書店）

Galbraith, J.K. (1964), *The Scotch*, Toronto: Macmillan

Kotler, P. and K.L. Keller (2007), *A Framework for Marketing Management*, 3rd ed., Prentice-Hall（恩藏直人監修・月谷真紀訳（2008）『コトラー＆ケラーのマーケティング・マネジメント　基本編（第 3 版）』ピアソン・エデュケーション）

McCarthy, E.J. (1960), *Basic Marketing*, Richard D. Irwin, Inc.

池尾恭一（2016）『入門・マーケティング戦略』有斐閣

成田景堯（2014）「マクロマーケティング研究の特徴と類型」『明大商学論争』明治大学商

学部, 第 96 巻第 1 号, 27-48 頁

第 4 章

Ansoff, H.I. (1988), *The New Corporate Strategy*, Wiley (中村元一・黒田哲彦訳 (1990)『最新・戦略経営』産能大学出版部)

Barney, J.B. (1991), "Firm Resources and Sustained Competitive Advantage," *Journal of Management*, 19, pp.99–120

Barney, J.B. (1996), *Gaining and Sustaining Competitive Advantage*, Reading, MA: Addison-Wesley

Barney, J.B. (2002), *Gaining and Sustaining Competitive Advantage*, 2nd ed., The Ohio State University (岡田正大訳 (2003)『企業戦略論：競争優位の構築と持続 上 基本編』ダイヤモンド社)

Drucker, P.F. (1974), *Management: Tasks, Responsibilities, Practices*, Butterworth-Heinemann (上田惇生訳 (2001)『マネジメント：基本と原則』ダイヤモンド社)

Hedley, B. (1977), *Strategy and the Business Portfolio*, Long Range Planning

Johnson, G. and K. Scholes (1993), *Exploring Corporate Strategy*, 3rd ed., Prentice-Hall International

Kotler, P. (1999), *Kotler on Marketing: How to Create, Win, and Dominate Markets*, New York, NY: Free Press (木村達也訳 (2000)『コトラーの戦略的マーケティング』ダイヤモンド社)

Kotler, P. and K.L. Keller (2007), *A Framework for Marketing Management*, 3rd ed., Prentice-Hall (恩藏直人監修・月谷真紀訳 (2008)『コトラー＆ケラーのマーケティング・マネジメント　基本編 (第 3 版)』ピアソン・エデュケーション)

Ohmae, K. (1982), *The Mind of Strategist: The Art of Japanese Business*, McGraw-Hill (野口統吾・湯沢章伍訳 (1984)『ストラテジック・マインド─変革期の企業戦略論』プレジデント社)

Porter, M.E. (1980), *Competitive Strategy: Techniques for Analyzing Industries and Competitors*, Free Press (土岐坤・中辻萬治・服部照夫訳 (1985)『競争の戦略』ダイヤモンド社)

池尾恭一 (2016)『入門・マーケティング戦略』有斐閣

板倉宏昭 (2010)『経営学講義』勁草書房

沼上幹 (2000)『わかりやすいマーケティング戦略』有斐閣アルマ

三浦俊彦 (2006)「競争分析」和田充夫・恩藏直人・三浦俊彦『マーケティング戦略 (第 3 版)』有斐閣アルマ, 124-145 頁

第 5 章

Bettman, J.R. (1979), *An Information Processing Theory of Consumer Choice*, Boston: Addison Wesley

Brisoux, J.E. and M. Laroche (1980), "A Proposed Consumer Strategy of Simplification for Categorizing Brands," in J.H. Summey and R.D. Taylor, eds., *Evolving Marketing*

Thought for 1980, Southern Marketing Association, pp.112-114

Brisoux, J.E. and E.J. Cheron (1990), "Brand Categorization and Product Involvement," *Advances in Consumer Research*, 17, pp.101-109

Coleman, R.P. and L.P. Rainwater (1978), *Social Standing in America: New Dimension of Class*, New York: Basic Book

Hirshman, E.C. and M.B. Holbrook (1982), "Hedonic Consumption: Emerging Concepts, Methods and Propositions," *Journal of Marketing*, 46 (Summer), pp.92-101

Howard, J.A. and J.N. Sheth (1969), *The Theory of Buyer Behavior*, Wiley

Kotler, P. and K.L. Keller (2007), *A Framework for Marketing Management*, 3rd ed., Prentice-Hall (恩藏直人監修・月谷真紀訳 (2008)『コトラー＆ケラーのマーケティング・マネジメント　基本編 (第 3 版)』ピアソン・エデュケーション)

Pine, B.J. II and G.H. Gilmore (1999), *The Experience Economy* (岡本慶一・小高尚子訳 (2005)『経験価値経済』ダイヤモンド社)

Schmitt, B.H. (1999), *Experiential Marketing: How to Get Customers to Sense, Feel, Think, Act, Relate*, Free Press (嶋村和恵・広瀬盛一訳 (2000)『経験価値マーケティング：消費者が「何か」を感じるプラス a の魅力』ダイヤモンド社)

Vaughn, R. (1980), "How Advertising Works: A Planning Model," *Journal of Advertising Research*, 20 (5), pp.27-33

青木幸弘 (1987)「消費者情報探索の分析」奥田和彦・阿部周造編著『マーケティング理論と測定』中央経済社, 47-72 頁

青木幸弘 (2012)「消費者行動研究の系譜」青木幸弘・新倉貴士・佐々木壮太郎『消費者行動論－マーケティングとブランド構築への応用－』有斐閣, 48-85 頁

阿部周造 (1978)『消費者行動―計量モデル』千倉書房

阿部周造 (1984)「消費者情報処理理論」中西正雄編『消費者行動分析のニュー・フロンティア：多属性分析を中心に』誠文堂新光社, 119-163 頁

片平秀貴 (1987)『マーケティング・サイエンス』東京大学出版会

木村純子 (2001)『構築主義の消費論』千倉書房

武井寿 (2015)『意味解釈のマーケティング－人間の学としての探求－』白桃書房

田中洋 (2008)『消費者行動論体系』中央経済社

新倉貴士 (2005)『消費者の認知世界＝ブランドマーケティング・パースペクティブ』千倉書房

朴修賢 (2014)「Web コミュニティを基盤とする顧客経験価値共創の可能性について」『追手門経営論集』第 20 巻第 2 号, 79-97 頁

平久保仲人 (2005)『消費者行動論』ダイヤモンド社

牧野圭子 (2015)『消費の美学』勁草書房

三浦俊彦 (2004)「消費者行動分析」奥本勝彦・林田博光編著『マーケティング概論』中央大学出版部, 55-72 頁

三浦俊彦 (2006)「消費者行動分析」和田充夫・恩藏直人・三浦俊彦『マーケティング戦略 (第 3 版)』有斐閣アルマ, 100-123 頁

第 6 章

AMA：https://marketing-dictionary.org/（2020.3.20）

Booz, Allen & Hamilton, Inc.（1982）, *New Products Management for the 1980s*, New York: Booz, Allen & Hamilton, Inc.

Keller, K.L.（1998）, *Strategic Brand Management*, Prentice-Hall（恩藏直人・亀井昭宏訳（2000）『戦略的ブランド・マネジメント』東急エージェンシー）

Kotler, P. and K.L. Keller（2007）, *A Framework for Marketing Management*, 3rd ed., Prentice-Hall（恩藏直人監修・月谷真紀訳（2008）『コトラー＆ケラーのマーケティング・マネジメント　基本編（第3版）』ピアソン・エデュケーション）

Moore, G.A.（1991）, *Crossing the Chasm: Marketing and Selling High-Tech Products to Mainstream Customers or Simply Crossing the Chasm*, Harper Business Essentials（川又政治訳（2002）『キャズム』翔泳社）

Rogers, E.M.（2003）, *Diffusion of Innovations*, 5th ed., Free Press

阿久津聡・石田茂（2002）『ブランド戦略シナリオ～コンテクスト・ブランディング～』ダイヤモンド社

恩藏直人（2006）「製品対応」和田充夫・恩藏直人・三浦俊彦『マーケティング戦略（第3版）』有斐閣アルマ, 169-191 頁

清水聡子（2004）「製品計画」奥本勝彦・林田博光編著『マーケティング概論』中央大学出版部, 91-107 頁

三浦俊彦（2008）「ブランド戦略－ブランド・アイデンティティを創り, 伝える」戦略研究学会編『マーケティング戦略論－レビュー・体系・ケース』芙蓉書房出版, 121-146 頁

余田拓郎（2004）「マーケティング戦略のダイナミクス」慶應義塾大学ビジネス・スクール編『マーケティング戦略』有斐閣, 79-94 頁

和田充夫（2002）『ブランド価値共創』同文舘出版

第 7 章

Drucker, P.F.（1954）, *The Practice of Management: A Study of The Most Important Function in American Society*, Harper & Row

Drucker, P.F.（1974）, *Management: Tasks, Responsibilities, Practices*, Butterworth-Heinemann

Kahneman, D. and A. Tversky（1979）, Prospect Theory: An Analysis of Decision Under Risk, *Econometrica*, 47（2）, pp.263-291

Kotler, P.（1991）, *Marketing Management*, 7th ed., Englewood Cliffs: Prentice-Hall（村田昭治監修（1996）『マーケティング・マネジメント』プレジデント社）

Lambin, J.J.（1986）, *Le Marketing Strategique: Fondements, Methods Et Applications*, McGraw-Hill（三浦信・三浦俊彦訳（1990）『戦略的マーケティング』嵯峨野書院）

上田隆穂（2000）「価格戦略」朝野熙彦・上田隆穂『マーケティング＆リサーチ通論』講談社, 77-90 頁

奥瀬善之（2019）「価格戦略の拡張：エアビーアンドビー」西川英彦・澁谷覚編著『1からのデジタル・マーケティング』碩学舎, 109-122 頁

嶋口充輝（2004）「価格政策」慶應義塾大学ビジネス・スクール編『マーケティング戦略』有斐閣, 111-125頁

田中洋（2015）『消費者行動論』中央経済社

三浦俊彦（2008）「ブランド戦略－ブランド・アイデンティティを創り, 伝える」戦略研究学会編『マーケティング戦略論－レビュー・体系・ケース』芙蓉書房出版, 121-146頁

守口剛（2005）「消費者の参照価格と選択集合を考慮して値引き効果を測定する」杉田善弘・上田隆穂・守口剛『プライシング・サイエンス－価格の不思議を探る－』同文舘出版, 83-98頁

第8章

Herzberg, F.（1959）, *How Do You Motivate Your Employees*

Kotler, P. and K.L. Keller（2007）, *A Framework for Marketing Management*, 3rd ed., Prentice-Hall（恩藏直人監修・月谷真紀訳（2008）『コトラー＆ケラーのマーケティング・マネジメント　基本編（第3版）』ピアソン・エデュケーション）

Porter, M.E.（1985）, *Competitive Advantage*, The Free Press（土岐坤・中辻萬治・小野寺武夫訳（1985）『競争優位の戦略』ダイヤモンド社）

Stern, L.W. and R.H. Gorman（1969）, "Conflict in Distribution Channels: An Exploration," in L.W. Stern ed., *Distribution Channels: Behavioral Dimensions*, Boston, MA: Houghton-Mifflin Company, pp.156–175

Stern, L.W. and J.L. Heskett（1969）, "Conflict Management in Interorganization Relations: A Conceptual Framework," in L.W. Stern ed., *Distribution Channels: Behavioral Dimensions*, Boston, MA: Houghton-Mifflin Company, pp.228-305

Stern, L.W., B. Sternthal and C.S. Craig（1973）, Managing Conflict in Distribution Channels: A Laboratory Study, *Journal of Marketing Research*, 10（2）, pp.169–179

高橋秀雄（1995）『マーケティング・チャネル管理論』税務経理研究協会

高橋秀雄（2014）「マーケティング・チャネルの統制・管理に関する研究動向について」『中京企業研究』第36号, 81-93頁

渡辺達朗・久保知一・原頼利（2011）『流通チャネル論－新制度派アプローチによる新展開』有斐閣

第9章

Duncan, T. and S. Moriarty（1997）, *Driving Brand Value*, McGraw-Hill（有賀勝訳（1999）『ブランド価値を高める統合型マーケティング戦略』ダイヤモンド社）

Kotler, P. and G. Armstrong（2012）, *Principles of Marketing*, 14th ed., Pearson Education（上川典子・丸田素子訳（2014）『コトラー, アームストロング, 恩藏のマーケティング原理』丸善）

Kotler, P. and K.L. Keller（2007）, *A Framework for Marketing Management*, 3rd ed., Prentice-Hall（恩藏直人監修・月谷真紀訳（2008）『コトラー＆ケラーのマーケティング・マネジメント　基本編（第3版）』ピアソン・エデュケーション）

Schmitt, B.H.（1999）, *Experiential Marketing: How to Get Customers to Sense, Feel,*

Think, Act, Relate, Free Press（嶋村和恵・広瀬盛一訳（2000）『経験価値マーケティング：消費者が「何か」を感じるプラス α の魅力』ダイヤモンド社）

Schullz, D.E., S.I. Tannenbaum and R.F. Lauterborn（1993）, *Integrated Marketing Communications*, NTC Business Books, a division of NTC Publishing Group（有賀勝訳（1994）『広告革命―米国に吹き荒れる IMC 旋風』電通出版事業部）

Totten, J.C. and M.P. Block（1990）, *Analyzing Sales Promotion*, C C H, Incorporated

Totten, J.C. and M.P. Block（1994）, *Analyzing Sales Promotion: Text & Cases: How to Profit from the New Power of Promotion Marketing*, 2nd.,ed., Dartnell Corporation

石川和男（2004）「マーケティングの生成と展開」奥本勝彦・林田博光編著『マーケティング概論』中央大学出版部, 1-18 頁

恩藏直人（2006）「コミュニケーション対応」和田充夫・恩藏直人・三浦俊彦『マーケティング戦略（第 3 版）』有斐閣アルマ, 213-238 頁

亀井昭宏（2005）「広告マネジメントの新展開」亀井昭宏・疋田聡編『新広告論』日経広告研究所

熊倉広志（2008）「IMC（統合型マーケティング・コミュニケーション）－コミュニケーション統合からコミュニケーション自己増殖へ」戦略研究学会編『マーケティング戦略論―レビュー・体系・ケース』芙蓉書房出版, 167-194 頁

日本パブリックリレーションズ協会ウェブサイト：https://prsj.or.jp/（2020.3.10）

水野由多加（2014）『統合広告論―実践秩序へのアプローチ（改訂版）』ミネルヴァ書房

第 10 章

Kotler, P. and K.L. Keller（2007）, *A Framework for Marketing Management*, 3rd ed., Prentice-Hall（恩藏直人監修・月谷真紀訳（2008）『コトラー＆ケラーのマーケティング・マネジメント　基本編（第 3 版）』ピアソン・エデュケーション）

奥本勝彦（2004）「マーケティング情報システムとマーケティング調査」奥本勝彦・林田博光編著『マーケティング概論』中央大学出版部, 73-90 頁

恩藏直人（2006）「製品対応」和田充夫・恩藏直人・三浦俊彦『マーケティング戦略（第 3 版）』有斐閣アルマ, 169-191 頁

柏木重秋（1993）『マーケティング（4 版）』同文舘出版

鈴木敦詞：https://www.research-clinic.com/iv_suzuki_br_04/（2020.3.20）

宣伝会議編集部編（2016）『デジタルで変わるマーケティング基礎』宣伝会議

総務省（2012）情報通信審議会 ICT 基本戦略ボード「ビッグデータの活用に関するアドホックグループ」資料『情報通信白書』

出牛正芳（1990）『市場調査入門（第 16 版）』同文舘出版

一般社団法人データサイエンティスト協会ウェブサイト：https://www.datascientist.or.jp/（2020.3.20）

日本マーケティング・リサーチ協会ウェブサイト：http://www.jmra-net.or.jp/（2020.3.20）

日本リサーチセンター（2000）「マーケティングがわかる辞典（オンライン版）」：https://www.nrc.co.jp/marketing/index.html（2020.3.20）

参考文献

福井武弘（2013）『標本調査の理論と実際』日本統計協会

星野崇宏（2018）「リサーチデザインとデータ形式」星野崇宏・上田雅夫『マーケティング・リサーチ入門』有斐閣アルマ, 95-130 頁

第 11 章

犬飼知徳（2017）「サービス業のグローバル・マーケティング戦略」三浦俊彦・丸谷雄一郎・犬飼知徳『グローバル・マーケティング戦略』有斐閣, 206-226 頁

川端基夫（2017）『消費大陸アジア：巨大市場を読みとく』筑摩書房

林田博光（2004）「国際マーケティング」奥本勝彦・林田博光編著『マーケティング概論』中央大学出版部, 205-220 頁

松尾淳（2015）「メタトレンドとグローバル経営戦略」『東洋経済 ONLINE』：https://toyokeizai.net/articles/-/58124?page=3（2020.4.1）

諸上茂登（2004）「グローバル・マーケティングの調整と統制」諸上茂登・藤沢武史『グローバル・マーケティング（第 2 版）』中央経済社, 177-189 頁

Kotabe, M. and K. Helsen（2001）, *Global Marketing Management*, 2nd ed., John Wiley & Sons（横井義則監訳（2001）『グローバルビジネス戦略』同文舘出版）

第 12 章

Carroll, A.B.（1996）, *Business & Society: Ethics and Stakeholder Management*, 3rd ed., South-Western Publishing

Elkington, J. "Interview with John Elkington, Founder of SustainAbility and Volans," *Sustainability Leaders Project*（https://sustainability-leaders.com/interview-john-elkington/）.

Elkington, J.（1999）, *Cannibals with Forks: the Triple Bottom Line of 21st Century Business*, Oxford: Capstone

Kotler, P.（1972）, "A Generic Concept of Marketing," *Journal of Marketing*, 36（April）

Kotler, P. and N. Lee（2004）, *Corporate Social Responsibility: Doing the Most Good for Your Company and Your Cause*, John Wiley & Sons, Inc.（恩藏直人監訳・早稲田大学大学院恩藏研究室訳（2007）『社会的責任のマーケティング』東洋経済新報社）

Kotler, P. and S.J. Levy（1969）, "Broading the Concept of Marketing," *Journal of Marketing*, 33（3）, pp.10-15

Kotler, P. and E.L. Roberto（1989）, *Social Marketing*, The Free Press, A Division of Macmillan（井関利明監訳（1995）『ソーシャル・マーケティング』ダイヤモンド社）

Weinberg, C. and C. Lovelock（1978）, "Public and Nonprofit Marketing Comes of Age," in G. Zaltman and T.V. Bonoma, eds., *Review of Marketing*, Chicago: American Marketing Association, pp.416-420

石川和男（2004）「ソーシャル・マーケティング」鈴木健一・飯塚隆司・秋山哲男『マーケティング・マネジメントの理論と実践－知恵社会におけるシステム運用の指針－』同文舘出版, 168-188 頁

石川和男（2017）「ラオスにおけるフェアトレードの取り組み－フェアトレード・コー

ヒーを中心として」『専修大学社会科学研究所月報』専修大学社会科学研究所, 第642・643合併号, 66-81頁

SMBC日興証券ウェブサイト：https://www.smbcnikko.co.jp/index.html（2020.4.15）

外務省ウェブサイト：https://www.mofa.go.jp/mofaj/（2020.4.15）

経済産業省ウェブサイト：https://www.meti.go.jp/policy/energy_environment/global_warming/esg_investment.html（2020.4.20）

公益社団法人企業メセナ協議会ウェブサイト：https://www.mecenat.or.jp/ja/（2020.4.18）

斉藤ひろ子（2010）「企業とNGO／NPOの共同の視点から見るコーズ・マーケティング」：http://www.csr-magazine.com/archives/analysts/rep21_03.html（2020.4.20）

斉藤保昭（2012）「非営利組織のマーケティング論における交換概念について」『淑徳大学研究紀要』第46号, 95-105頁

サスティナビリティ日本フォーラムウェブサイト：https://www.sustainability-fj.org/gri/

日本NPOセンターウェブサイト：https://www.jnpoc.ne.jp/（2020.4.18）

日本経団連ウェブサイト：https://www.keidanren.or.jp/（2020.4.18）

三浦俊彦（2006）「ソーシャル・マーケティング」和田充夫・恩藏直人・三浦俊彦『マーケティング戦略（第3版）』有斐閣アルマ, 304-328頁

宮田安彦（2003）「企業の社会的責任」林昇一・高橋宏幸編『経営戦略ハンドブック』中央経済社, 222-223頁

森本三男（1995）『経営学』財団法人放送大学教育振興会

第13章

Copeland, M.T. (1924), *Principles of Marketing*, Chicago: A.W. Shaw Company

Kotler, P. and K.L. Keller (2007), *A Framework for Marketing Management*, 3rd ed., Prentice-Hall（恩藏直人監修・月谷真紀訳（2008）『コトラー＆ケラーのマーケティング・マネジメント　基本編（第3版）』ピアソン・エデュケーション）

Robinson, P.J., C.W. Faris and Y. Wind (1967), *Industrial Buying and Creative Marketing*, Boston: Ally & Bacon

Webster, F.E. and Y. Wind (1972), *Organizational Buying Behavior*, Upper Saddle River, NJ: Prentice Hall

坂本雅志（2014）『CRMの基本』日本実業出版社

塩見英治（2002）「SCMの構築と課題」『企業研究』中央大学企業研究所, 第2号, 1-14頁

髙嶋克義（1998）『生産財の取引戦略―顧客適応と標準化』千倉書房

野中郁次郎（1974）『組織と市場』千倉書房

矢作敏行（1996）『現代流通』有斐閣アルマ

余田拓郎（2004）「ビジネス・マーケティング」慶應義塾大学ビジネス・スクール編『マーケティング戦略』有斐閣, 189-206頁

余田拓郎（2011）『B to Bマーケティング―日本企業のための成長シナリオ』東洋経済新報社

第 14 章

Gronroos, C. and A. Ravald（2009），"Marketing and Logic of Service: Value Facilitation, Value Creation and Co-creation and their Marketing Implications," *Working paper*, Hanken School of Economics Finland, pp.1-37

Kotler, P., H. Kartajaya and I. Seitawan（2017），*Marketing 4.0: Moving from Traditional to Digital*, John Wiley and Sons, Inc.（恩藏直人監訳・藤井清美訳（2017）『コトラーのマーケティング 4.0：スマートフォン時代の究極的法則』朝日新聞出版）

Maglio, P.P., C.A. Kieliszewski and J.C. Spohrer（eds.）（2010），*Handbook of Service Science*, Springer

Vargo, S.L. and R.F. Lusch（2004），"Evolving to a New Dominant Logic for Marketing," *Journal of Marketing*, 68（1），pp.1-17

Vargo, S.L. and R.F. Lusch（2017），"Service-Dominant Logic 2025," *International Journal of Research in Marketing*, 34（1），pp.47-67

菊池一夫（2017）「価値共創とマーケティング」『サービソロジー』サービス学会, 第 4 巻第 3 号, 2-3 頁

経団連ウェブサイト：https://www.keidanrensdgs.com/society-5-0-jp（2020.5.1）

小松政（2015）「官民一体で挑む武雄市の地域再生」山﨑朗編著『地域創生のデザイン－多様な地域のポテンシャルを最大限引き出す』中央経済社, 27-43 頁

佐々木茂・石原慎士・石川和男編（2014）『地域マーケティングの核心』同友館

澁谷覚（2019）「デジタル社会の消費行動：食べログ」西川英彦・澁谷覚編著『1 からのデジタル・マーケティング』碩学舎, 19-33 頁

田端昌平（2019）「伝統的マーケティングとデジタル社会のマーケティング」廣田章光・大内秀二郎・玉置了編著『デジタル社会のマーケティング』中央経済社, 1-12 頁

電通（dentsuabic）：https://www.dentsu.co.jp/abic/tools/contents02.html（2020.5.1）

電通コーポレートコミュニケーション局：https://dentsu-pr-recruit.jp/about/organization/（2020.5.2）

内閣府ウェブサイト：https://www8.cao.go.jp/cstp/society5_0/（2020.5.2）

西川英彦（2019）「デジタル社会のマーケティング：アマゾン」西川英彦・澁谷覚編著『1 からのデジタル・マーケティング』碩学舎, 3-18 頁

原田保・石川和男・小川雅司（2019）『地域マーケティングのコンテクスト転換－コンステレーションのための SSR モデル－』学文社

牧瀬稔・板谷和也編著（2008）『地域魅力を高める「地域ブランド」戦略』東京法令出版

村松潤一編著（2015）『価値共創とマーケティング論』同文舘出版

四元正弘（2011）「コンタクト・ポイントの特性とその戦略」青木幸弘編著『価値共創時代のブランド戦略－脱コモディティ化への挑戦－』ミネルヴァ書房, 147-169 頁

事項索引

事項索引

人名索引

〈著者紹介〉

石川和男 （いしかわかずお）

専修大学商学部教授。博士（経営学）。

1968 年愛媛県生まれ。中央大学商学部，同大学大学院商学研究科博士前期課程修了，同大学大学院同研究科博士後期課程単位取得退学。東北大学大学院経済学研究科博士課程後期修了。

1997 年相模女子大学短期大学部専任講師，2000 年同助教授，2001 年専修大学商学部専任講師，同助（准）教授を経て，2009 年より現職。

主要業績

『自動車のマーケティング・チャネル戦略史』（単著）芙蓉書房出版，2009 年

『わが国自動車流通のダイナミクス』（単著）専修大学出版局，2011 年

『小売＆サービス業のフォーマットデザイン』（共著），同文舘出版，2016 年

『新版　地域マーケティングの核心』（共著）同友館，2016 年

『クリエイティブビジネス論』（共著）学文社，2017 年

『基礎からの商業と流通（第4版）』（単著）中央経済社，2018 年

『地域イノベーションのためのトポスデザイン』（共著）学文社，2018 年

『地域マーケティングのコンテクスト転換』（共著）学文社，2019 年

2020 年 9 月 10 日　　初版発行
2022 年 4 月 25 日　　初版 3 刷発行　　　　　　略称：石川マーケ

現代マーケティング論
―モノもコトも一緒に考える―

著　者　　Ⓒ 石　川　和　男

発行者　　　　中　島　治　久

発行所　同 文 舘 出 版 株 式 会 社
東京都千代田区神田神保町 1-41　　〒 101-0051
営業　(03) 3294-1801　　編集　(03) 3294-1803
振替　00100-8-42935　　http://www.dobunkan.co.jp

Printed in Japan 2020　　　　　　DTP：マーリンクレイン
印刷・製本：三美印刷

ISBN978-4-495-65006-3